学校团体心理辅导的理论、技术与应用

温金梅 ◎ 著

中国纺织出版社有限公司

图书在版编目（CIP）数据

学校团体心理辅导的理论、技术与应用 / 温金梅著
. -- 北京：中国纺织出版社有限公司，2023.3
ISBN 978-7-5229-0423-8

Ⅰ. ①学… Ⅱ. ①温… Ⅲ. ①学生 — 集体心理学 — 心理辅导 — 研究 Ⅳ. ① G444

中国国家版本馆 CIP 数据核字（2023）第 048823 号

责任编辑：邢雅鑫　　责任校对：高　涵　　责任印制：储志伟

中国纺织出版社有限公司出版发行
地址：北京市朝阳区百子湾东里 A407 号楼　邮政编码：100124
销售电话：010—67004422　传真：010—87155801
http://www.c-textilep.com
中国纺织出版社天猫旗舰店
官方微博 http://weibo.com/2119887771
天津千鹤文化传播有限公司印刷　各地新华书店经销
2023 年 3 月第 1 版第 1 次印刷
开本：710×1000　1/16　印张：12.5
字数：235 千字　定价：89.90 元

序　言

心理咨询大师卡尔·罗杰斯曾经说过，20 世纪人类社会最伟大的发明之一是“小团体运动”。在团体情境中，通过团体内人际交互作用，促使团体成员在交往中观察、学习、体验，从而认识自我，探索自我，接纳自我，发展潜能，调整和改善与他人的关系，学习新的态度与行为方式，以发展良好的生活适应能力。因此，团体可以为成员提供人格重塑的机会。

我们从呱呱坠地降落人世便进入团体之中，而在成为一个人的过程中更是离不开团体对我们的影响。有些幸运的人在人格社会化的过程中，一路走来，遇到温馨的家庭、友善的学校、充满爱的集体、和谐的社会……成为幸福快乐的人；而有些并不那么幸运的人，一开始便进入破裂的家庭、变迁的学校、冷漠的集体、风云怪诞的社会……经历离奇悲惨的人生；特别是对于我们每个人极其重要的童年，奥地利心理学家阿德勒说：“幸福的人用童年治愈一生，不幸的人用一生治愈童年。”可见，最初的团体影响着我们一生的命运。

自从 20 世纪 40 年代团体心理咨询与治疗问世以来，人们性格命运的主动权便掌握在了自己的手中，我们周遭所遇到的自然团体固然不太容易改变，但可以利用人为组成的小团体，通过矫正性体验修复创伤，通过行为模仿学习高度成熟的社交技巧，通过觉察有害的扭曲重塑人际信念系统，甚至利用团体心理辅导、团体心理咨询与治疗，在自我探索、人际训练、情绪管理、情感升华、角色扮演和团体反馈中，通过充分表达、问题呈现、澄清事实、发生转化、整合升华等过程，形成良好的人际循环模式。

当我真正体验到团体对人格成长的重要性时，便开始在我所教授的课程和研究的领域内锁定团体，并展开了长达 20 年的探索与研究，特别是在学校开展的团体心理教育，它既不同于精神科或医疗机构中有着严重心理疾病的心理治疗；也不同于社会上有着各种心理问题亟待解决的心理咨询和心理成长；而是针对儿童、青少年的发展与成长进行心理健康辅导与咨询的心理学与学校教育相融合的一门新型学校帮助计划，它的重点不在于教授学生心理学知识，更重要的是培养学生的学习愿望、兴趣和方法，激发学习动力，培育学生积极的心理品质，开发潜能，培养核心素养，规划人生，提高学生心理健康水平，促进全体学生全面、自主、有个性地发展。在我国，团体心理教育是近几十年来才开始兴起和发展的，没有直接的经验可借鉴，是来自实践中的探索和探索者内心的真实体验，也是心理教育在学校的一项新尝试。它是在心理学、教育学理论的指导下，是在几百场的团体心理辅导实践基础上不断完善和提炼的，是学校科学、系统、有针对性的团体心理辅导模式。

为了进一步科学、全面、系统地将心理教育与学校教学密切结合，我专门到南京进行了学习和实地考察，与来自全国各地的专家学者及一线的校长们共同研究和探讨，并以南京市行知实验中学与南京市第二十四中学为实验基地，成立了体验式团体心理教育的研究学会，在中心成立大会上，南京市教育局的领导专门举行了揭牌仪式，并通过亲自参与课程，感受内心体验，集体讨论，共同提炼。在我所教授的“团体心理咨询与辅导”课上，我一年又一年地跟学生们摸爬滚打，深刻体验，感悟升华，提炼总结，在投入中感知、感悟、感动。在长期的思索、尝试、反思、总结等实践过程中，我逐渐厘清了团体心理辅导的架构，以及理论、有效因子、方案设计、组织实施和效果评估等各个环节的重要影响因素。我还通过山西省国培计划，对中小学老师开展体验式团体心理辅导，在山西省教育厅组织的全省中小学骨干班主任心理培训中也开展团体心理教育，对专职心理老师进行专项培训，以及通过参加全国“体验式团体心理教育”大赛等方式对其进行研究、探索。本书即是我多年来在团体辅导、团体教育、团体咨询等领域孜孜不倦地研究、教学、推广的一个阶段性总结。

为了理论联系实际，本书在对团体心理辅导理论深入研究的同时，特别结合了爱国主义教育主题，采用团体心理辅导的形式加以深化和实践，从学前班爱国主义教育开始，到小学阶段、中学阶段，直至大学阶段，就不同时期学生的年龄特征和身心特点加以具体运用，通过绘画艺术表达、心理剧、催眠等心理辅导技术，循序渐进，如春风化雨般地浸润学生，并按照《新时代爱国主义教育实施纲要》的核心思想，提炼出爱国主义元素，以体验的方式嵌入团体心理辅导活动中，从知、情、意、行全过程来设计教育内容，并以专门的单元进行操作，激发知国心，丰盈爱国情，坚定强国志，强化报国行，从而使学生得到爱国主义教育的全面升华，也是对学校团体心理辅导的一个具体应用。希望本书能够起到抛砖引玉的作用，使广大读者真正学会在学校如何开展团体心理辅导。

马克思说：“人是一切社会关系的总和。”人的成长和发展离不开社会关系，离不开团体，小到家庭、班级，大到社会。人在团体中实现着生存、成长和发展的进程。人的问题是在环境中产生的，从原初的母亲子宫的环境开始到人际关系，环境既是问题产生的原因，也是问题解决的结果。所以，团体的环境可以让心理健康教育工作者在有限的时间内为更多的学生提供心理服务。同理，团体中的每一个人都能作为疗效因子，推动个体内心的感悟和成长。可以说，团体辅导的魅力和团体的效果不仅可以增进个体的心理健康，更可以造福社会大众、组织和家庭，造福于国家。

本书内容是我在大量的学校团体心理辅导实践活动中总结和提炼出来的应用性技术，有着很强的指导性和可操作性。近 20 年来，我已编辑出版了《体验式心理教育理论与实践》著作，并获山西省哲学社会科学优秀成果奖；参与编辑《团体心理学——本会团体心理咨询模式理论与实践》《卓越教师培养理论与实践模式研究》《青少年心理危机干预手册》等著作；在国内外权威学术期刊上发表《信息化背景下体验式心理培训对教师发展模式的牵引》《和谐社会视野下学校体验式心理教育体系的建构》等学术论文二十余篇，很好地构建出学校团体心理辅导工作者团体带领能力的培养和提升模式，本书着重阐述在学校心理教育中团体心理辅导的开展与实施。

本书内容分为三部分。上编是理论篇。主要介绍团体辅导的概述、相关理论、组织与实施、方案设计与基本流程、效果与评估，是组织和实施团体心理辅导的必知必会。这部分内容的特点是从理论的角度来介绍团体辅导的概论、历史发展、优势、发展趋势及团体辅导的准备阶段、实施阶段和效果评估，每章详细地介绍了各个阶段的具体内容，具有很强的理论性。

中编是技术篇。主要介绍了团体心理辅导最常用的几个技术，如表达性绘画心理咨询与辅导技术、催眠技术等。尤其是在团体心理辅导中，成员在导师的带领下对往事进行回忆及潜意识化的过程中，通过绘画的形式表达出来，表达即疗愈，再经过团体导师的引导和升华，成员在反思的同时有所感悟，最终达到心灵成长的目的。

下编是应用篇。以爱国主义教育为核心主题，以团体辅导为载体，采用不同的心理技术，对不同阶段的学生进行爱国主义教育团体辅导，学生通过体验和感悟，更能促使学生内化爱国主义思想，形成更深厚的爱国主义情怀。

本书的出版旨在帮助心理健康教育工作者以团体辅导的形式对学生进行有效的教育和促进其成长，使学生在团体中改变的态度和习得的行为及提升的认知能顺利迁移到现实生活中，帮助他们实现从知道到做到甚至养成习惯的跃迁，同时为学校心理教师提供理论基础、操作技术精湛的爱国主义教育课例分析，增加和活化相关知识与技能，丰富拓展学习内容。该课例是对不同阶段的学生进行爱国主义教育的完整团体心理辅导，既有理论支撑，又有团体技术展示，还有引导语的提示，是一本理论性高、操作性强、实用性广的心理健康教育读本和工具书。通过学习和钻研，能有效提升心理健康教育工作者的教学水平和教学能力。

本书的出版，我特别想感谢的就是我亲爱的学生们，是你们“逼着”我成长、成熟，使我在心理学的道路上奋力拼搏，始终使自己的思想紧跟时代前进的步伐，始终让自己的知识结构处于时代革新的前沿。每当看到你们脸上困惑的表情、求知的渴望，就会激起我对心理学有更多的思考，是你们的睿智给了我灵感，执着的学术追求和敏捷的思维让我不断地向学问的更高层次攀登，向人生的更高境界冲刺，同时给我带来无限的快乐和希望。几年来，与其说是老师培育了你们，不如说是你们成就了我，只有你们才能使我真真正正地不断进步！你们是我的一面镜子，时刻督促我警醒和反思。你们永远是我学习的“源头活水”。因为有你们的鞭策，我不敢松懈半步；因为有你们期盼的眼神，我对心理科学更加地“仰之弥高，求之弥切”。我们成为师生是注定的缘分。我会非常珍惜与大家相处的时光，是你们使我感受到了生活的美好，你们的每一步成长让我感受到了生命的意义和乐趣，谢谢你们，我亲爱的学生。

同时这份感谢也送给我的姐姐温金莲和我的外甥女马秀琴，是你们的鼎力支持与帮助才使此书得以付梓。本书的出版还得到了中国纺织出版社有限公司和太原师范学院教育学院各位领导和同仁的大力支持，在此表示深深的感谢！

温金梅
2022 年 10 月于山西太原

目　录

上编　理论篇

中编　技术篇

下编 应用篇

上编

理论篇

第一章　学校心理教育是新世纪教育的先进科学理念

教育，顾名思义就是教书育人，教书者授人以渔，教人学识，育人则是树立学生正确的理想信念，提高学生思想道德水平。育人是教育的本质要求和价值所求。教育是关乎国计和民生的根本问题。学校教育是教育的主题形态，是教育者依据一定的社会要求，按照受教育者自身的发展规律，有目的、有计划、有组织地对受教育者施加影响，促使其朝着所期望的方向发展变化的活动。学校教育承载着一代代国家新生力量的社会公德和科技水平及国民素质塑造的重任，学校教育的内容和发展水平直接关系着一个国家的发展大计，决定着一个民族的兴衰存亡。因此，心理教育是实现学校立德树人培根铸魂的内在要求。

第一节　心理教育是实现学校立德树人、培根铸魂的重要内容

学校教育产生和发展的历史告诉我们，教育就其本质来说是一种培养人的活动。所谓教书育人，是指教师根据社会发展的需要和学生身心发展的规律，在教育教学过程中，自觉地把教学和教育结合起来，既传授科学文化知识，又进行思想品德教育和心理素质教育，把学生培养成为德智体美劳全面发展的一代新人。教书育人是教师的双重教育行为和双重责任，它反映了教育过程的两个侧面。如果只强调教书，不重视育人，那么“生产”出来的“产品”就属于伪劣产品，甚至高智商的“教育产品”对社会、对人类是一种灾难。

事实上，在现实的教育实践中，在应试教育的影响下，学校老师教书的功能已发挥到了淋漓尽致的地步。人类在长期的社会实践中，积累的丰富经验，创造的灿烂文化、发明，发明的科学技术及前人创造的优秀文化成果通过老师的教书过程，使人类文明得以传承和发扬，也使学生的头脑不断用知识来充实和武装，经验不断增加，智力不断开发。然而，学校的育人功能却显得相对落后，甚至在学校中，老师只教书不育人的现象比比皆是。老师被比喻为人类灵魂的工程师，他们要用正确的世界观、人生观和价值观塑造学生的灵魂。但从实践来看，学校教育中的育人功能不尽如人意。

当今，许多青少年自尊心低下，人际关系差，缺乏价值感，品格发育不健全，既无热情又无健康的心理状态，生活没有朝气，有些学生陷入了消极、有害的状态中。甚至一些学生的生活终日充满着孤独感和不安全感。学校中厌学、逃学、辍学现象屡见不鲜；学生中暴力、极端事件偶有发生；特别是“80后”“90后”，甚至“00后”，特殊的独生子女成长经历，加上市场经济快速运转后面临的一系列变化——更新快、竞争强、差距大、压力重，致使现代学生身心发展受到的负面影响越来越大，严重威胁并磨砺着他们的心灵，对青少年的健康成长更是带来严重的挑战。

一、对学生的心理教育刻不容缓

教育是一种有目的、有计划地培养人的活动，规定着人的发展方向。青少年学生在成长过程中接受学校教育，不仅是学习知识、发展智能、增强体质的过程，而且也是人格形成和发展的过程。然而在长期应试教育的影响下，教师“教书育人”的职责似乎逐渐淡化，教师只教书不育人，只看分数不看内心。教育学生就是教会学生学习数、理、化、史、地、生等自然知识和语文、外语等学校开设的社会科学知识。老师都把注意力集中在学生的学习上，仿佛学生只要学习好了，就一定能成才。所以，大多数学校教育只注重智力的培养，而忽视了心灵和人格的塑造，导致高智商、低情商的孩子越来越多。这是当前教育的最大弊病，也是我们在教育学生观念上普遍存在的灾难性误区。

假如我们把学生比作一棵树的话，树冠是学生的智力，树干是学生的身体，树根则是学生的心灵，是学生的生命之根。树冠代表着学生头脑中所学习到的知识和学会的技能，它是学生在一个健康的身体和健全的人格基础上才能完成的任务。树干代表着学生的身体，它的发育成长所遵循的是自然规律，是由遗传决定的，只要我们提供给他正常的物质营养，他就会慢慢长大。而树根代表着学生心灵的发育成长。就一棵树而言，树根决定着树干和树冠。如果树根出了问题，那么树干也无法长成参天大树，树冠更是无法枝繁叶茂。所以，素质教育的重要内容和任务之一就是要对学生进行心理教育，使学生养成良好的心理素质，提高学生的心理健康水平。因此，对学生的心理教育已经成为学校教育中必不可少的重要内容，是学校实现立德树人、培根铸魂根本目标的重要途径。

二、塑造学生的精神人格是学校心理教育的首要任务

常识和经验告诉我们，任何人都是由“肉体”和“精神”两部分组成的。决定一个人的行为是由“精神人”来决定的。一个人好学上进、学习自觉、尊老爱幼、孝敬父母、帮助同学、意志坚强等良好的行为表现，是因为他的“精神人格”是健康的、积极的。当然，一个孩子好吃懒做、无心学习、桀骜不驯、与人冲突、自私自利等行为表现，也是因为他的“精神人格”是不健康的、消极的。所以，一个人

最终是好是坏，是高尚还是卑微，是伟大杰出还是庸庸碌碌，是才华横溢还是愚笨迟钝，都取决于他的“精神的人”的发展状况。

怎样才能使每个学生都变成具有积极的精神人的状态呢？这就需要在他成长的过程中，在接受学校教育时，塑造起良好的精神人格，这是这个阶段人发展的首要任务，更是学校心理教育的重要内容。所以，学校的育人功能就是要对学生进行精神人格的塑造，老师在育人方面的角色就是要做学生的精神供氧者。在长期的与学生互动过程中，通过接纳、爱、关注、欣赏、鼓励和赞美等方式给学生输入精神养分，使学生“精神的人”健康成长。

三、新时期学校心理教育需要创新教育模式

伴随着健康中国、平安中国的建设，心理学发展迎来了新的发展机遇，开启了中国心理教育事业的新征程。特别是围绕社会心理服务体系的建设和社会治理的整体推进，引领着中国心理教育事业迈向了一个新时代。民族复兴、国家昌盛、人民幸福成为中国心理教育事业的新使命。人文关怀、心灵关爱是中国社会的主旋律，而家庭和睦、事业兴旺、健康快乐就成为心理学本土化过程中衍生出来的新价值。党的十九大报告中明确提出，加强社会心理服务体系建设，培育自尊自信、理性平和、积极向上的社会心态。这就要求打破心理学传统的学科边界，创造性地把心理学向纵深发展成为社会为心理学发展赋予的新命题。在这样一个大的背景下，以往“问题解决”模式的心理咨询已严重不适应新时期学校心理教育的新要求。因此，如何把握今天心理教育发展的新特点和长远趋势，学校如何通过专业的引领真正提升学生的心理素质，以学校为对象，以塑造学生精神人格为主题，积聚学校力量和社会力量，立足我国学校心理教育的实际，开展学校心理教育的研究，探索服务心理教育的实践工作，推进心理教育的深入发展，这些都亟待创新学校心理教育的新模式。

第二节　团体心理辅导是学校心理教育的最佳途径

2017年9月12日，人力资源社会保障部发布了〔2017〕68号文件《关于公布国家职业资格目录的通知》，该通知指出国家认定的心理咨询师职业资格被取消了。中国正处在社会转型阶段，社会发展遇到了各种矛盾和阻碍，各种人群的心理问题越来越多，对心理健康服务的需求越来越高。那么，心理咨询师资格证的取消意味着什么？

取消职业资格不是取消岗位和职业标准，也不是取消相关职业评价活动，而是表明心理咨询工作作为非常重要的助人专业，需要更加规范化的管理；心理咨询师

的成长也由仅仅通过几门课的考试获得资格，变为真正心理服务能力的提升；同时也说明，一个人心理素质的水平，并不是通过几次咨询就能够真正得到提高，心理健康教育不仅是一种方法和技术的体现，更重要的是它体现了一种先进科学的教育理念，心理健康教育的普及有助于教育观念的更新和方法的改善。[1]这就对学校心理教育提出了新要求，如何加强学校心理健康教育，采取何种模式提升学生心理素质，以往以咨询为主的心理服务模式是否符合新时期的新要求，这些问题都需要进一步探讨。

一、聚焦新时代新思想，转变心理学服务性质

德国心理学家艾宾浩斯说："心理学有一个漫长的过去，却只有一个短暂的历史。"心理学曾经一直属于哲学范畴，直到1879年德国生物学家冯特在莱比锡大学建立了第一个心理实验室，标志着现代心理学的开端，心理学也因此正式成为了一门独立的、真正的科学。

（一）以心理问题为导向的"解决模式"

心理学是一门研究人类的心理现象、精神功能和行为的科学，包括基础心理学和应用心理学两大领域。心理学研究范畴涉及知觉、认知、情绪、人格、行为、人际关系、社会关系等诸多领域。因此也产生了各大派别的心理学应用技术。但是，心理学的应用大多以心理问题为导向，采取心理治疗和心理咨询途径，调整和解决个体的心理问题，使心理学的应用仅仅停留在问题的"解决模式"，而随着社会的进步和学科的发展，心理学的应用方向也发生着改变，逐渐走出了咨询室和诊疗室。

（二）以积极心理学为导向的"激发模式"

自从1998年美国前心理学会主席马丁·塞利格曼提出了积极心理学，积极心理学便逐渐发展了起来。第二次世界大战以来，心理学主要致力于研究人类问题的解决和补救，但大多数心理学家忽略了对正常人群的研究。积极心理学不仅关注人类的弱点和问题，同时也关注人类的美德和优势即心理力量；积极心理学不仅要帮助人们修复病损，也要帮助人们了解自我、认识生命，构筑生命的美好，实现人生价值。积极心理学致力于研究人的发展潜力和美德等积极品质，主张把研究重点放在人本身潜在的、具有建设性的力量、美德和善端上，倡导用积极的心态对待人的许多心理现象（包括心理问题），激发人自身内在的积极力量和优秀品质，并利用这些积极力量最大限度地挖掘自身潜力并获得美好生活。积极心理学的研究内容分为三大板块：积极情感体验、积极人格、积极社会组织系统。新时代下，心理学的发展能不能更符合时代潮流，更加科学呢？

---

[1] 姚本先．学校心理健康教育新论［M］．北京：高等教育出版社，2010.

（三）以大众心理为导向的“服务模式”

随着时代的发展，尤其是近年来，心理学的发展有了空前进步，已经走出“咨询室”走向社会大众，从心理治疗走向了心灵成长，走向对社会的服务。这样就拓宽了心理学的应用面，使心理学的科学性真正应用于生活，服务于大众。比如在社区有“254模式”及社区心理矫正中心，在学校有青少年心理成长的“阳光自护”项目，在企业有员工帮扶即企业EAP项目，在妇联有“家庭教育”和“婚前心理辅导”服务，对灾难或心理危机有危机干预。那么，什么样的形式更能提升学生的整体心理素质，塑造学生健康的人格？那种以被动治疗为主的咨询模式已不适应新时期对心理教育的普及，必须探索新的心理教育模式。新时代下，心理学的应用更具普适性，更符合大众的心理体验和成长，集中体现在加强心理资本建设，体现在加强良好社会心态的培育上。因此，在学校改变心理教育模式，以适应青少年学生的心灵成长成为刻不容缓的工作。在这一点上，团体心理辅导给了我们一个全新的思路。

二、团体心理辅导为学校心理健康教育开辟了一条新途径

目前，对人心理的教育和对人心理问题的处理上，通常有两种模式，一是医学模式，二是教育模式。前者侧重心理的治疗和重建，后者侧重心理的预防和发展，按使用这两种模式因素的多少可以分为心理辅导、心理咨询和心理治疗三个层次和类型，因此，三者在对象、目标、手段、功能、方法、方式、过程、时间等方面各有差异。

（一）心理辅导

心理辅导是指两个或两个以上的个体通过彼此互动、互相影响组成的集合体。团体心理辅导是在团体情境下提供心理帮助与指导的一种形式，是面向普通人群开展的一种预防性、发展性工作，主要采用的是教育模式，做的是认知层面的工作。通过创设情境，设计出活动、课程，用来预防个体在各个发展阶段中碰到的各类问题所引发的一般性困扰。比如，大学新生的适应性辅导，目的在于通过心理辅导，让大家更快地适应大学的角色，可以通过“相亲相爱一家人”的心理辅导活动，让大家尽快地熟悉每个人的名字，每个人的脾气、性格，每个人都要和和睦睦地在一个宿舍里面，在一个班级里面，不要有矛盾，其实这就是预防性的；再如，我们做的生涯规划，我们还没有从事一份职业，但是我们要提前规划，要对自己近期和远期甚至一生做出适合自己发展的规划。

这些都属于心理辅导的内容。因此，心理辅导的对象往往是处在转变或者转折时期的普通学生，他们的心理健康状况相对良好，心理辅导关注对象的未来，重点是预防，根本目标是为防止未来问题的发生提供知识性服务，促进学生形成良好的心理素质，充分发挥个人潜能。

（二）心理咨询

心理咨询针对有心理困扰的人，注重补救性及问题的解决，是借助小组动力及交互作用以促进成员更深入地自我探索、自我了解、自我悦纳的过程。主要采用问题解决模式，做的是认知层面的工作，对情绪情感进行调节与管理。心理咨询主要针对的是已经有了一定心理困扰的人，需要进行问题的解决，是对问题进行补救性的解决。比如，人际关系遇到了问题，不能和周围人和睦相处；考试焦虑问题，在考场上不能正常发挥，甚至紧张焦虑得无法进行考试。因此，心理咨询的对象是在发展中遇到一些心理困扰，或有轻、中度心理冲突与矛盾的正常学生，心理咨询关注对象的现在，重点是发展，根本目标是改善学生个体的心理机能，提高其心理健康水平。

（三）心理治疗

心理治疗针对少数有心理障碍的人，需要长期性、人格改变的临床服务，由临床心理学家或心理医生实施，在一个较正式组成的小组中进行，协助个人人格及行为上的改变。主要采用的是临床的模式，做的是人格层面的工作，即对人格的改变。需要注意的是，心理治疗针对的对象已经有了心理症状，属于心理障碍，已经严重影响其社会功能的正常运行。比如，网络依赖的矫治；抑郁症病人的治疗，人格重建、人格改变等。这就比较困难了，人格出了问题，那就是心理得了"癌症"，治疗起来需要比较长的时间。因此，心理治疗的对象是心理健康水平较低或心理机能失调及心理上有严重障碍的学生，心理治疗关注对象的过去，重点是矫治，根本目标是纠正与治疗学生心理与行为的失常问题，恢复其心理健康。

需要注意的是，我们虽然在概念上进行了比较详细的区分，但在实际运用中，在很大程度上他们又相互交叉重叠，具有某种程度的一致性和渗透性。关系如图 1–1 所示。

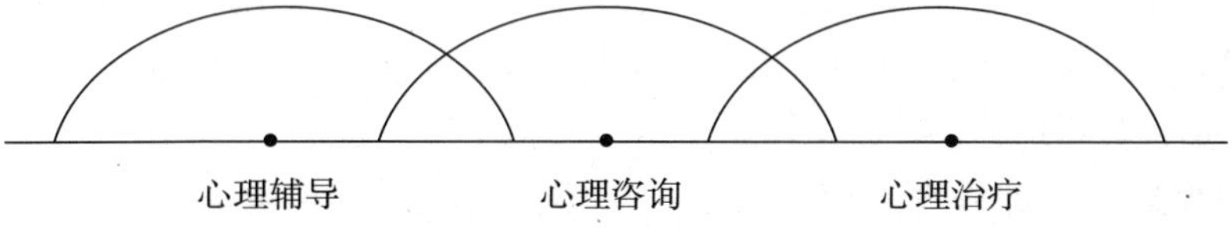

图 1–1　心理辅导、心理咨询与心理治疗之间的关系

更加详细的说明可以利用表 1–1 进行对比。

表 1–1　心理辅导、心理咨询与心理治疗之间的区别

方面	心理辅导	心理咨询	心理治疗
对象	正常人	正常人	病人
目标	知识、资讯的获得	促进想法、情绪、态度行为之改变	人格重建、人格改变和治疗
功能	预防性、发展性	预防性、发展性、矫治性	矫治性、临床性

续表

方面	心理辅导	心理咨询	心理治疗
领导者	教师或辅导员	心理咨询师	心理治疗师、精神科医生
行为层面	意识的认知活动	意识的思想、情绪问题和行为	意识及潜意识的心理、思想、情绪问题和行为
动力过程	不太重视小组动力	非常重视小组过程和动力	重视小组过程和动力
方法	一般教学活动、技术，为传送知识资料	辅导技术，引导探索、省察	治疗技术，以分析、解释行为
人数	以班级人数为原则	6～8人	少数人为原则
实施地点	学校、机构	学校辅导中心、心理健康中心	医疗诊所、医院心理健康中心
时间	定期	短期	长期

除此之外，三者在方式、时间、过程、方法上也有所不同。在方式上，心理辅导多倾向于采用团体辅导或与个别辅导相结合的方式，而心理咨询与心理治疗常常采用个别对待的方式；在时间上，心理辅导可以是终身的，伴随着整个教育过程，相对而言，心理咨询与心理治疗则是一个可长可短的时间，难以持续终身；在实施过程的积极主动性上，心理辅导多表现为辅导人员积极主动的过程，在实施方面具有超前性的特点，而心理咨询与心理治疗相对被动，要等求助者主动来访，主要对问题学生进行咨询与治疗则难以奏效，在时效上具有滞后性的特点；在方法上，心理辅导有更多的组织计划和具体方法等结构化成分，而心理咨询与心理治疗则更加灵活，富有弹性和针对性，需实时调整结构和计划。从学校心理健康教育的途径来看，心理辅导、心理咨询和心理治疗都是其中一种重要途径，三者是并列的关系；从概念的种属上来说，学校心理健康教育是属概念，心理咨询、心理辅导和心理治疗是种概念；从服务的范围广度出发，学校心理健康教育与心理辅导、心理咨询和心理治疗是包含关系。

在学校进行心理教育，就是要使学生学会自我心理保健，掌握有关避免和消除心理疾病的原则和方法，对自我心理健康状况有正确的认识，能够自我排忧解难，游刃有余地对待生活中的各种挫折和困扰，保持乐观稳定、积极向上的心态。因此，学校的心理教育从积极心理学角度来讲，主要就是要优化学生的心理素质，促进学生全面发展，特别需要注意的是，针对全体学生来进行心理教育工作，引导学生认清自己的潜能和特长，确立有价值的生活目标，担负生活责任，扩大生活方式，发展建设性的人际关系，发挥主动性、创造性及作为社会成员的良好社会功能，过积极有效的生活，这就需要进行预防和发展性的工作，而非咨询与治疗性的工作。通过学校心理辅导，培养学生自主坚强的人格，帮助学生认识自己，接纳自己，提高自信心，培养学生的独立性和勇敢的品质，培养学生的成就动机。鼓励他们力求上进，培养学生的坚持性，做事有耐心，培养学生的关爱品格，养成良好的社会兴趣和交往技能，培养乐观开朗的性格特点，其基本目标就在于学会调节和适应，一方面使学生学会正确对待自己，接纳自己，化解内心冲突，确立适当的志向水平，保持精神生活的内部和谐，另一方面使学生形成正确的适应行为，使行为符合社会规范，消除人际障碍，改善人际关系。因此，现阶段，心理辅导成为学校心理教育的主要模式。

三、以“团体”的方式开展心理辅导成为学校心理教育的主要形式

团体心理辅导重视的是每个成员的成长与发展，即借助团体的形式，帮助个人的发展。而在学校，行政班级的形成为团体提供了自然的团体，而且在心理成长上，班级中的成员又有着天然的同质性，是进行团体心理辅导的最佳组织。因此，团体心理辅导成为新时代学校心理教育的新模式。

第三节　团体心理辅导成为学校心理健康教育的发展趋势

在学校开展心理健康教育始于 20 世纪 80 年代，是 20 世纪学校教育改革运动中出现的一个新内容，也是改变多年来应试教育弊端的现实要求，更是在我国转型发展中，应对由快速发展的经济改革而引发的各种竞争压力得以缓解的有效措施。学校心理健康教育是现代心理学、教育学、临床医学、神经科学和社会学等多学科的理论与学校教育实践相结合的产物，是世界性的教育共识，也是现代学校办学模式的一个重要标志，反映了当代进步的教育潮流。

一、心理咨询与辅导在我国的发展阶段

心理咨询与辅导进入我国最早是在学校开始的。我国的心理咨询与心理健康教育从 20 世纪 80 年代中期开始兴起，经过了 30 多年的发展历程走到今天，学校心理健康教育已经不仅是解决学生心理问题的手段和方法，而且真正成为学校教育的一个重要组成部分，真正成为学校教育的核心目标之一。30 多年来，我国学校心理健康教育的历程可以分成以下三个阶段：

1．*教育方法的引进：解决学生的心理问题*（20 世纪 80 ～ 90 年代）

最早我们把心理健康教育引入了学校教育之中，原因是学生的很多问题，如中小学生的问题行为，靠传统的思想教育、道德教育、行为规训等各种各样的教育方法已无法奏效。那时的心理健康教育主要是进行心理咨询。当时非常流行的一句话是“心病还需心药治”。许多学校把国外的心理咨询、心理治疗引入学校教育的实

践中，引进来的目的就是要解决学生面临的各种各样的心理问题。其实，在20世纪80年代后期到90年代初期，我们对心理问题的认识实际上还是不够的。如果一个人的心理状态没有严重到一定程度，甚至没有达到疾病和障碍的程度，我们几乎不会把它看成是心理问题。因此，诊断为心理问题其实表明个体已经出现了精神方面的症状，甚至可以诊断为某一种心理疾病或障碍。现在我们知道，这类问题单靠心理咨询是解决不了的，是需要心理治疗师甚至精神科医生来治疗的，但当时人们认识不够，就把学校的心理健康教育等同于心理疾病的治疗。所以，当时心理咨询和心理治疗成为学校心理健康教育的主导方式，这也使学校心理健康教育在学校当中的地位仅仅停留在教育方法的层面上，即是把它作为解决学生心理问题的一种手段或一种方法。

2．教育方法转变为教育形式：即有目的、有计划地提升学生的心理素质（20世纪90年代～21世纪初）

我国的心理健康教育有两大理论来源，一方面是来自西方的咨询心理学或者心理治疗的基本理论，另一方面就是在20世纪80年代后期、20世纪90年代初期兴起的素质教育。当时教育部门提出，中国教育应该由应试教育向素质教育转轨。在转轨的过程中发现，人的整体教育是由四个部分构成，即知识技能素质、思想道德素质、身体素质和心理素质。而且经过大量的研究发现，在应试教育阶段，我们用大量的时间、多样的手段来解决学生知识技能、思想道德、身体方面的问题，提升学生这三个方面的素质，德育有德育课，体育有体育课，智育有学科教学，而唯独心理素质没有涉及具体课程。以前做得好的现在继续做，而过去没做现在才做的就是素质教育的突破口。因此，提升学生心理素质成为素质教育的抓手。于是，我们就开始在学校当中为学生开设心理健康教育的课程。一开始仅仅把心理健康教育课程的开设看作学校心理健康教育的一种途径、一种方法，但在开设的过程中有学者提出，学校心理健康教育课程的开设意味着对学生心理的关注，由解决学生的心理问题转向了有目的、有计划地提升学生的心理素质，也就是从解决心理问题转向了培养和提升学生的心理素质，这是一个非常大的变化，而且也意味着心理健康教育在学校教育当中的地位不一样了。原来我们说德智体美劳全面发展，现在发现全面发展不全面了，缺什么？缺心育，后来就讲德智体美劳心全面发展。所以，这时候的心理健康教育就不仅仅是一种教育的方法了，它开始提升为和德智体美劳相并列的一种教育的形式、一种教育的形态。这个提升的变化是非常重要的，使得我们的心理健康教育从仅仅关注3%～5%的心理疾病或心理障碍的人，转向了全面提升学生心理素质，关注全体学生心理健康的方向，这是一个非常大的变化，实际上比积极心理学还早，而且更全面地促进学生心理素质的发展。可以看出，心理健康教育变得相当重要，它从一种教育方法提升为一种教育形式。

3．心理健康教育成为教育中最核心的目标之一（21世纪初至今）

随着人们对心理教育认识的提高，心理健康教育在学校的作用也越来越重要。心理健康教育和其他的教育之间并不是一个平行并列的关系，而是比其他教育对人的影响更长久，也更重要。我们知道，身心的发展是一切教育的前提和基础，换言之，身心发展是教育的起点，任何的教育都要建立在学生身心发展的基础之上，特别是心理发展基础之上，如果教育不能建立在学生心理发展的基础之上，这样的教育不但是无效的，甚至是有害的。但是它仅仅是教育的起点吗？事实上，心理发展既是教育的起点也是教育的终点，更是教育最核心的目标之一。为什么？试想，当我们上大学的时候老师会围绕专业不断向我们灌输知识和技能，而且不停地告诉我们这些知识和技能非常重要。可是当我们大学毕业，经过五年、十年之后，我们还记得多少知识？当一个人大学毕业十年之后，大学老师教给我们的专业知识还能记得30%吗？或者有的人可能连20%都不到。但我们仔细想想，当你大学毕业十年之后，几乎80%～90%的知识全都还给了老师，那大学是不是就白念了？我们说肯定没白念，念过大学和没有念过大学的人差别很大。差别在哪里？如果把知识还给老师之后，留下的又是什么？打个比方，我们说十年没骑自行车，原来会骑，但现在突然给你个自行车能不能骑走？肯定能骑走，为什么？因为技能一旦学会就不容易丢失。我们上大学也是，我们在学专业的时候，专业的知识可能随着时间的推移被我们遗忘，但专业的技能留下来了，行为的习惯和行为的方式留下来了，更重要的是专业的思维会深深地扎根在我们的大脑中。面对同样一件事情，不同学科的人分析与解决问题的思维方式是不一样的。当知识完成了它的历史使命之后，专业的态度及专业的价值观等都留下来了。而这几方面的关系又是什么呢？技能是心理的构成要素，认知方式、思维方式是心理的构成要素，态度和价值观稳定后形成了人格，也是心理的构成要素。由此可见，教育背后最核心的目标是心理发展。所以心理发展既是教育的起点，也是教育的终点，是教育最核心的目标。当我们认识到这一点的时候，我们的心理教育在学校当中的地位将进一步得到提升，成为教育中最重要的一个目标，成为核心目标之一。

综上可以看到，四十年来我国心理健康教育，特别是学校心理健康教育的发展，走过了三大阶段。从一种教育方法提升为一种教育形式，从一种教育形式进一步提升为教育的目的之一，从这个意义上来理解我们的心理健康教育，理解心理健康教育这项事业，其作用要远远地大于今天以治疗为取向的心理咨询、心理治疗。心理教育服务的范围也从少部分人提升到了所有的人。所以，心理教育活动的开展，特别是校园心理健康教育活动的开展，绝不能仅仅停留在教育方法这个层面上，而是要进一步提升到教育形式、教育目的的层面上，这样的话才能够让我们的心理教育真正地为儿童青少年的发展、为人类的发展、为中国人的发展贡献专业的力量。另外需要注意的一点是，我国称心理教育为心理健康教育，既没有叫心理咨询，也没有叫心理治疗，这就意味着心理健康教育就有着面向全体、价值引领的特点。

二、团体心理辅导是实现学校心理健康教育的最佳形式

团体心理辅导是学校心理健康教育的一个重要分支领域，是以学校心理学的理论和研究为支撑的，是学校心理教育的“辅导”领域里的具体技术、操作和实践的体现。学校团体心理辅导泛指学校心理老师对学生的协助与服务，是在创设的一种新型的、建设性的人际关系或情境中，心理老师运用其专业知识和技能给学生合乎其需要的协助与服务，帮助学生正确了解自己，认识环境，并根据自身条件确立有益于个人发展和社会进步的生活目标，克服成长中的障碍，并在学习、工作及人际关系等各个方面调整自己的行为，增强社会适应的能力，从而做出明智的抉择，充分发挥自己的潜能。学校心理辅导属于学校心理教育中重要的一部分，是学校心理教育的具体体现，属于教育的范畴，而教育有目标、价值引领的作用，因此，学校团体心理辅导也是有价值引领作用的，这一点不同于团体心理咨询，团体心理咨询属于心理咨询的范畴，更强调价值的中立原则。

总而言之，在搞清楚上述概念的关系后可以看出，在学校进行心理健康教育时更适合采用团体心理辅导的形式而非团体心理咨询的方式。

第二章　学校团体心理辅导概述

团体与团体心理辅导是什么？学校心理健康教育为什么以团体辅导的形式进行可以取得惊人的效果？团体辅导与个别辅导的同异在哪里？团体心理辅导的应用领域有多广？团体辅导的基本理论有哪些？它为什么可以帮到人？团体辅导过程中，如何引导一个人向更积极、更正向的方向去改变？团体辅导过程与阶段具体怎么划分？团体辅导中的领导者需要具备哪些条件和能力？团体心理辅导方案如何设计？作为一个团体领导者，怎样了解自己、提升自己？学校团体辅导老师需要学习哪些带领的技术才能快速成长，最终成为一个优秀的团体导师？怎样评估团体辅导活动？等等。这些都是作为团体心理辅导的领导者需要思考的问题，也是学校心理老师必须掌握的心理辅导理论、技术和应用。

第一节　团体概述

20世纪人类社会最伟大的发明之一是“小团体运动”。通过团体经验，人们可以重新探索自我、发展潜能，团体提供了人格重塑的机会。

——心理咨询大师卡尔·罗杰斯

团体经验无论是对个人还是对社会都有重要的影响。我们每一个人从出生那一刻起就诞生于团体之中，也诞生于关系之中，我们心中的困扰也大多数源于跟团体的互动，特别是人际关系的冲突，如亲子教育、师生沟通、同学同事交往等。人际交往中的各种恐惧、担心，冲突等问题，在现实生活中不容易从他人口中得到真实的反馈。团体提供了一个绝佳的场所，成员作为真实的人去反馈真实的感受。成员有机会反思自己，把因为不恰当的团体互动中失去的能力、信任等，在温暖、关怀的团体中又重新获得。所以，对于解决关系问题，团体是最好的解决之道。因此，团体已经成为学校、企业、社会心理健康工作中必不可少的形式和技术。一个团体就是一个小型社会、小型人际交往的圈子，在关系当中，参与者得到了情绪的调整和行为矫正，这种效果也会被延续到教室之外，甚至延续到真正的社会生活当中。

每个人成为今天的自己，是在社会化的过程中通过各种各样团体的相互作用而完成的，从一开始的家庭团体，到学校团体，再到工作团体、事业团体，休闲娱乐团体……我们在团体中生活，在团体中学习，在团体中成长，团体是我们快乐的源泉，也是我们痛苦的因素。可以说我们无时无刻不是生活在团体之中。

一、团体（group）的概念

团体，在日常生活中用得非常广泛。英语中常用 group 来表示。group 具体指的是什么？教室里的一群人坐在一起听课，是否为 group，算不算团体？公共汽车上拥挤的人群算不算团体？大街上、商店里熙熙攘攘的购物者算不算团体？对于团体的概念，新加坡心理咨询师周美琳博士认为，团体是有共识的、互动的一群人。即大家为了一定的目标组织起来，彼此之间产生互动，且在互动的过程中，每个人会发生改变。因此，随便的一群人不能叫团体，团体中的他们之间是有一定的关联。熙熙攘攘的人群，他们互相之间没有关联，不能叫团体，只能叫人群。心理学对团体的概念定义为：团体是由两个或两个以上的人出于自己意愿或者追求某个共同目标而组合成的，成员之间通过彼此的心理互动而发生改变的过程。

社会心理学中团体的概念为：团体由两个或两个以上的人组成，为了达到共同的目标，经由彼此间互动而产生相互影响的个人组成的集合。不同的学科从不同的角度对团体进行了界定，但它们之间并不是彼此孤立的，而是有共同特征的。

二、团体的基本特征

一个有意义或者有功能的团体，必须具备以下四个特征：

第一，团体要有一定的规模。一个人不能叫团体，两人成对，三人成伙。所以，团体是要有一定规模的。团体有大团体和小团体，比如一个国家或一个民族就是一个大团体，一个班级可以算作一个小团体。团体心理辅导中讲的团体叫小团体，小团体是指每个人都能清楚地意识到对方的存在，而且彼此有交流，有互动。小团体的人数一般是 3 ～ 20 人，但不是绝对的，也没有一个统一的标准。但总体来讲，规模是有限的。

第二，团体成员具有共同的目标和利益，即成员之间要有共识。吴无典教授曾讲道："如果没有共识，我们一家都是人，如果有共识，我们是一家人。"熙熙攘攘的大街上到处都是人，但不能算作一个团体，因为他们之间没有共识，没有互动。所以，团体一定是要有共识，彼此之间是有连接、有关系的。比如，一个网络依赖的干预团体，团体中每个参加的人有共同的动机，就是想改变自己过度使用网络的情况。因为长时间上网干扰了正常的学习和生活，但他们自己不知道怎么办，想改变但没有方法，也没有监督，因此来参加网络依赖的团体辅导，所以他们有共同的目标。

第三，团体成员间彼此互动、互相依存。成员之间要有一定的合作、交流、分享等的互动过程。团体中的每一个人都意识到其他人的存在，每一个人对这个团体都有一种归宿感。特别是经过一段时间的团体互动以后，大家之间的关系会变得亲密起来，互相之间有一种温暖、关注、和谐的感觉，看到团体的每一个人，就像看到自己的家人一样。当然，团体之间的互动有正向的互动和负向的互动。负向的互动，如成员之间不是相互配合，而是你争我夺、明争暗斗，甚至打击、挖苦等。这样的团体肯定不能够很好地维系下去，最后分崩离析。而正向的互动则是团体成员彼此真诚，互相支持、鼓励、打气、欣赏、赞美。这种正向的互动就会使团体成员之间的联系更加紧密，团体的生存和维系也会变得更加牢固，变成有凝聚力的团体。

第四，团体成员要有共同遵守的规范。没有规矩，不成方圆。很多人一起组成一个团体，就必须要有大家共同遵守的规范。否则，团体缺乏规范，就会出现“无序”状态，一盘散沙，彼此之间我行我素，互相之间没有约束力，这个团体终将维持不下去。当然，有规范不遵守也不行，那将出现“脱序”状态。“无序”和“脱序”都会导致团体衰亡。

总而言之，一个有意义的团体或是有功能的团体，至少应该具备这四个基本特征才能够真正帮到人。

三、团体的功能

团体对于每一个人的成长发展都是非常重要的。我们一出生就进入了团体当中，家庭就是我们最早的团体，而后，每一个人在自己的成长过程中经历了各种各样的团体。我们在不同的阶段都有各种不同的团体，且团体是有功能的。团体的功能主要表现在两个方面。一是团体满足人们的心理需求。人是社会的人。和他人在一起，或者在团体当中，我们会有一种安全感、踏实感、温暖感，力量感。二是它也有另外的一些功能，如完成一些任务，团体在一起有特定的任务，尤其是在青年期，人的思想、观念特别容易受到同龄人的影响，同辈团体的作用甚至超过师长。因此，团体不仅是一个人生存发展的必然环境，同时也扮演着重要的助人功能。特别是当一个人徘徊、孤单、寂寞、伤感和痛苦的时候，团体常常可以扮演助人的功能。

四、团体的类型

按照不同的标准，团体可以分为不同的类型。依组织程度可分为正式团体与非正式团体；依人数规模可分为大型团体和小型团体；依成员和团体的关系可以分为隶属团体和参照团体；依团体的开放程度可分为开放式团体和封闭式团体；依团体的对象可分为青少年团体和成年人团体。不同的团体对成员的影响程度不同。

第二节 团体心理辅导

一、团体心理辅导的概念

团体心理辅导是心理教育工作的主要形式之一，是一门以心理学理论和技术为基础，在团体情境中提供心理帮助与指导的专业助人方法，具体是在领导者精心设计的团体情境下进行的一种心理辅导形式，是多个团体成员围绕一个或多个共同关心的主题，经由团体内的人际交互作用，促使个体通过观察、学习、体验，从而认识自我、探讨自我、接纳自我，了解他人、调整改善与他人的关系，学习新的态度与行为方式，以发展良好适应力的助人过程。也就是说，团体心理辅导主要是借团体的手段和力量来帮助个体成长。

团体心理辅导的优越性在于将团体作为一个微型社会，主要以一种体验的形式，通过领导者精心创设的情境，就某一类型的主题展开体验和探索，尤其是为那些在现实生活中受到挫折压抑的成员提供了一个宽松的心理环境，团体成员在这个充满理解与支持的团体氛围中完成情境中的任务，在体验的同时参与者尝试各种选择性的行为，探索自己与其他人相处的方式，学习有效的社会技能技巧，讨论他们彼此之间的相互觉察，并将他人作为自己言行的一面镜子，通过其他成员对自己行为真实的反馈，使之经由别人对自己的感受、评价等的反馈来重新审视自己，反思自己，修正自己以往不恰当的模式，重新建立新的条件反射机制，形成适当的新模式，并培养成员的信任感和归属感，从对团体的信任到信任周围的其他人，从对团体的归属感扩延到对学校社会的认同感与归属感，团体心理辅导与团体心理咨询比较起来，它更具有中国本土文化的特色，更符合我国大陆在学校开展心理教育工作的模式。

在学校进行的团体心理辅导一般以自然班级为单位，以学校教育活动为背景，设定专门的心理主题进行辅导，例如，以儿童和青少年的学习、适应、人格成长等作为中心问题予以心理援助。被援助者可以是学生，也可以是学生的家长和学校的老师。学校团体心理辅导的范围包括以学校教育为背景的校内问题（例如，学校恐怖症、厌学症、学习困难、考试焦虑症及人际关系等问题），也可以是学校外的家庭教育问题（如亲子关系辅导等），他们都归属于学校心理学研究领域，一般以家长会或家校合作的方式来开展。

心理咨询与辅导是心理工作者专业成长不可或缺的一种能力，在国外的培养体系中有专门的规定。例如，美国心理咨询研究生必修课中包括：咨询理论与技术、团体咨询、生涯发展 / 发展心理学、心理测验、多元文化咨询、统计、心理疾病及诊断、专业伦理及实习，其中第二门课程就是团体心理咨询，团体心理辅导与咨询在帮助人的心理成长上有着特殊的作用，正如美国心理咨询教育家格拉丁所说：“在帮助那些有着类似问题和困扰的人时，团体咨询是一种经济而有效的方法。心理咨询师如果把自己可以胜任的工作仅局限于个别咨询的话，他也就限制了自己可以提供服务的范围。”格拉丁的这句话高度浓缩了团体心理咨询的价值和特点。

二、团体心理辅导的性质与特征

团体心理辅导的性质：是一种心理教育活动，属于发展性和预防性工作。

团体目标：提供信息，获得知识，澄清价值，提升技能。

团体成员：正常的个体。

实施情景：多以学校的班级，组织中的班组、科室、部门为单位实施。

团体人数：约 20 ～ 40 人，分成小团体方式（5 ～ 8 人一组）。

团体主题：成员共有的。如学业适应、沟通技能、生涯规划、职场适应、心理成长等。

实施方法：短小讲授、视频、讨论、练习、活动、艺术表达等

三、团体心理辅导的类型

团体心理辅导作为一个专业的助人工作，在学校开展时，它有多种服务形式，依辅导的理论流派可以分为心理分析团体、行为治疗团体、会心团体等；依团体成员的背景可分为同质性团体心理辅导和异质性团体心理辅导；依团体的性质可分为成长性团体、教育性团体、治疗性团体、支持性团体和自助性团体心理辅导等多种类型；依辅导组织的形式可分为团体心理咨询与辅导、家庭心理治疗、班级主题班会、体验式家长会等；依团体的结构化程度可分为结构式团体、非结构式团体和半结构式团体；根据团体成员的互动程度可分为工作坊形式的咨询与辅导、结构式团体辅导与咨询、非结构式团体辅导与咨询；根据团体开放程度分为开放式团体辅导与咨询和封闭式团体辅导与咨询；根据团体情境分类，可分为心理剧、家庭治疗等形式。

四、团体心理辅导的形式

团体心理辅导的形式可以是多种多样的，主要依据主题的不同而设置不同的形式，但比较理想的形式一般是围圈而坐（图 2-1），这种形式没有一个突出的位置，人和人之间的沟通变得很方便，眼睛一扫就可以跟团体中所有的人进行面对面的交流，人和人之间的实际距离被缩短后心理距离也会变小，并且彼此

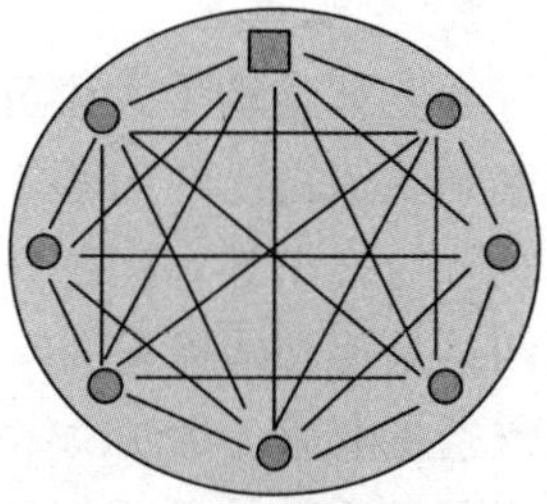

图 2-1　理想团体（Ideal Group）

之间的地位也是相互平等的，且容易建立起那种温暖的、友爱的、尊重的、互助的团体关系。这种形式被樊富珉教授称为神奇的圆圈。

通过神奇的圆圈，一群人坐在一起，经过一次或者若干次的互动、交流、分享、探讨、合作。每一个人都改变了，改变的方向是更积极、更友善、更有建设性地发展。很多进到过这个圈的人都有一个共同的感受，只要进入此圈就会发生改变，就好像这个圈有什么魔力一样，让人在不经意之间就发生了神奇的改变，这也是团体心理辅导的魅力。

五、团体心理辅导的特点

团体心理辅导充分重视与利用人类的乐群性本质特征，应用范围非常广泛，是一种最经济、最有效的心理辅导方法，其特点鲜明突出，具体如下：

（一）团体心理辅导的优势

1. 感染力强

团体成员间互相影响、相互感染，在共同探讨类似问题时受到了相互的启发和影响。团体辅导过程中，在完成领导者精心创设的情境时，一些成员将自己的情绪有力地感染其他成员，用自己的热忱感染团队中的大多数人，以自己的人格魅力感染团队中的很多人，使一些原本不容易激动的人在领导者与其他情感丰富的人的带领下也有了很多的情感体验，甚至引导整个场的情感发生相应的变化，朝着主题指引的方向迈进。特别是在分享的时候，很多人情不自禁地就说出了自己内心深入的深刻体会，有的人感触特别深，并想把自己的感触分享给大家，其他人也都在积极地反思，所以在这种时候就会发现，团体辅导的感染力特别强。

感染团体可以通过音乐、语言、物理环境的创设，道具的使用等。例如，用音乐感染氛围，现在放一首《烛光里的妈妈》，再加上领导者的引导语，大家听着想着，眼泪不由自主地就流下来了。所以在做团体辅导的时候，音乐、光线、引导语都是产生感染力的非常有效的方式。放《烛光里的妈妈》时，引导语要放慢，因为人进入一个放松的状态，他的思维不像我们在有意识的状态下反应那么快，我们要让他慢慢地出来，这种感染力才能产生效果。

2. 影响广泛

在团体情境下，成员可以同时学习和模仿其他成员好的行为模式，从多个角度洞察和认识自己的问题或烦恼，甚至可以提早预防以后相同问题的发生。例如，某学校针对亲子教育问题开展团体心理辅导，在团体交流中，发现有个同学最大的问题纠结是他和他爸爸的问题，他说：“我长这么大，没有当面叫过我爸爸‘爸爸’，我爸爸打电话，我就说你有没有事，没事我挂电话了，从来都不讲也不叫‘爸爸’，从来都不主动给爸爸打电话，都是爸爸主动给我打电话。”这位同学带着这个问题过来了，分享完后，大多数同学举手表示有同样的情况，还有的同学比他还严重，跟爸爸别说是打电话了，根本就不接电话，有很多同学说：“我就从来不叫爸爸，我觉得我爸爸不爱我。”还有四五个男生站起来分享的时候说：“我将来要是当了爸爸，我要学会表达对孩子的爱。”通过这场团体辅导发现，孩子与父母尤其是和父亲的交往太重要了，也太微妙了。因此，在团体辅导过程中，成员之间互相支持，集思广益，共同探讨解决问题的办法，这减少了他们对领导者的依赖，也增强了每个成员解决问题的能力和信心，尤其是当团体发展到具有建设性的动力时，每个成员都可以成为别人的成长资源，从而形成强大的积极动力，推动团体发展，促进个人更加开放，使个人获得更多的突破了，由一个同学的问题引发几十个人都受到了教育，所以，团体对成员影响也是非常广泛的。

3．省时省力，效率高

目前我国心理咨询行业的发展存在着咨询人员不足的问题。受过专门训练的心理咨询师和心理治疗师严重缺乏，不能满足社会对心理工作的需要，特别是一对一的心理咨询专业人员严重不足。因此，开展团体心理辅导可以暂时缓解专业人员不足的问题，也能有效地满足社会需求一对多的形式，可以节省资源与时间，从而提高效率。

团体心理辅导是由一个领导者带领多个团体成员，使得咨询人数增加，提高了咨询效率，节省了咨询的时间与人力，符合经济的原则。试想，做一次个体咨询用一个小时，一周做一次，很费时间，但做团体辅导，有时候做几次课，利用大家的力量，很多人一下子就把相同问题解决了，省时省力。团体心理辅导的经济效能还体现在利用集思广益的研讨方法，探求问题发生后的处理方式，做到防患于未然，避免问题的发生，这也是通过心理辅导解决问题最经济的方法。

另外，团体是真实生活的模拟，而不是虚拟的假设。这种真实生活的模拟，其效果是乘积的累加。为什么说是乘积呢？因为它解决的不是一个人的问题，而是一群人的共同问题，解决好了，大家都受益。例如，学校团体心理辅导，辅导的问题基本上都是班级中常见的问题，如高三、初三的辅导，大部分是给学生减压，让学生情绪稳定，或者是学习压力的问题，或者是人际关系的问题，或者是异性交往的问题，这些都是我们生活中的真实问题，但这些问题是很多人的问题，不是一个人的问题。这也是效率高的一个主要表现。

4．团体辅导效果容易巩固

团体心理辅导创设的情境类似于社会情境，就像对社会生活中各种问题进行的一个实验，成员可以把团体中获得的经验运用于实际生活中，特别是成员之间又可以组成一个特别的组织来解决日常生活中的烦恼。想象周围有这样一个团体，就像现在的微信群，群中有人特别善解人意，那我们遇到问题不一定求助老师，只需要在群里一说，群里的人一听，我们马上就会得到回应。因为大家已经是一个群体了，跟大家分享后就会得到来自多方面的回馈意见，这个群就是我们的后盾，是我们归属的地方。还有一种情况，团体之间有一种相互监督的作用。如在这个团体里曾经有过约定，如果不这样做的话，表示这个人很不守信，这样就有了一定的制约。如有的人看问题比较消极，只要一出现这种情况，团体里马上就有人反馈，经过大家的提醒，他便不再消极了。所以，团体辅导效果可以得到很好的巩固。

5. 团体辅导在人际关系主题上有着独特的作用

人们内心的困扰均源自人际关系的冲突，最好的解决之道就是利用团体的动力去化解。

——欧文·亚隆

人的生活离不开团体，团体提供了一种现实的生活情境，在这个情境中，成员不断学习，形成新的行为，改变旧的行为，从而促进个体的成长与发展。团体辅导尤其在对人际关系的辅导方面具有独特的作用。

人际关系不良往往是许多心理问题之源。尤其是青少年阶段，青少年时期的问题很多，比较严重的问题首先就是人际问题，而人际问题包括了同性和异性的问题，有同性之间的嫉妒问题、亲密度问题等，也有异性交往不当带来的很多问题，这是很多心理问题的根源。因此，人际关系问题是很多团体辅导的重要内容。团体心理辅导创设了一个类似真实的社会生活情境，为参加者提供了社交的机会，而成员在团体中的言行往往是他们日常生活行为的复制品，成员间在充满信任的良好团体氛围中，通过互动、示范、学习、模仿、尝试、训练、探索新的人际交往方式，形成新的人际互动，尝试与他人建立良好的人际关系，并且成员之间的行为能够在团体中有所改变，这种改变还会延伸到团体之外的日常生活中，解决生活中的实际人际问题。在人际关系问题的处理中，团体心理辅导有着其他任何形式无法比拟的独到优势。

6. 人格再成长效果显著

人的成长，通常被描述为从“自然人”长成“社会人”。从心理学角度来看，人的成长最后归属于人格的成熟、健全和完善。人在社会化的过程中，团体心理辅导可以有效地促进人格的再成长，即借助团体的形式，帮助个人人格的发展。

一个人成为一个人格健全的人，需要在一个健康环境中遵循生理、心理发展规律，使各种知识技能循序渐进地被掌握，各种关心爱护源源不断地被吸收进而转化为一个人所拥有的能力。这些能力体现于良好的人际关系、自我和谐、亲密关系、自我效能感等，具备这些能力才是一个真正的人。当某些能力缺失了，虽然外观上看起来也是个人，但却不能称为真正的人。所有心理缺陷、心理问题都可以从人格成长的不足或扭曲中去认识，缺失的能力也无法在原来的环境中寻回，只有在创设的类似环境中，经过矫正性体验，才能得到人格的再成长。

团体心理辅导的目标就是以每个成员的成长和发展为目标。团体是一个小社会，大社会就是由无数小团体构成。因此，小型团体好似大社会的缩小版。在一个小型团体中，具有构成社会的某些要求，如人际关系、人际互动规则、人际文化心理等，不同之处在于小型团体既不是自然形成的团体（如家庭），也不是利益团体（如生产组织），而是一种在导师指导下，依据心理学原理设计操作流程，营造安全、稳定而又温度适当，有目标、有计划、有安全保障、有生长温度的生命河流。当一个在原来的小社会里被扭曲的人来到这样的团体里，成员的个体生命会受到洗涤，洗去那些精神的污垢，精神得到矫治；将那些人格的扭曲矫正；身心得以回归：回归它本有的纯真；获得修复：将那些心理事件留下的伤痕修复厘清，使其生命力重新焕发；得以成长：学会新的表达能力，获得直面自身和他人的能力。例如，通过团体艺术治疗，通过情绪、情感的表达，自然而然地触动深埋多年的内心情结，将意识和潜意识贯通，修通深层次心理动力，也会在行为习惯上有所改善，运用文化符号和人际互动矫正行为模式，形成新的、正向积极的应对行为。总之，个体的人格得以再次成长。

当然，每个成员的成长速度和高度也是不一样的。不要因为别人分享得有深度而气馁，要专注于自己，只要今天比昨天进步就是成长了。有的人可能今天没成长，明天就成长了，所以不要难为自己。团体辅导不要求每个人都有同样的成长速度，只要有一点点的进步都能算作成长。

（二）团体心理辅导的局限性

团体心理辅导在心理工作中有非常重要的作用，在某种程度上优于个别心理咨询与辅导，特别是在人际关系适应问题上效果尤其特殊。但团体心理辅导也不是没有一点缺陷。在心理工作中，团体心理辅导还有一定的局限性，具体体现在如下几个方面：

1. 个人深层问题不易暴露

团体内的多元关系决定了某些个人较深层次的问题不易暴露，团体工作过程中通常也是优先解决团体的共同问题，而个人问题变得相对次要，这样团体领导者对单一成员的交流也势必会相对减少，从而无法满足一些成员的特殊需求，对于某些成员的个人问题没有足够的时间进行讨论。此外，个人和团体在没有充分准备的情况下，团体的压力会使个人的深层次问题，特别是会引发羞耻感的隐私问题难以暴露，也没有必要暴露，否则成员会因为团体情境而感到不安，甚至害怕受到伤害，这些因素都可能会导致团体成员的个人深层次问题难以暴露。

2. 团体心理辅导不可能适用于每个人

团体的局限性还反映在其适用面上，团体心理辅导虽然可以在许多范围得到应用，但它绝对不是万能的，团体心理辅导不可能适用于每个人，在某些情况下，团体心理咨询的助人功能会受到限制，甚至团体中有不适合参加团体的成员有时会给团体带来副作用，而且会给不适合团体心理辅导的人造成很严重的伤害，如依赖性过强的人、有社会交往障碍的人、自我封闭的人，尤其是人际焦虑过高或过于自我为中心的人，他们在团体中都难以获得好处，还有可能妨碍团体的发展，所以要意识到团体心理咨询的局限性，不能夸大团体的功能和作用。

3. 个体差异难以照顾周全

团体不容易照顾到每一个人。因为团体人数较多，且性格各异，有的人比较内向，有的人比较外向，分组的时候不可能都达到平衡，如果通过一个活动进行了分组，这个组正好分了几个内向的，那个组正好分了几个外向的，组与组的气氛不同。因此，组织者在了解团体成员的前提下要有意识地做一个小小的调整，把各个组的气氛调节起来，这样尽量做到各小组气氛和谐，但这也是不好把控的。领导者需要关照整个团体的发展，因此，对个别成员的一些特殊问题就难以顾及，这也是与个别咨询相比不足的一点。

4. 团体有时会给一些成员带来伤害

在团体心理辅导中，个人如果在没有充分准备的情况下，感受到团体的压力，可能会让成员在自我暴露时感到焦虑、不安等负性情绪，甚至有些成员被迫做自我暴露，且暴露得太深了，就很容易导致个人受伤，产生新问题。在团体心理辅导过程中，领导者或成员获得的一些关于个人的隐私，事后可能会在无意中被泄露，这样也会给当事人带来不便和伤害。

5. 对团体领导者要求比较高

团体心理辅导中对团体领导者的人格、专业训练、技术方法、临床经验和伦理道德等方面要求较高。一个团体领导者应具备丰富的个别咨询知识和团体咨询知识，接受过严格的咨询技术的专业培训，同时不断接受专业督导和学习新技术，并要有参加多个团体咨询的经验。一些有热情但能力不足的领导者，在带领团体时会给成员带来很大的负面影响。因此，领导者要意识到个人的特点和局限性，要觉察到自己的能力和不足，在带领团体时要做好充分的心理准备，充分尊重每一位成员，在团体中经常了解成员的体会，评估团体对成员的影响，将可能因领导者个人能力不足而导致的负面影响降到最低程度。尤其是对于新手领导者要特别注意，不能因为焦虑而乱了分寸。如果领导者水平不高，在带领团体时，做到中间进行不下去的情况时有发生。例如，领导者在带领的过程中，一下子勾起对方的内心反应，使成员陷入极度的痛苦之中，哭得无法控制，然后大家都来劝说他，课进行不下去，这时领导者就特别慌乱，因为他不会处理这个情况，面对大家对这个特殊成员的安抚，场面不受控制，整个的团体没法进行了。这时就需要一个助理单独把该成员叫出来进行一些交流，甚至要及时做好个别咨询，然后剩下的人继续进行。这是需要团体领导者有相当的经验来处理的，是要在做好个体咨询的基础上才能够胜任团体辅导的。

6. 对团体进行严格的设置比较难实现

由于团体涉及的人比较多，对团体进行严格的设置比较难实现，例如，在团体中，个人可能把团体外的角色带进团体或以团体为媒介发展团体外的私人关系，或者团体中的成员没有达到基本的团体素质，不能够完全做到保密等，这些都可能妨碍团体内的坦诚沟通或彼此信任，成员的同质性或者抑制性过强，也会影响团体的效果。同质性过强，利于团体成员间的互相认同，但不利于成员的激荡创造和在彼此的差异中相互学习，而抑制性过强，则不利于产生凝聚力。

这些都是团体心理辅导的一些局限性，在工作时要有意识地加以注意。

六、团体心理辅导的原则

为了最大限度地发挥团体心理辅导的功效，完成团体辅导的主题任务和咨询目标，取得理想的效果，在团体中应遵循一些基本原则。

1. 民主的原则

在团体中，每个人都是平等的、被尊重的，没有特殊地位，即使是团体领导者也不例外，这样整个团体才会有凝聚力。因此，即使是团体领导者也不要轻易评价人，指导成员，领导者要表达的只是平等和尊重，尤其是有的人不敢说话，领导者要站到他旁边陪伴他并给他鼓励；而有的人一开始还不想发言，领导者要有充分的耐心去等待，等到成员觉得自己可以分享了再去让他分享；团体要探讨的主题也是要通过举手投票的方式来决定，而不是利用领导者的权威来自己决定。总之，团体是大家的团体，团体内的一切活动都是由大家共同来决定的，要遵循民主原则。

2. 共同的原则

团体是有共同目的、共同任务的。在团体中要相互关心，相互支持，相互配合。因此，在团体心理辅导过程中，领导者要注意成员共同的志趣和共同的问题，当某个成员谈论的是大多数成员不感兴趣的话题时，领导者要及时调整团体讨论的主题与节奏，以免其他成员感觉枯燥无味；领导者还要促使成员与成员相互关注，促进他们彼此互动，增强共鸣，达成共同的目的，实现共同的利益。例如，网络成瘾的团体心理辅导活动的参加者都有想改变自己过度上网而影响正常生活和学习的共同愿望。

3. 启导的原则

团体辅导的最终目的是助人自助，通过大家相互帮助，最终达到自己能够帮助自己的目的。所以在团体过程中，领导者的鼓励、启发、引导是非常重要的。领导者通过心理学的知识、原理、理论、心理技术等帮助成员升华体验，领悟道理，通过适时地提出问题，激发成员思考，培养成员分析问题与解决问题的能力。

例如，在做巧解开千千结辅导活动时，最后分享的时候领导者就要通过活动对成员进行启发与引导。在解千千结的过程中，有的人从这儿迈过来，有的人从这儿绕过去，有的人举起手，有的人弯下腰，这就像我们在处理人际关系时，发生矛盾的时候，我们也要主动地抬抬手或迈一步。提问题的水平决定了领导者带领团体的深入程度，也反应了领导者的带团水平。领导者在提问题的时候，要有层次，有高度，要步步深入，由表及里，由外到内。一个小小的游戏，一个小小的行为，可以让成员领悟到更深层次的哲理，从而使成员得到快速的成长，心灵得到洗涤，人格得到进一步的完善。而这些变化都来自领导者智慧地引导，不漏声色地启迪，没有教育的痕迹，但却充满了教育的智慧。

4. 发展的原则

在团体心理辅导过程中，领导者要以发展变化的眼光来分析、判断成员出现的问题，并以发展变化的眼光把握团体的发展过程。领导者不仅要善用发展的眼光对问题的本质进行动态考察，而且在对问题的解决和咨询结果的预测上也要具有发展的观点。通过团体活动可以改善成员的不成熟的偏差态度与行为，促进其良好的心理发展，培养起健全的人格。尤其是学校团体辅导能给予正常学生以启发与引导，满足学生的自我发展需要，促进其自我的了解与接纳，改进人际关系，学习建立充满信任的人际关系所必备的技巧与方法，养成积极应对问题的态度，对自己充满信心，对未来充满希望。

5. 综合的原则

团体心理辅导的理论、方法、技术种类繁多，各个流派的观点有时大相径庭，各种技术也是不断推陈出新。因此，作为领导者要集思广益，海纳百川，了解各种理论和方法，熟悉各个流派的核心观点，并根据团体心理辅导的任务和性质，综合选取有效的技术，而且要适合团体成员的认知水平，以达成团体心理辅导的最终目标。

6. 保密的原则

团体心理辅导与讲座、讲课等形式都不同，讲座主要是知识的讲解、理论的掌握，其重点在于心理学知识的传递和学生对知识吸收与理解的程度。而团体心理辅导注重的是成员在团体中的体验和分享的过程。在团体辅导的进行中，有可能涉及成员过去的一些经历、生活中的一些事件等，如果缺乏保密原则，会使团体成员感到不安全，从而不打开自己，进而影响团体效果的有效实施。另外，团体与个体相比，团体辅导由众多成员组成，因此，团体需要达到一个好的效果并不只是受导师能力影响，也受成员的开放程度的影响。在个体咨询中只有咨询师和来访者，来访者会感觉到相对地安全和放心，可以开放，也能真诚地暴露内心真正的感受，而在团体中由于人数较多，个人的防御心理会加重，会担心自己的隐私有可能被其他成员或非团体成员获悉，隐私被泄露的机会会增加，因此，在团体中更需要做到对成员保密，这是成员开放自我的一个重要前提。

实现保密原则可参考如下：

（1）需要所有成员的承诺。

（2）从不同角度保护成员的个人资料、经历等隐私。

（3）根据课程需要，可以签订保密协议，把课程的课件录音等列入保密范围。

（4）与个体自愿承诺的保密原则一样，若发现来访者有危害自己或他人的情况，咨询师必须采取必要的措施防止意外事件发生，必要时通知有关部门或家属，但应将有关保密的信息泄露限制在最低的范围内。

课程保密协议＿＿＿＿＿

亲爱的成员，由于课程为体验式的团体，其中可能会涉及成员的个人隐私，为保证课程的顺利进行，请签署以下协议：

（1）参加课程的学员都必须签署本保密协议。

（2）不经导师和成员同意，不录音，不录像。

（3）课程结束后，成员只带走自己的感受，不带走任何人的任何故事。

（4）若导师或成员要把成员的经历作为教学实例，需要征得该成员的同意，否则不能使用。

（5）成员及导师所写的文章，若涉及成员隐私部分，需要经过一定程度的修改，不能在原文中找到原形。要发表的论文里面需要涉及成员具体准确信息的，需要征得该成员的同意。

（6）没有经成员同意，成员及导师不得私自把成员在课程中表达的信息透露给其家人或者单位。

（7）以上保密原则在中国法律规定范围内有效，违反法律除外。

承诺人：＿＿＿＿＿＿

日期：＿＿＿＿＿＿

第三节　学校团体心理辅导

我国从 2001 年启动了以提升公民的素质为宗旨，培育创新思维和实际动手能力为重心的新一轮基础课程教育改革。改革中明确提出了三个教学目标：知识与技能；过程与方法；情感、态度与价值观。只有实现了这三个目标，才能达到教学的最优化的效果。而在新一轮的课程标准改革的实践前期，有些人就很敏感地意识到：要想顺利实施新课程，其关键点在于学生素质的全面提高，尤其是心理素质的提升更是重点。并且还提出了一个明确的口号“学生即课程”。但要把这个理念化成每一个学生成长的实践，关键在于学生心理资本的优化，这是最终实现“有效的教学”的前提和基础，也是实现新课程改革的一个突破口。以心理资本提升为出发点，以构建一套多元化的分层实践模式的心理健康教育体系为目标，以以往研究文献为基础，展开一系列实践性的心理健康的教育工作，经过大量的心理健康实践工作，越来越多的心理学工作者发现，团体心理辅导是最适合我国学校心理健康教育的新模式。

一、团体心理辅导是新时代学校开展心理健康教育的最佳模式

数字化信息网络时代瞬息万变，手机需要及时更新，电脑需要时时升级，各种各样的应用软件像冒泡泡一样层出不穷，在这样的智慧新时代，教育发生了革命性的变化。国际互联网成了全球最大的知识载体和最便捷的信息传播途径，云教育、数字学校、卫星专递课堂、智慧校园等现代科技成为现代教育的新特征，高科技技术的新手段突破了传统的教学时空、教学方式、教学组织形式、师生互动模式和教育管理模式，为现代化教育教学和现代化教育管理的实现提供了强有力的支持，尤其是新数字时代信息资源的全球化共享及广域性课堂的开放，从根本上颠覆了传统的教育教学模式。学生足不出户就可以观摩到世界最著名最高效的课堂，接受最先进的教育教学理念。教育进入信息化时代。然而，作为影响无数生命的课堂教学是否也与时俱进了呢？

信息化数字网络时代，互联网成为全球最大的信息载体和最便捷的信息传播途径，数字化新型交互媒介的出现，使学生获取知识的渠道变得异常丰富，学生的学习变得异常方便。这种变革从根本上掀起了新时代教育的大变革、学习的新革命。传统的教育模式正接受着巨大的挑战，老师对知识的掌握不再具有超前性和权威性，甚至在信息化时代成长起来的学生对信息技术的敏感程度比老师还高，他们可能比老师更熟练于从现代媒体上获取知识和信息。信息化使未来的学校教育将发生翻天覆地的变化，其核心以课堂教育教学改革为首要任务，从以教师为中心真正转变为以学生为中心的学校教育。

传统教育教学中，课堂教学通常是教师精心备课、认真讲课、及时批改作业、阶段性检测的模式。学生学习为认真听课、按时完成作业、及时复习等动态的过程。在这个过程中，学生学习是被动的、灌输式的、消极的，且教师对教学中学生学情的掌握缺少机制，学生的学习过程缺少动力，学生自主学习、合作学习能力没有得到充分培养与发挥。这样的课堂教学效率是低下的，更是与现代化教育不相适应的。

尤其心理教育涉及人的内心世界，是触碰人心灵深处的一种心与心的交流，教育者既不能板起面孔训人，也不能泛泛地谈一些大道理，单纯地进行认知教育也只能是“隔岸观火”“隔靴搔痒”，学生有一种“雾里看花”的感觉。而真正有效的心理教育需要触碰到被教育者心灵中最柔软的那根弦。因此，心理教育蕴涵着丰富的实践功能，学生必须在深刻体验的基础上，在心与心的交流中和教师产生共情和共鸣，并且要触碰到彼此心灵的深处，理解才能够深入人心，这就强调心理健康教育重在深刻地体验。虽然，当前学校心理健康教育模式有了一定的改善，逐步由无序向有序、由经验向科学、由外在向内心，甚至由低层次向高层次的过渡和发展。但伴随着现代化高科技的迅速发展，学生接受新知识的途径极其丰富。因此，当今教

师再不会是靠一支粉笔、一本教科书、一张嘴来机械传递知识的“教书先生”了；而且现代化的课堂也不单单是进行知识传递、信息传播的一言堂和满堂灌，改革创新要适应现代网络化、信息化的新型课堂模式已刻不容缓，而心理教育尤其是迫在眉睫。特别是随着学校学生的心理健康教育任务的进一步要求并深入地开展，以及学生出现的心理困惑日趋复杂化。所以，传统的心理常识学科性的教育，想通过学习点心理知识，掌握点心理方面的规律就可以释放学生心理的压力，解决心理存在的问题和困惑，这种方法已经不能解决现实的问题了，当然它所起到的作用也会是越来越小。这是因为问题出在了一个人的心理内部，需要针对这个人的心理来开展工作，而传统模式的心理教育不能够真正有效地实现这一任务和目标。

团体心理辅导运用各种心理技术，如具象法、象征法、隐喻法、角色扮演法、模拟法等多种科学方法，对主题内容进行立体、全面的转换，在团体场动力的推动下变成可以让学生深刻体验的情境。在课堂上，学生通过深刻体验情境，感受生活实际，感悟人生哲理，最后升华认知，改变思维，促进行为，成长心理。利用这种团体心理辅导的方式对学生心理能力优化是心理教育课最大的一个优势。心理的教育课将防范与治疗心理方面的疾病、体验和反思自己本身、优化自身品质和开发本人潜能三方面结合在一起，并且将人的心理的能量最大发挥作为其最终的目标。为此，深刻的体验是不可缺少的重中之重。做到了这一点，对于掌握学校的心理健康教育的发展方向非常有用。学生也只有对自身的心理有了深刻的体验，才能在实际生活中深入人心，教育才能达到真正的效果。在长期的探索与实践中发现，团体心理辅导是学校实施心理教育的最佳模式之一，是可以提升学生心理素质的有效途径。

二、学校团体心理辅导的特点

（一）团体心理辅导中学生 360 度全方位沉浸式立体化体验学习

1. 知识呈现立体化

呈现一种知识可以用多种方式，让学生身临其境，体现了感性化、亲历性和感悟性。团体心理辅导模式的学习中，教师会把所要学习的内容融于具体、形象生动、可听可观、可触可摸，而且学生直接参与的情景中，学生几乎所有的感觉器官都被调动起来并参与进来。学生所获得的领悟，有的是语言描绘难以达到的。体会到的感受往往比语言描绘对思维的冲击更大，使学生印象更深刻。这样的立体化呈现过程可以产生具有亲历性、感悟性的特殊效果。

所谓亲历性，即在团体心理辅导中通过领导者设计活动，成员在体验的过程中，无论是完成活动、角色扮演、情景模拟还是观察、分享、讨论等，学生都是作为主体亲自参与，亲身经历，亲自感受了整个过程，其主体认知作用是领导者也无法替代的。

感悟性是指在团体活动中，可以使学生获得第一手的经验、具体化的感觉，获得对知识、技能、过程、方法、情感等的感觉、知觉、表象，但又不能让学生的收获仅仅停留在这个层面上，学生还要在老师的引导下对这些认知进行升华，升华为科学理论、文学手法、道德、观念、态度和价值观。也就是要让学生从中感悟出一定的道理、观念等。

2. 学生学习方式的立体化

通过团体动力的理念、方法、手段，学生多个感官被同时调动起来，多方位、多角度参与其中。传统意义上的教学，老师是教学的中心，学生只需专心听讲，认真记笔记即可。而团体心理辅导中学习可以让学习者发挥主动精神，对自己的学习负主要责任，真正成为学习过程的主体。在情景体验中，学生学习的主动性被充分地调动起来，不知不觉地认真感受、操作、发现。学生的学习是在情景的吸引下、情景推动中自然进行的，各种感官都自动参与，就像旅游、聊天，学习变得轻松自然而有效。

3. 过程立体化

呈现的过程是互动的动态过程，在团体心理辅导中，学生一般被放在一定的真实或模拟的情景中，学生的兴趣容易被调动起来；活动要求学生作为主体亲自体验，如身临其境观看庐山瀑布和录像，亲自体验磁力线，亲手操作电脑，亲自运动学习打篮球、排球，朗诵诗歌、散文，与同学老师讨论见解，这些体验过程都是快乐的。因此，体验式学习就是有这种作用，能把学习与娱乐融汇在一起，在整个学习过程中体验、分享，师生、生生和谐互动。

（二）团体心理辅导中学生的成长是系统全面的全方位成长

1. 发展的全面性

发展的全面性指知识学习和人格培养同时进行，左右脑同时调动，身心同时发展，在团体心理辅导模式中通过构建一个充满爱心的班集体，来完成“教育学生要彼此尊重和相互关心”的任务。学生也需要彼此的情感关照，当他们感到被所属群体接受和承认时，便倾向于接受该群体的价值和规范。在教室里，当学生成为充满关爱的道德共同体中的一员时，他们生活于其中就可以有效地培养道德感。如果他们感受到尊重与关心，他们也会在实践中将这种尊重与关心给予他人。通过日常的经验，对他人的尊重与关心会逐渐成为习惯，成为他们人格的一部分。

在体验式团体教育模式中，教师将为学生创建一种民主的教育氛围，这方面的主要任务是利用体验式主题班会，让学生共同体验、感悟、分享如何使班级变得更好，以及自己应该如何尽责。“根据一般的原则，创造一种民主的教育氛围意味着使学生专心于发展合适的行为方式，分享各种决定的制订过程，增强他们使教室成为一个好的学习场所的责任。民主的教育氛围有助于人格的形成，因为民主的教室氛围既可以给学生提供一个思想得到评价、群体的需要得到强调的场所，也能创建一种支持性组织。”民主的教育氛围通过加强组织的力量促使组织成员践行尊重与责任等道德行为，号召组织成员表现最好的道德自我，并在美德方面形成一种同辈群体文化。通过合作学习培养学生同他人工作及欣赏他人的能力，发展与工作有关的人格特质。通过指导解决冲突，教育学生如何公平地、以非暴力和非威胁的方式解决矛盾冲突。

2. 参与成员的全面性

团体心理辅导是全体成员的积极参与，包括老师和学生。教师只有体验过或体验着幸福，才可能把这种幸福的阳光播撒到学生身上，学生也只有亲身体验到这种幸福和快乐的教育，才能幸福和快乐地成长，这种师生间亲力亲为、交融互动的体验教育才能成为以心灵感动心灵、以人格塑造人格的教育，这样的体验教育才能达到设定的教育目标，才能实现以人为本的教育目的。

教师作为监护者、榜样和良师，以爱和尊重的方式对待学生，鼓励学生正确的行为，纠正他们错误的行为。“孩子们形成关爱的品质需要成人的情感支持，学生的关爱品质要通过他们对学习的渴望、对成为好人的渴望来培养；在温暖、充满爱的人际关系中，价值观能够得到最好的传授。”在学校像在家里一样，孩子们之所以关心我们，是因为他们知道我们关心他们。如果孩子们感受到的的不是尊重和关爱，他们就不可能对成人敞开心扉，接受成人所希望传递的价值观。具体措施包括：教师可以作为监护人，热爱和尊重自己的学生，帮助学生在学业方面获得成功。以尊重的方式看待他们使他们获得自尊，以道德的方式对待他们使他们能对道德的意义获得直接的评价；教师在教室内外、在尊重与责任方面、在关心和道德推理方面给学生提供高水准的榜样：教师可以作为道德方面的良师，通过解释、讲故事、课堂讨论、奖励积极的行为、道德反馈矫正等方式，给学生提供直接的教育和指导。

3. 手段的全面性

可以利用当下所有的条件为现场服务。

体验教育的第一个阶段是启动，教师要充分利用此时此地和相关技术进行暖身和热场，这个阶段主要是引导学员产生动机，促使学员开始亲历或者选择亲历的方式。

体验教育的第二个阶段相当于个体亲历的过程。在这个阶段，学生直接参与到教师创设的情景中亲身体验，参与活动获得感受。

体验教育的第三阶段是体验的关键阶段，个体通过反思、同化或顺应等方式，将亲历中对事物、知识的感知觉或者对情境、人物的情感体验内化成为自身行为或观念的过程。在这个过程中，教师要善于发现学生新体验与固有观念的冲突，及时引导学生在冲突中升华认识。

体验教育的第四阶段也很重要，由于个体体验的程度或者体验本身的内容不尽相同，有的经过一次体验与反思就可以形成人生经验，而有时则不行，需要反复体验，或者在不同的情境中反复体验，人生绝大多数经验属于后一种情况，因此，体验是需要经过不断外化、不断调节才能够形成的。这个阶段教师可以给学生布置一定的实践性作业，让学生初步形成的观念有一个实践的机会。教师还应当细心观察学生体验学习之后的行为变化，对他们的积极变化及时给予肯定。

体验式团体教育模式对教师提出了更高的要求，它需要教育者在活动开展前进行更加精心的思考与设计，它需要教育者必须具备教育心理学的实用知识与技能，它要求教育者必须具备生活中的智慧，也必须具备理解每一个学生的独特的感悟能力，只有这样，他才能设计出依据学生实际与社会实际的多样性的体验活动，也才能在活动中时刻注意改变设计，或者增加活动内容，以促进学生理性认识的形成。因此，体验式团体教育模式的提出是对教师能力的一项挑战，它将促使教师首先进行知识更新与观念转变，从而促进教师队伍素质的提高。

三、学校团体心理辅导的原则

如何培养学生的心理素质既是新兴的教育研究领域，又是不断探索的实践领域，没有现成的研究范式和方法可循，在创新团体心理辅导模式的实践训练中，将影响学生心理发展的内外因素尽可能地纳入视野之内，在辅导过程中用体验的方式将“心”投进去，“脑”动起来，让刻骨铭心的感受和领悟使心灵在不知不觉中得以成长和升华，达到心理教育的最优化。为此，在实践团体心理辅导时要遵循五个基本原则，分别是：引领性，发展性，生态性，专业性和文化性，并提出了五个方向的发展趋势，具体如下：

第一是引领性原则，所谓引领性就是团体心理辅导是目前心理教育的一种主要形式，它之所以称为教育，就是因为有价值引导的作用，所以它应该是心理和教育的结合，是通过对学生从心理的教育走向对其心灵的价值引领，这是心理健康教育内涵的深化。心理健康教育的宗旨是什么？是由心理走向心灵，这是华东师范大学班华教授提出来的，是他对心理健康教育宗旨的一个认识，他提出心理健康教育就是要优化心理机能，提升精神品质，促进人格和谐，服务人生幸福，而心理机能、人格和谐是心理的层面，精神品质和人生幸福则是更高的精神层面，即心灵的层面。为什么我们的心理健康教育要承担起教育、价值引领的作用呢？因为我们把自己的精神世界完全把握在自己手里。现在的心理学是从西方引进的，西方的心理学更多关注的是人的心理或者人性当中的自然性的一面和社会性的一面，很少关注人精神性的层面。人性，在西方的观点中是由三个维度构成的：自然性、社会性和精神性，西方的心理学主要关注人的自然性和社会性，很少关注人的精神性。我们中国人强调通过修身养性，通过自身不断地精神修养来提升自己的精神境界，来充实自身的精神世界，提高素养。因此，我们的心理健康教育不能仅仅停留在自然性和社会性的层面，我们同样要进入精神层面，至少要有价值观的引领。现在提出一个心理辅导的新方向，即心灵辅导，就是在寻找生命内在的积极的东西。

第二是发展性原则，所谓发展性就是团体心理辅导要注重促进学生的心理成长，而且面对的是全体学生的心理成长。这就要求学校团体心理辅导的原则由原先的医学模式理论指导下的矫治走向以积极心理学理论指导下的发展，这是心理督导外延的开拓，实际上心理健康教育走到今天已经从第一步解决学生的心理问题发展到促进学生的心理发展，再到提升学生的心理素质，把其作为教育的目的来加以理解和把握，就会发现，心理健康教育由最初的矫治转向预防，由预防走向发展。一般情况下，人的心理问题分成三类，第一类是障碍性的心理问题，即心理疾病和心理障碍，第二类属于适应性的心理问题，第三类是发展性的心理问题。这三类问题有三种不同的解决方法，障碍性的心理问题不是心理学能解决的范畴，需要转介到医疗部门的心理或精神门诊，接受心理治疗，在学校，这部分人占比很小，大概3% ～ 5%；心理健康主要针对的是后两种类型的心理问题。人为什么会出现心理问题？其本质和核心是人的需要和现实不一致的时候，心理产生不平衡，心理处于矛盾冲突状态，比如，我想有很多的朋友，这是我的需要，但现实中我一个朋友也没有，大家都不理我，我心理就会极度地不平衡：“我怎么就得罪这么多人了，他们怎么都这么对待我，为什么受伤的总是我。”当他产生这样的心理冲突的时候就会带来心理问题，这类心理问题主要就是适应性的心理问题，对学生而言，包括学习适应、人际关系的适应、职业的适应、生活的适应，这些问题是学生们中普遍存在的，而对这类问题，假如你到了心理门诊，心理医生不会把这些看成是心理问题，因为没有出现症状，只有严重到出现了症状，心理医生才能够将其诊断为心理障碍或心理疾病，然后利用药物来治疗，但没出现症状的时候，心理医生不会把心理问题看成是问题或疾病。面对这些心理问题，最好用心理咨询或心理辅导的方法来解决。因此，心理咨询主要是解决适应性的问题，而对适应性问题最有发言权的是老师，因为老师天天跟学生打交道，他更了解学生的学习、学习的特点、学习的规律，所以，老师会从心理的角度来诊断心理问题是什么、如何解决。例如，关于孩子的学习成绩不好的原因是什么，罗杰斯曾经做过一个大样本的调查，他发现，影响学生学习成绩有三大因素：一是学习态度，二是学习方法，三是学习环境。影响学生学习成绩最重要的就是学习态度，在心理学中学习态度又叫学习动机、学习方法、学习意志力、学习兴趣、学习积极性、学习情绪、学习策略等，这些都是心理因素造成的，这些都是通过心理辅导发展学生心理整体素养的方式，即完善人格的层面。

第三是生态性原则，所谓生态性就是团体心理辅导要注重多种教育力量的结合，这是团体心理辅导领域的扩展。面对这个原则，团体心理辅导的模式也逐渐由个体走向社会。学生从个体自身的心理和谐到人格完善再到家庭、学校中环境的建设，最后到社会和文化大环境的建设。如今社会正在发展变化，这种发展变化使很多人的需要从物质需要发展到精神需要的层面上来，而当人的精神需要得不到满足的时候，就会出现大量的心理问题，这个从心理健康教育走过的历程中可以看出。心理健康教育最早是从20世纪80年代中期开始的，走到今天大致经历了30年的实践，在这30年的过程中，一开始最早关注的是大学生的心理问题，那个时候心理健康教育是在一些大学如东北师范大学，最早开设大学生心理咨询辅导中心，是20世纪80年代我国国内最早进行的心理健康教育，当时还在国内电台开设心理咨询热线，以及在国内的一些杂志上开设心理专栏，这些都是比较早的，主要是面对大学生的。一段时间后发现一个新问题，大学生的心理问题不是在大学这个阶段形成的，而是在这个阶段表现出来的，所以当时心理工作者的心理健康教育从大学做到高中，从高中做到初中，从初中又做到小学，从小学又做到幼儿园，越往下做越发现，孩子的许多心理问题往往是由不当的教育造成的，所以心理学工作者们又用很多时间来做家长培训教育，还做教师的心理健康培训，最近7～8年时间又从关注社区和文化这个层面来关注对心理健康教育的影响，从这个发展历程可以看出，心理健康教育在沿着生态性的思路发展，从关注个体自身的心理内在和谐到关注小环境再到关注中环境——家庭和学校，接下来关注大环境——文化和社会，所以心理健康教育是一个完整的体系，是一个生态系统，而团体心理辅导是心理健康教育中的重要形式，同样也在走生态的思路，从某一个成员的心理发展到这个小组的心理和谐，一直到整个团体即班级的心理合作的建设，这种模式也完全遵照的是生态的原则。

第四是专业性原则，心理辅导要注重应用教育的智慧，这是团体心理辅导方法的超越。我们现在的教育，特别是教师教育、教师培训，包括心理咨询的领域，都在关注方法和技术。教师年年接受各种各样的教师培训或教师继续再教育，这种教师培训的内容通常主要有两大部分，一部分是学科知识的学习，另一部分是教学技能的培训。一个真正的专家性的教师最需要的不是知识和技能，而是教育的智慧。团体心理辅导也一样，并不是在辅导中普及一些心理学知识，灌输一些心灵鸡汤就可以了，即使学习一些心理技术，会做几个心理游戏，也不能真正提升成员的心理素质，助力学生的人格成长。因此，团体心理辅导也要体现出专业性的特点，更关注的是现象背后的原理是什么，不但要知其然，还要知其所以然。为了更好地贯彻专业性特点，就要在辅导时注重从技术走向智慧。包括咨询师的专业发展及所有行业的发展，我都把他分成了四类，分别为用术、炫技、明理、悟道，如果以此为标准来看教师的话，那么知识性的教师就是新教师，基本是停留在用术的层面上，如果用术熟练了，可以教其他人用术了，就可以炫技了，但是这都属于最基础的技能。就好比工人关注的是技术，而工程师不仅关注技术，更关注原理，即明理。而科学家可以讲自己的理，能讲自己的理，即悟道。因此，团体心理辅导也要遵循专业性的原则。

第五是文化性原则，这是团体心理辅导效能的提升。所谓的文化性就是要从我国本土文化出发，在引进西方心理学理论的同时要创新我国的心理学理论，即由引进走向创新，这是心理健康教育效能的提升。学校进行心理健康教育时，一开始是把西方的心理咨询理论和方法技术引进中国，在西方文化的价值体系下进行心理健康教育就出现了水土不服的问题，水土不服最主要的原因就是产生了文化上的冲突，当出现了文化冲突的时候，我们首先进行文化的融合，当融合了一定时期时还是发现不能从根本上解决问题时，就面临文化的创新，应该在我们文化基础之上来建构自己的心理健康教育理论和实践的体系，要进行文化独特性的研究，所以要以中国的俗语、成语、谚语、箴言和哲理故事为材料来研究中国人的人性观、中国人的思维方式和中国人的智慧，并能够以中国人的人性观来建构中国心理健康教育的理论体系，能够以中国人的思维方式来建立中国心理健康教育的方法和体系，能够用中国人的智慧来解决中国人的问题，让学生从小形成中国人的价值观，让中国学生能够从小就充实自身的心灵世界，提升精神境界。所以，我们需要做一整套的智慧训练课程，从小训练学生发展智慧，真正有效地促进中国学生人格的发展和完善。这是从我国心理健康教育发展的历程中来理解现代心理教育的政策和措施，理解最核心的思想和最重要的发展特点，以便更清晰地把握我国心理发展的走向和趋势，为我国的心理健康教育发展找到一条最佳的途径。

第三章　学校团体心理辅导的相关理论

学校团体心理辅导是心理健康教育的一种重要模式，而心理健康教育又是一种多层次、多方面的教育活动，是心理学与学校教育相融合的一门学科体系，这一学科体系中牵涉多种理论、概念、原理、教育模式及基础知识和实践技能。因此，有效率的教学，从微观层面讲，教师必须要了解学生大脑的结构和运作规律，尤其是与教学活动关系密切的情绪主题，通过探明神经联结、神经可塑性和神经递质等大脑结构与功能，教师可以将课程设计建立在学生最为基本的心理运作机制上；教师需要了解儿童、青少年发展与成长的心理特点，教师要知道学生是如何思考、如何看这个世界的，所以，老师在教学时必须考虑到学生的年龄和发展特点；教师需要了解班级、团体的动力机制，需要了解影响学生发展的个体成熟因素、人际和组织因素、家庭和社会因素等，包括团体氛围、团体凝聚力和团体领导者，这些团体动力学的原理，有助于教师选择合理的活动序列和活动素材，这些都属于团体的理论。从中观层面讲，学校团体心理辅导属于心理健康教育层面，做的是人心理的工作，是心和心的交流，如何去交流，交流的效果怎样等，这些又都涉及了心理咨询理论与技术，咨询的理论涉及心理咨询与心理治疗的不同流派的理论与技能知识，如心理分析学派理论、行为治疗学派理论、人本主义学派理论、存在主义学派理论、沟通分析学派理论等。从宏观层面讲，学校团体心理辅导属于心理与教育相结合的形式，是有目标、任务与明确主题的心理教育，且属于结构性团体心理辅导，在开展之前需要对辅导内容与探讨主题有深刻的理解和明确的引领，需要对每一个主题都有专题的理论做支撑。因此，专题的理论与团体心理咨询的目标和主题有关，根据不同主题的团体可能涉及相应的专题理论，例如，以改善异性关系为目标的团体心理咨询会涉及两性关系理论，而引导青少年进行自我探索的团体心理辅导则会涉及自我发展等心理学理论。

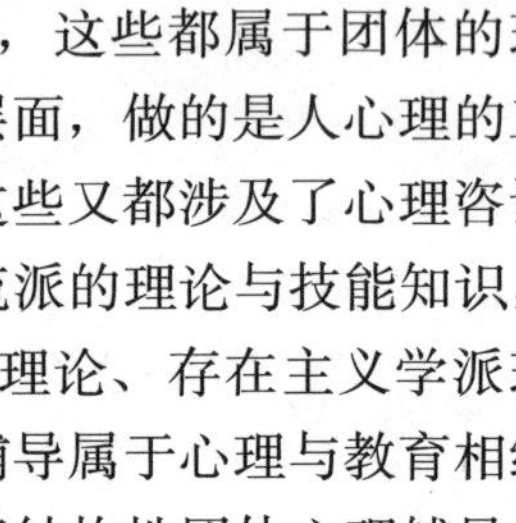

图 3-1　团体心理辅导的理论

概括起来，在我们开展一项团体心理辅导的过程中，主要有三个方面的基本理论做支撑，如图 3-1 所示，分别为：团体的理论、咨询的理论和专题的理论。以大学生职业生涯规划团体心理辅导为例，在该团体中开展的心理咨询涉及的理论包括：团体动力与沟通理论（团体的理论）、以人为中心的理论（咨询的理论）、霍兰德生涯发展理论（专题的理论）。对于这些理论的掌握，是有效开展生涯规划团体心理辅导必不可少的理论保障。

心理辅导教育家柯瑞（Corey）认为："团体领导者不以一种明确的理论原理来带领一个团体，就好像是飞行员不用航图和仪表驾驶飞机一样，心里没底，只会乱撞。"

这些话强调带领团体，掌握团体理论是非常重要的。一个团体心理辅导师带领一个团体至少需要掌握以下三类理论：

第一类是关于团体的理论。人在团体当中，心理行为都会有很多和他独处时的不同之处，所以团体本身的有关理论，如团体的动力学、团体的社会支持、团体中的社会学习、团体中的有效沟通，这些都属于团体的理论。

第二类是咨询的理论。如精神分析学派、行为学派、认知学派、人本学派，不同的理论为我们带领团体提供了一种模式或者方法，同时也让领导者去理解团体成员的心理问题，会有一个更深入的方向。

第三类是专题理论。带一个团体，尤其是结构式团体，需要有一个明确的方向，如戒除酒精依赖的团体，领导者可能是运用行为主义的理论去做干预，那么领导者必须要理解酒精依赖症状的心理问题和行为问题，要知道酒精对人体的伤害，能从生理的角度解释清楚，并懂得相关"成瘾"的基本理论才能开展辅导。

这是开展团体心理辅导必须掌握的三类理论。我们以职业生涯规划为例来具体说明如何运用这些理论。我们要为大学三年级学生做关于职业生涯规划能力提升的团体心理辅导，对于大三的同学，设计一个团体心理辅导的目的是帮助大家澄清自己的近期目标，因为三年级的同学毕业迫在眉睫，必须得真正思考"我是该考研、找工作还是出国""我个人的职业生涯该怎样去发展"，同学们有很多的困惑，也有很多的疑虑，所以我们就针对同学们的需要去组织开展团体心理辅导。以希望提升自己生涯规划能力的学生为对象，在设计团体方案时要适用一些理论，如咨询方面的理论，我们用的是人本主义心理学流派的理念，也就是以人为中心的理论；根据团体理论，我们要充分注意到团体的动力和团体的沟通，因为我们做的是职业生涯发展的团体心理辅导，所以我们要知道职业生涯发展都有什么理论。例如，霍兰德的特质论，舒伯的生涯发展理论，肯斯巴格的认知理论等，但是我们只需要按照一种理论的设计思路来设计方案。有的老师在设计方案和流程的时候，觉得自己会带一些小的活动就可以了，但这只能算作一系列的体能训练，是带活动，不是做团体。其实从这个角度来看，做团体心理辅导是比较困难的，是需要花费很多的心力去学习、体验和训练，这个团体能否产生一定的效果，是需要有较多的理论做指导、支撑的。因此，带团体时对理论的要求是很高的，需要熟悉多种理论才能带出效果。

第一节　团体的理论

一、团体动力学理论

团体的基本理论有很多，如团体动力学理论、团体沟通理论、社会学习理论和社会支持理论等，但最有代表性的是团体动力学理论。

（一）提出背景

团体动力学理论是由德裔美国心理学家、拓扑心理学的创始人、实验社会心理学的先驱、格式塔心理学的后期代表人、传播学的奠基人之一摩尔特·勒温（Kurt Lewin）于1939年提出的。勒温创造性地借用了物理学、数学等学科的概念，并把这些概念和心理学巧妙地结合起来，形成了独具特色的拓扑心理学体系，这在心理学史上绝对是一件开创性工作。勒温的团体动力学研究方式也对后来心理学的理论联系实际产生了很大的影响，例如，他曾把现实问题变成可控制的实验，以便社会能从严密的实验研究中获得好处，同时又可以避免学院式实验室的人为性和枯燥性。勒温的这种研究方式大大提升了心理学的应用性。这更加促使心理学开始关注我们身边的一些社会生活实际，并最终使心理学从实验室走向了社会生活。

勒温最初学的是物理，物理中有物理场，他把物理的研究模式放到心理学中来研究，叫心理场。场的特点是把什么东西聚集在一起，如磁场。场是有力量的，能把周围的东西都吸引过来。场论是勒温借用物理学中场的概念来解释心理活动的理论。它把人的心理和行为视为一种场的现象，是人与环境的函数。随着动力场的千变万化，人的心理和行为也随之变化。在团体中叫群体动力学，这个心理场创立得好不好，一个班级中整体气氛是友好的还是敌对的或冷漠的，这都属于群体中的心理场。勒温的场理论内容其实很多，如关于一个团体，它是怎么形成、怎样发展的，而且在这个过程中成员是如何互相影响的，什么叫好的团队，什么叫无效的团体。团体动力学的研究主要是为了促进团体的功能能够充分发挥。

格式塔心理学流派强调整体观，认为整体大于部分之和，人有不自觉维持整体的观念。例如，小孩子画了一个有缺口的圆，他会自动把这个圆补全，如果不补，就会觉得不完整，心里就难受。另外，他还指出，任何一个群体都会具有格式塔的特征，整体是最能触动大家的，为此，学校里面经常通过组织学习小组来督促孩子的学习，小组中一个孩子不认真学习，整个小组的同学就会集体受到惩罚，在这样的群体压力下，孩子不得不努力学习。如大学中宿舍就是一个整体，在这个整体中，每个成员之间都有相互影响的作用，如果一个人被孤立了，整个宿舍的成员都会有不舒服的感觉。

勒温晚年把注意力转向社会心理学问题，一项主要的研究成果涉及各种社会气氛与攻击性问题。社会气氛实际上也是一种场的问题。

（二）勒温场论的基本思想

勒温团体动力学理论中有一个非常重要的理论基础就是场论。场论的基本概念是生活空间，它包括人与环境。但人既是个体的存在，也是团体的存在；而环境既是物理的、心理的，也是社会的。个体不是孤立的个别属性的机械相加，它是在一定的生活空间里组织为一个完整的系统。从这一点出发，勒温很容易得出这样的结论：团体绝不是各个互不相干的个体的集合，而是有着联系的个体间的一组关系。作为团体，它不是由各个个体的特征所决定的，而是取决于团体成员相互依存的内在的关系。由此认为，虽然团体的行动要看构成团体的成员本身，但已经建立起来的一个团体有着很强的纽带，个体成员的动机与团体目标几乎混为一体，难以区分。所以一般说来，引起社会团体变化而改变其个体要比直接改变个体容易得多。这就是整体比部分重要得多的场论的基本思想。

动力，来自希腊语 dunasthi，通俗来讲指“拥有力量或权势”，激发起能量或动作；专业来讲指“力量”，利用场中散发出来的力量达到治疗的目的。在个体治疗中，来访者的心理动力指的是来访者内在冲突中的各种不同力量，这些力量导致了来访者情感及行为的外在表现。在咨询师正面积极的引导下，使积极力量战胜消极力量，重新获得生命的力量。在团体工作中，也有积极的力量和消极的力量，团体辅导就是要发挥积极的力量。团体总动力是指假设的全体动力总和，是潜在的结构或团体特性（如凝聚力、团体压力、替罪羔羊现象等亚团体现象）积极力量与消极力量抵消后的总力量，这些力量会影响整个团体的运转。

（三）团体动力的含义

1944 年在麻省理工学院创办群体动力研究中心后，勒温再将格式塔心理学原理扩大用于群体社会行为的研究。他指出，任何一个群体都会具有格式塔的特征：群体是一个整体，群体中每个成员之间都会有彼此交互影响的作用。他认为群体中每一成员都具有交互依存的动力。此即勒温提倡的群体动力学（group dynamics）。

团体动力学也称为群体动力学，该理论旨在探索群体发展的规律、研究、探索团体的发生、发展、变化、成长的规律。如群体惰性和群体责任分担的问题，就属于群体发展的规律。例如，上课一个人迟到了很担心，但如果整个宿舍大家都迟到了，反而不担心了，迟到就迟到了，老师批评也是批评大家，反正大家都迟到了，又不是我一个人，说明群体发展有规律性。

另外，团体动力学研究群体的形成与发展，是什么力量使这个群体凝聚在一起。我们经常会发现一个群体中，要选出一个组长，一开始大家不知道要选谁，给一个主题让大家探讨，在探讨的过程中，表现突出的人很快就被推选出来了，这就叫无领导小组讨论。那么，这个人身上有什么特质或魅力呢？为什么他成了这个团体中的代表、领导？所以我们研究团体心理，更主要是研究力的作用。他的要素和力的品质在哪里？他的特性在哪里？如果我们把他的要素或者他的品质、特性找到了，那我们每次组织团体的时候，这个要素就是我们要首先思考的。所以在研究团体心理的时候，群体与个体的关系，群体的内在动力，群体间的冲突、领导作用、群体行为等，这些都是群体中要研究的内容。

（四）团体动力的计算公式

勒温为研究团体动力专门建立了一个国家实验室，在实验室中他研究群体场的力量和场的方向。他强调人的生活环境是一个场，场会对人的心理行为产生很大的影响，而且这个场是很复杂的，他把场的概念用公式表达为：B=f（P E）。B：Behavior，行为，即人的行为；P：Person，个人；E：Environment，环境；f：function，函数，人的行为是个人与环境的函数，个人主要指人的个性特质，如这个人的性格特质、人格特质、能力、气质等和环境相互作用的结果。群体是一个整体，群体中每个成员之间，都会有彼此交互影响的作用。

勒温把团体想象成一个空间，是一个生命的空间，团体就如同一个心理场地（Psychological field）此心理场地由一些力量或变量组成，它们是影响团体内成员行为的重要变项。这些变量主要由每个人的心理空间和整个团体的心理世界组成。

1．心理空间

每个人都有一个心理空间，这个心理空间决定了一个人的外在行为表现。也就是说一个人的外显的一些行为是来自一个人的内部心理空间的。一个人的心理空间包括两个区域，一个是人格的区域，另一个是情绪情感的区域。这两个区域是相对独立的，但又是密切关联、相互影响的（图 3–2）。

两个区域如果都是和谐的，相互之间就能和谐相处并相互影响，两个区域其中的任何一个区域出现了问题，都会对整个心理空间的和谐造成威胁和影响。

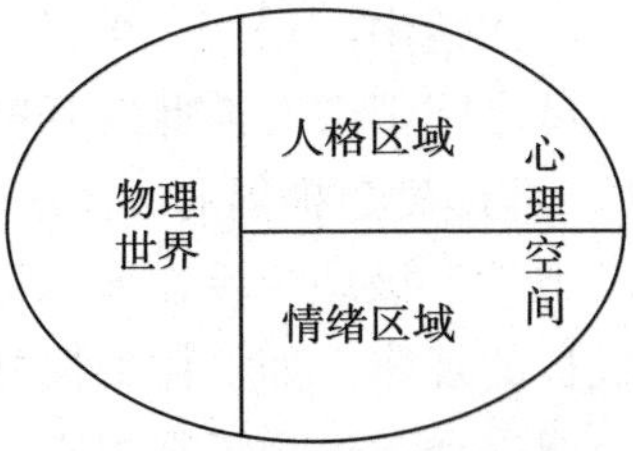

图 3–2　人的心理空间

人格区域主要决定一个人的自我认识和对外界的认识，一个人的基本的价值观就是对待事物的态度，其中主要内容是一个人的个性特征，如性格、气质、态度、能力等，这个区域如果出现紊乱或者不健康，那么这个人的心理空间内部就是不和谐的。如一个人对待社会的认知，如果认为别人都是坏蛋，这个社会对自己不公平，就是这个区域出现了问题；又如一些人对待事物的认识比较偏激，到了一定程度会发展成为偏执型人格障碍，这个区域还可能出现另一个现象，就是有一些人在成长中心理发育不顺利，受到影响，后来这个人已经长大了，但他的人格部分还是小孩子的状态，他在和一些人相处中的两面性表现得特别明显，一会儿是小孩子状态，一会儿是成年人状态，特别是在与亲密关系的人相处中越发能够体现这一点，这也是这个区域没有成长好的原因，也是不和谐的表现。

情绪情感区域主要决定了一个人的自我感受，如一个人感觉很轻松愉快，很少感到郁闷或者悲伤，这个人的情绪情感区域就是相对和谐的。反之，这个人的情绪情感区域内部大部分是一些负性的情绪，就会出现不和谐现象，如图 3-3 所示，欢喜的比例要多于其他的比例，这个人就是阳光快乐的，正性情绪占优势；而当一个人的心理空间中，欢喜的比例明显少于其他负性情绪的比例，那这个人一定是不快乐，至少多数时间是不开心的，这就是不和谐了。

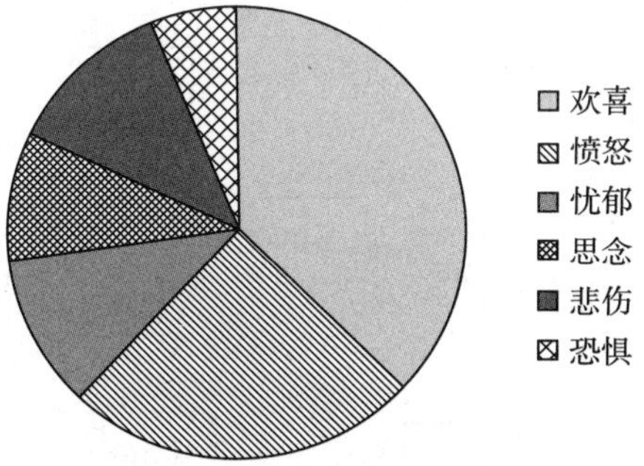

图 3-3　个体情绪空间

情绪区域出现负面的情绪通常有两种可能：一种是最近造成的，随着时间的推移和外在环境的改变会逐渐消失。另一种可能是一些原始的情绪并没有释放掉，而慢慢地压抑在潜意识里，在形成人格的时候起到了作用，从这个人日后的行为中可以很明显地看到。

情绪区域和人格区域的相互影响，构成了和谐的心理空间，这两者的相互影响也可能会导致不和谐的心理空间。一个区域出现问题，这个空间其他内容都可能受到影响，另一个区域内部的点出现了问题，整个空间都可能受到波及。如果我们心理空间的内部情绪区域如果有一个点是悲伤，那么悲伤不被处理的情况下就可能转换成自责，在转换的过程中就需要人格区域的态度的参与，由于有了态度的参与，转化成的自责就和人格区域有关系了，这就是人格里面的不和谐因素，当然自责还有可能再被强化之后转换成自虐，到了自虐的状态，就是人格障碍了。这是由于情绪区域出现的不和谐导致人格不和谐，进而导致整个心理空间的不和谐的现象。

2. 心理世界

每个人的心理空间的内容和现状，我们是不能够直接观察到的，而是需要通过心理空间的内部活动之后表现成外部的行为而观察到，这是心理学研究的主要领域。一个人有一个独立的心理空间，这个独立的心理空间决定了一个人的外部行为，外部的行为是和外部的环境一起完成的，而外部的环境最主要的又是与其他人的互动中形成的。也就是说，两个人就有两个心理空间在内部活动，当两个以上的心理空间在一起通过外部行为互动的时候就形成了一个动力的场，这个动力的场不是固定的，而是随时在变化的，变化的内容方向可能受到来自任何一个心理空间的内部的影响，一个人内部的心理空间一直在运转，内部的运转决定了一部分外在的行为，而另外的一部分则是由与其他的成员互动即人际互动决定的，也就是勒温场动力中讲的环境来决定的，如图 3-4 所示。

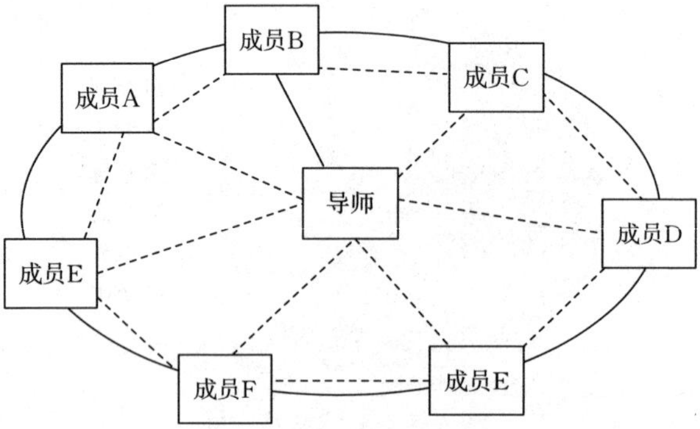

图 3-4　心理世界互动

心理空间 A 的内部动力在一个人心理空间的人际动力场里面，他的内部的心理动力只能决定 1/8，这是一个普遍性的推算，是根据场中团体成员来决定的，而且不不是每个成员平均的力量，有些特殊成员，力量会大一些，有些较弱的成员在团体中贡献的力量会相对小一些，我们只取平均数来加以说明，这样一个团体的动力场的力量与方向就由每个成员的变项来决定（图 3-5）。

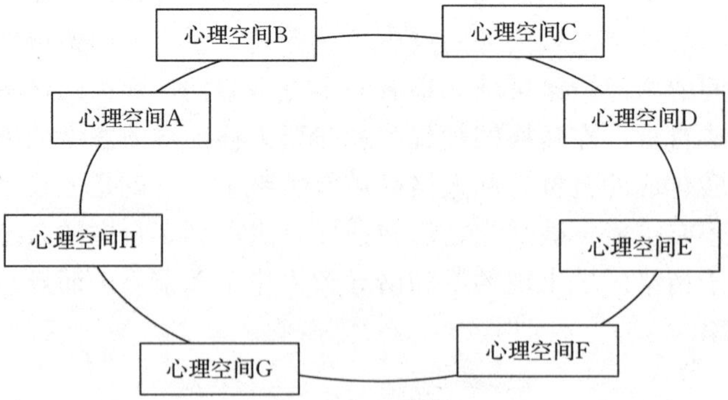

图 3-5　团体的心理世界互动

一个心理世界所包含的心理空间的数量不是固定的，而是随时都在变化，严格意义上来讲，两个及两个以上心理空间在一起互动就是一个心理世界，心理世界不是固定不变的，随时可能解散，也可能随时再组织起来，这就是团体场复杂性的原因。团体心理辅导的过程就是心理世界动力发展的过程，在这个过程中，两个或者多个心理空间在一起组成一个或多或少的心理世界，每一个心理空间内部的心理动力都参与外部的人际动力，每一个心理空间都有可能影响这个心理世界的动力发展。反过来，这个心理世界的动力也会不同程度地影响每一个心理空间内部的心理动力，刚刚开始组成一个团体的时候，一些心理空间和另外的心理空间不能够形成外部的人际动力，或者形成的动力是相互抵消的，让多数心理空间不舒服，这是因为我们心理空间内部动力还处于不和谐状态，当每个心理空间都能和其他的心理空间通过外部人际动力表现得很和谐、很正向的时候，这个团体场动力就变得和谐起来。这是需要团体成员在自我心理空间进行重新修复和调整的。而这个修复和调整的过程就是团体心理咨询或团体心理辅导的过程。经过这个过程之后，团体内成员的个人心理空间就会更加和谐，他参与心理世界的人际互动也会更加顺畅。如一个心理空间紊乱了，一个人心理空间紊乱的表现可能是看谁都不顺眼，自己也无法控制情绪等，但在一个团体心理咨询里修复调整了情绪之后，再回到现实团体中或日常心理世界中，这种和谐的状态就又恢复过来了。

一个小的团体是这样，社会也是这样，社会是由一个个群体组成的，群体内部再小一些的单元就是团体，如家族是一个团体，包括好多小家庭，这些小家庭就是家庭团体；一个学校就是一个群体，包括每个班级，这些不同的班级就是团体。而班级中的每一个成员都是一个独立的心理空间，他们在一起互动的过程就是一个心理世界，我们看到的是团体内人与人外部的行为，看不到的是一个人内部的心理空间和另外的心理空间的互动。

我们来想象一个团体，如果大多数人的心理空间都是和谐的，这个团体的心理世界就是和谐的动力模式，他们表现出来的行为就是轻松愉快的，相互信任，相互支持。相反，如果一个团体 30% 的人是心理空间不和谐的，那么这个群体的内部的团体也是不和谐的。这个心理世界的动力就是负面的，他们表现出来的外在的行为就是不和谐的，在这个团体中，人和人之间就会相互嫉妒，钩心斗角，每个人处于水深火热之中。现在一些家庭中夫妻两个关系不和谐，他们的子女生活在这样水深火热的环境中，人格发生紊乱，可能形成嫉妒自卑的性格或张牙舞爪的性格，走入社会也无法和人正常相处，无法适应社会。一个社会如果有很多的小团体是不和谐的，那么这个社会也是不和谐的。党的十九大报告在“打造共建共治共享的社会治理格局”中提出：加强社会心理服务体系建设，培育自尊自信、理性平和、积极向上的社会心态，其实质就是在培育内心平和、健康和谐地适应现实社会发展的各行各业社会公民，因而促进整个社会的持续和谐发展。

什么是和谐？心理学工作者认为的和谐是内部心理空间的和谐及外部关系的和谐，心理空间的和谐是内部情绪区域正性内容多过负性内容，如快乐和喜悦多过悲伤和愤怒；人格区域对自我认识合理，自恋不自大，内疚不自责，自尊不自卑，勇敢不冒失，信任不鲁莽等，有了内部心理空间的和谐，外部的人际关系就能够达到和谐的状态。团体心理辅导是修复心理空间内创伤的专业团体，是改善心理空间与心理空间之间的问题的团体，是心理世界的净化器，是社会和谐的吸尘器。社会和谐与心理和谐的关系如图 3-6 所示。

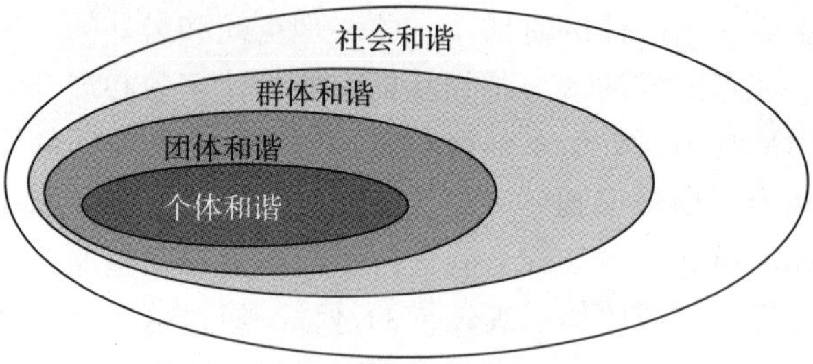

图 3-6 社会和谐与心理和谐的关系

（五）个体内部动力与人际环境的关系

美国著名的心理学家、哲学家威廉·詹姆斯在一个世纪前说过："人类不仅是需要同类相伴左右的群居性动物，而且我们有这样一种天生的倾向，即希望被同伴注意，希望获得赞同。"对一个人来说，最大的惩罚是脱离社会，并完全地被人遗忘，而不是躯体上的处罚。因此，每个人都有归属于某个团体的需求，对归属感的需要是一种强有力的、根本的、具有普遍性的动机。依恋行为不仅是必需的，而且是重要的、本质的、与生俱来的。

个人在与他人的相互作用模式中建构自己的主观世界。莎莉文认为，人格的形成可看作个体与生活中重要人物相互作用的产物，与他人建立亲密联系的需求同其他生物性需求一样是一种基本需求。个体参照生活中重要人物的评价，逐渐发展出一套自我概念。因此，自我可以说成是由他人的评价组成的。有害的扭曲——人际扭曲，可使非适应性的人际行为根据它的僵化、极端、扭曲、循环论证以及看似的不可避免性而被进一步定义，而且人际中的因果关系是一种循环模式而不是线性关系。因此，个人的内心世界在形成的过程中最终是由其所处的外部环境所影响的，个人的内部世界也最终决定其命运。

（六）团体动力学的运作

1. 人际学习疗效因子的作用

心理病症源自困扰的人际关系，心理辅导的目的是要帮助来访者学习如何形成没有扭曲的、满意的人际关系。心理辅导团体如果发展得自由而顺畅，它将发展成为一个社会缩影，具体而微妙地呈现出每个成员的社交层面。

团体成员和团体环境间有着丰富而微妙的动力学互动。成员会塑造自己的社会缩影，会逐个表现每个人特有的防御行为。团体互动越自发，社会缩影的发展就越快速真实，反过来，团体成员中主要的、成问题的议题被引出和讨论的可能性就会越大。团体不仅提供了一个社会缩影，使成员的适应不良性行为清晰地展现出来，而且它是一个实验室，常常十分清晰地显示出行为的意义和动力。团体领导者不仅看到了一种行为，而且看到了引起该行为的缘由，有时，更重要的是可以看到其他人可预期的、真实的反应，了解来访者行为背后的动力。

如果成员缺少对其他人内心世界的感知，人际关系就变得令人迷茫、沮丧且重复单调，因为我们不假思索地把别人当成我们故事里预设好角色的演员了，而没有考虑他实际的动机和愿望。

识别社会缩影中的行为模式，在团体中领导者要辨认出团体成员重复出现的适应不良的人际模式，看到他们行为的情感反应，这些情感反应是有效和不可缺少的资料，不应该被忽视或者低估。个人对团体成员有各种反应，这些反应常常反映出了事情的真相，寻找来访者持续且反复多次出现的行为模式，以及多重的反应，也就是找到另外的一些成员对他的反应，作为共识效度，最后领导者要依靠最有用的证据——领导者自己的情感反应，反应出来成员给他人带来影响的信息。辅导的目标就是要帮助来访者了解并改变他们的内部世界，因此，对这些不同反应的分析是通往团体成员内部世界的一条捷径。

社会缩影是真实的吗？团体成员不是亲朋好友，每个人对其他人而言都不是最重要的，他们不在一起同吃同住同工作，只有偶尔的会面，它用非自然的方式处理自然的体验，团体比外面的世界更真实。团体消除了社会、性别和地位游戏，成员一起经历重大的生活体验。毕竟，其他成员并没有关心、理解他人的义务，他们不收任何费用，这也不是他们的工作。

通过他人的反馈和自我观察，团体成员会接触其人际行为的重要方面，他们的长处和局限性，他们的人际扭曲和引起他人不良反应的适应不良性行为。过去有过很多极其糟糕的人际关系且后来又遭到拒绝的成员，常常无法从这些经历中学到教训，因为那些让他感受到其泛化的不安全感但却始终遵照通常的社会互动规则的人，从来没有揭示其被拒绝的原因。因此，重要的是成员从未学会分辨其自身行为中令人反感的方面和自己是一个完全不能被别人接纳的人的自我概念之间的区别，团体治疗却鼓励给予成员正确的反馈，使得成员有可能去尝试区分二者。每个人都是自己人际关系世界的主人。完全接受自己对自己的人际世界塑造负有责任的人，随后会有这样的发现，他们既然能创造自己的社交关系世界，也有能力去改变他。

这种理解的深度和意义，更与人际关系顺序有关联的情感是成正比的，体验越真实、感动，它的影响就越大；体验越是冷淡、理智，学习越无效。一旦发生改变，即使是最小的改变，成员也会意识到自己害怕会发生的一些灾难后果，始终阻止新行为的发生，是非理性且不成立的。这种新的行为不会导致死亡、毁损、遗弃、嘲笑或被利用等不幸。

作为这种团体辅导顺序的结果，成员通过尝试与人相处的新方法而渐渐产生改变。这种改变渐渐产生，首先是在团体内，随后会在团体外。在成员人际扭曲消失时，他们形成有价值人际关系的能力也增加了。社交焦虑下降，自尊提高，自我隐藏的需要降低。如果适应性循环达到了自主和有效的程度，专业的辅导就不再需要了。

这个过程的每一步都需要领导者用不同且特定的方法来促发。例如，领导者必须提供特有的反馈，鼓励自我观察，澄清责任概念，提倡冒险，否认幻想中的灾难结果，迁移到学习的转换，等等。

2. 团体氛围

勒温是20世纪30年代开始进行这个团体方面的研究，而且取得了非常卓越的研究成果。勒温做过一个非常著名的研究就是关于团体的氛围研究。

勒温探讨了在团体心理辅导的过程中能不能建立起一种具有治疗功能的氛围。具有治疗功能的氛围是指具有治疗功能的关系是温暖的、接纳的、尊重的、亲切的、理解的、友善的。成员在这样的氛围中，就会放下防御机制，放下生活当中那些面具，真实地去探索自己。在团体当中也一样，如果每一个人都很警觉，很戒备，那这个团体氛围就很僵。这个研究探讨了专制型和民主型两种领导方式，两种领导风格对整个团体氛围的影响、对成人行为的影响。勒温当时是在学校做的研究，找学生当被试进行的实验，实验事先做了一些控制，并且持续了一段时间，主要形式是大学生对小学生的团体领导，最后发现，领导方式不一样，领导行为不一样，最后的效果也是不一样的。

专制型的领导一般都是一言堂，领导说了算，别人没有表达的机会，成员不知道自己将要做什么，很被动，而且这种专制型还有过度的权威，过度地压制会导致成员的不满情绪无法很好地表达。而民主的就是尊重的、自主的、鼓励的、欣赏的，是大家一起来讨论，大家清楚自己要做些什么，所有的政策都是集体做决定，领导者是鼓励大家，支持大家，每个人都可以自主地、自由地发挥自己的创造力、想象力和自主性。

关于专制型的和民主型的这两种风格的研究发现，在团体动力当中，民主型的团体风格更适合，要营造温暖的、支持的、接纳的氛围，领导者必须采取民主型领导方式，一定要尊重团体当中的每一个人，团体不是领导者的，而是参加团体的每一个人的，是大家的。所以，团体的主人是所有团体的成员。

3. 团体凝聚力

团体动力学中还有关于团体凝聚力的研究，团体凝聚力对团体咨询或团体辅导都非常重要。一个有凝聚力的团体，成员就会喜欢到这个团体中来，团体对成员有吸引力，成员在团体中感觉温暖、舒心、有归属感，成员重视团体，并感觉到自身的价值被其他成员无条件地接受与支持，成员喜欢团体的氛围，这是凝聚力的一个表现。

（1）团体凝聚力的相关研究。关于团体凝聚力，在社会心理学领域中也有很多研究。团体凝聚力不仅是维持团体存在的必要条件，而且对团体潜能的发挥有很重要的作用。通过一定的活动，人与人之间产生相互关联，相互影响，彼此之间就有了联结，将个人的内心世界与他人进行情感交流，然后被他人接纳，使成员开始对原先坚信自己是令人讨厌、不被接纳、不可爱的信念产生怀疑。前面讲到，对归属的需要是人类的本质属性。团体内的依恋关系能满足这种需要。因此，治疗辅导产生一种积极的、自我强化的循环，信任—自我探索—共情——接纳—信任。辅导团体是他们唯一能与人深交的地方，几次聚会以后，他们就会深深地感受到团体比其他任何地方都像自己的家。

究竟什么是团体凝聚力，它又如何影响辅导效果？一言以蔽之，团体凝聚力类似于个体治疗中的咨访关系。对个别心理治疗的大量研究表明，积极的咨访关系是取得良好治疗效果的重要因素。这个规律同样也适合团体辅导过程。然而团体辅导中的相互关系比个体咨询中的咨访关系要复杂得多。有凝聚力的团体，成员们彼此接纳、支持，并渐渐地在团体中发展出有意义的关系。

著名的团体领导专家，欧文•亚隆在他的团体治疗专著中，特别把团体凝聚力作为一个重要的部分和其他的团体影响机制单独拿出来探讨，并取得一些重要的结论。团体凝聚力是团体内成员彼此吸引的感觉，是团体黏合在一起，作为团体一起工作和互相帮助的一种力量，是一种作用力。社会心理学家费斯廷格认为，团体凝聚力是为使团体成员留在团体内而施加影响的全部力量的总和。

总之，团体凝聚力的研究包括：什么是团体凝聚力，他有什么样的影响，他有什么样的表现，什么团体是有效团体，什么团体是无效团体，还有哪些因素影响团体凝聚力，怎样在团体中增强团体的凝聚力，有什么样的途径，有什么方法。

（2）团体凝聚力的效能。一个团体的凝聚力对这个团体的效能是有影响的，团体凝聚力高这个团体就团结，团体凝聚力低这个团体就没有士气，成员就会互相不配合，成员在这个团体中就会感到压抑烦闷，在这个团体中就不会有工作的热情，团体的凝聚力也会比较低。所以，在一个有凝聚力的团体中，成员可以经过彼此的互相影响、互相交流，诉说自己生活中的那些遭遇，分享自己生活中的那些快乐和满足，同时，彼此之间有很强烈的认同感、归宿感，大家就更容易在这样的团体中成长和受益；相反，团体如果凝聚力很低，大家互相之间彼此有冲突，有戒备，团体对人的吸引力就会很小，可能成员就再也不想来这个团体了。

什么东西能影响一个团体的凝聚力？其实因素很多，具体介绍如下：

①成员之间的相似性。在咨询当中有个概念叫同质团体和异质团体。同质团体

就是大家有相同的问题来参加团体，相似性越多越同质，相似性越少，差别越大越异质。例如，在大学里做团体咨询，会比较考虑到学生问题和其背景的相似性，如大家关于生涯发展的问题，毕业班的同学比新进入大学的同学有更强烈的要求；关于环境适应，新生比毕业生有更强烈的要求。所以一般来讲，成员的相似性越相似凝聚力越强，原因是话不投机半句多，越同质越觉得有共同的语言、共同的背景。

②团体的规模。规模很大，不知道谁是谁，凝聚力就会减小，团体的规模小，凝聚力就容易强。这是因为规模小就会更容易活跃，互动的机会更多，所以团体的规模会影响一个团体的凝聚力。

③成员对团体的态度会影响到团体的凝聚力。成员喜欢团体，愿意在团体中开放自己，愿意相信团体，团体凝聚力就强；反之，成员不喜欢团体，不信任团体，在团体中防御机制过强，甚至不愿意进到团体中，团体凝聚力就弱。

④团体的社会地位也会影响到团体。为什么我们出去会说我是哪个哪个学校的，我是哪个哪个班的，我是哪个哪个单位的，其实这本身也是通过某个团体对自己社会地位的一种表达。越是社会地位高的单位或学校，成员越容易提及，这个团体的凝聚力也越高，反之亦然。

⑤团体目标清晰、规范。团体的目标越清晰，个人的目标越具体，成员就越会产生希望而使团体凝聚力更强，同时团体规范能够强化成员的团体意识，维护团体凝聚力。

⑥团体内外信息沟通。在团体中，要鼓励团体成员将自己的生活与团体分享，促进团体内外信息的沟通，并使沟通向纵深发展。有时候领导者可以率先说出自己对于团体所发生的事情的反应，以自我暴露的方式促进成员的开放。

⑦领导者本身影响力及权威的影响力。领导者的影响力分成权力的影响力和非权力的影响力，如人格、魅力、学识、教养，这些都属于非权力的影响力，这些因素也都影响到团体的凝聚力。

4. 团体动力学对团体心理辅导的贡献

团体动力学不仅为团体辅导提供了理论依据，而且为团体辅导过程中团体气氛的营造、团体凝聚力的创设、领导者地位角色的确定、成员之间彼此的互动等带来了很多研究的成果，有助于团体心理辅导效能的提升。而且动力学中关于敏感性训练，直接就应用到社会发展中，如人际交往、企业训练等，成为团体辅导的方法、技术，理念等，并广泛应用于教育、管理、医疗等领域。

二、团体沟通理论

团体的第二个理论是团体沟通理论。

（一）沟通的含义

团体辅导就是一个团体内沟通的过程，沟通是人们为了传递信息、交换意见、交流情感而运用语言和非语言的方式进行的人际互动过程。马丁·路德认为，人与人不能够相处，是因为他们心存害怕；他们心存害怕，是因为彼此不了解；他们彼此不了解，是因为他们彼此没有好好地沟通。所以我们可以反过来说，因为我们好好地沟通，我们就增加了彼此的了解，我们就不再害怕，我们就可以接纳自己的独特性，也接纳别人的不完美。我们就可以让每一个人真诚地、真实地活出自己。所以沟通的理论对于团体是非常有参考和应用的价值的。

（二）沟通的类型

一般来讲，团体的沟通有四种类型（图 3–7），分别是自己和自己的沟通（也叫自身内的沟通）、人际间的沟通、团体内沟通、公众场合的沟通，这是美国的管理心理学家黑贝尔斯在《有效沟通》这本书里，将沟通做的一个分类。而在团体心理辅导中更关心的是团体内的沟通。

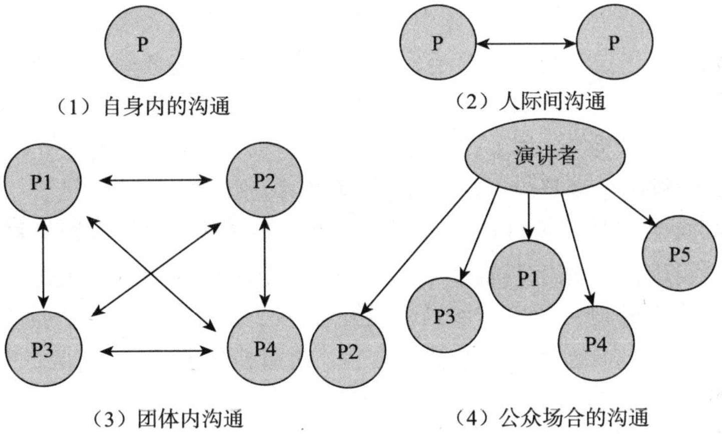

图 3–7　沟通的类型

（三）沟通的功能

团体内的沟通有很多作用。对于个人来讲，它能满足人的基本需要。人本来就是社会的人，人的生存、成长、发展都离不开与他人千丝万缕的联系，所以沟通本来就是人成长的基本需要。没有沟通，人的成长就不可能是健康的。

（1）沟通有助于智能的发展。研究者发现，孤儿院长大的小孩和家庭养育的小孩，在其遗传素质和条件差不多的背景下，我们发现家庭养育的孩子会更聪明。这是因为在孤儿院，一个阿姨要照看好几个小孩，平时缺少与人的交流沟通。可是在家里养育的孩子，有很多人关注这个孩子，跟他对话，不管他能不能听懂，都会形成大量的社会刺激，这些刺激对于小孩的智力开发是非常有意义的。所以，沟通有助于人的智能的发展。即使对于成人，沟通也是非常重要的，有些人事业很成功，很多时候是因为他的人脉比较广，信息来源更多样，他可能获得更广泛的信息，就会做出更准确、更聪明的决定。因此，人际的沟通对于人的智能的发展影响是非常大的。

（2）有利于心理保健。为什么每个人通过团体心理辅导会变得更健康，更积极向上？我们知道一个核心的问题是，我们通过这个团体，对自我有了更准确、更清晰的认识，以及更多的接纳。心理学中讲对自我的认识主要是通过他人对自己的评价，或者他人对自己的反馈。在团体当中，他人对自己的评价会让我们对自己有新的认识。

（3）人际沟通有利于信息的传递。传递信息指通过沟通，可以交流信息、知识、经验、思想和感情。英国作家萧伯纳很形象地说道："如果你有一个苹果，我有一个苹果，彼此交换，那么每人只有一个苹果。如果你有一种思想，我有一种思想，彼此交换，每个人就有了两种甚至多于两种的思想。"通过沟通获得的信息内容更广泛，渠道更直接，速度更快。

（4）与别人进行比较。在团体中，我们有机会去跟别人聊更多，在比较当中，我们会看到自己的优点、自己的不足。有的人说："我以前老拿自己的缺点去跟别人的长处比，越比越没有自信，到了团体当中，发现别人不断地夸奖自己，原来我自己也有很多、很好的让别人很欣赏的长处。"因此，团体中的比较可以让我们用一种更客观、更多样的角度看待自己，对自己有更多的接纳。

（5）促进对自己更深入的认识，即自我认识。心理学中的乔韩窗口理论（图 3–8）是关于人的自我认识的理论，美国心理学家 Jone 和 Hary 提出关于人的自我认识的窗口理论，被称为乔韩窗口理论。他们认为人对自己的认识是一个不断探索的过程。因为每个人的自我都有四部分：公开的自我，也就是透明真实的自我，这部分自己很了解，别人也很了解；盲目的自我，别人看得很清楚，自己却不了解；秘密的自我，是自己了解但别人不了解的部分；未知的自我，是别人和自己都不了解的潜在部分，通过一些契机可以激发出来。通过与他人分享秘密的自我，通过他人的反馈减少盲目的自我，人对自己的了解就会更多更客观。

	自己知道的	自己不知道的
别人知道的	（A）公开区	（B）盲目区
别人不知道的	（C）隐秘区	（D）未知区

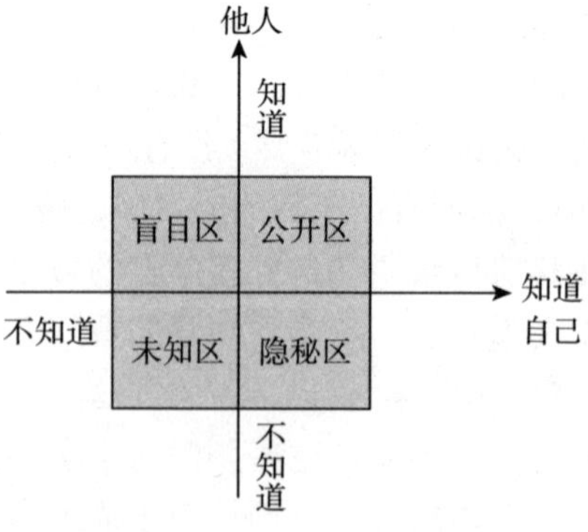

图 3–8　乔韩窗口理论

（6）有利于人际协调。人际协调指通过沟通，可以发展与他人的关系，协调各自的行为，保持良好融洽的关系。直接沟通可以使人与人之间增进了解，化解误会，统一认识，齐心协力。沟通的频率和深度加强时，人与人间的亲密关系也得到发展。在团体中良好的沟通具有表达情感、建立关系、相互理解、齐心协力、彼此鼓励等作用，可以更好地协调人际关系。

（四）团体内沟通的形式

社会心理学家从 20 世纪 50 年代开始研究团体沟通的形式及其效率问题。美国社会心理学家和管理心理学家巴维拉斯（A.Bavelas）首先提出了团体交往的沟通网络，即一个小团体中成员之间较固定的沟通模式。后来，美国管理心理学家莱维特（H.J.Leavitt）以五人小团体为研究对象，发现了团体内沟通的多种形式，主要包括链型、Y 型、圆形、轮型，全通道型，如图 3–9 所示。

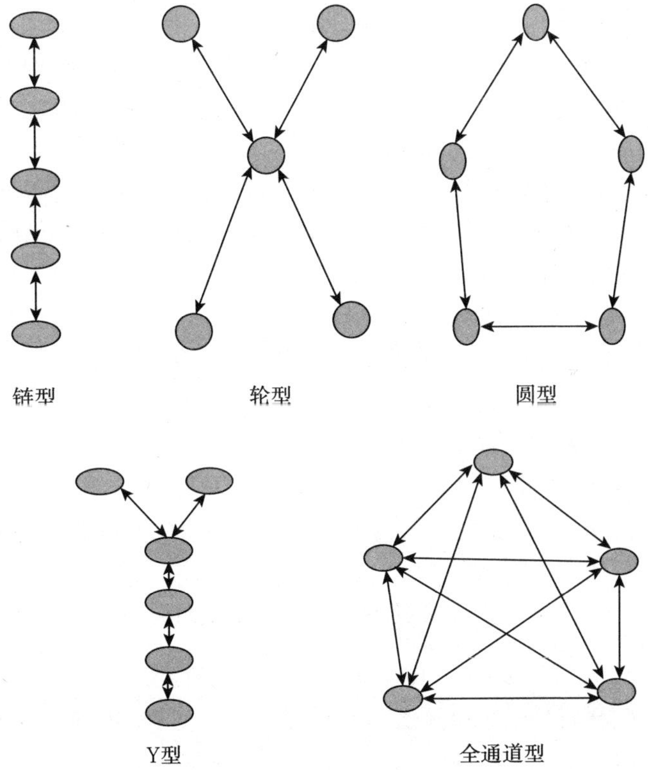

图 3–9　团体内沟通类型

链型是一个一个联系，一个一个传递信息；轮型是有一个核心人物在中间，他跟四个人发生联系，四个人之间是没有联系的；Y 型中间也有一个核心，中间这个核心人物跟三个人发生联系，另外一个是单线联系；圆形是彼此之间发生联系，是和挨着的人发生关系；全通道型是跟团体中任何一个成员都有直接的、面对面的互动。

不同的沟通类型有不同的特点，莱维特从信息传递的速度、信息传递的准确性、核心人物出现的可能性、团体的气氛和士气几个方面做比较，发现这五种类型中，从速度方面看，轮型最快，一个人联系四个人，信息很快就传递下去了；从正确性上看，轮型也是比较高，全通道型的也比较高，因为互相可以沟通确认；从核心人物出现的可能性上，轮型也是很高，但士气会比较低，因为核心人物非常突出，可能会有人高高在上。最终比较得出全通道型是一个最佳的沟通类型，在时间充分、成员都有相似背景前提下，全通道型沟通类型是最佳的沟通方式。因为每个人都可以互动，可以互相交流，互相分享，互相学习，士气是最高的，团队气氛也民主，没有核心的关键人物，是一个平等、尊重、信任、互动、支持的一个类型。

在团体中，沟通是通过什么样的渠道来实现的？文字的沟通是通过语言和非语言，而信息的传递是通过听说读写四个渠道，听既是最核心也是最重要的，美国的心理辅导专家伊根曾说："倾听是最有效的沟通渠道，需要相当的耐心和全神贯注，倾听能鼓励人们倾吐自己的状况，还可以协助自己找到解决问题的方法，我们在团体中，营造一种温暖的氛围让每个成员都可以自主地、自由地表达自己，只有周围的人用心倾听，对这个表达者本身就已经产生了治疗的作用。"因为他在这么多人认真倾听的时候已经感觉到被尊重、被接纳、被理解，他说的过程其实就是思考的过程、整理自己思路的过程，一边说一边想，他自己就会觉察自己的问题，所以倾听本身就有治疗的功能。

另外，倾听还有助于增加信任。在团体中，当我们用心沟通的时候，当成员用心聆听的时候，我们就会发现神奇的事情出现了：你能看到很多共性的东西，我聆听你与我相似之处，对我而言，你的任何部分都不奇特。

（五）团体咨询中如何促进良好沟通

互动中有良好的沟通行为和不良的沟通行为，专心、有目光接触、有笑容，开放、坦诚地让别人了解自己，是良好的沟通，而不良的沟通，如不上心、目光回避、缺乏笑容，封闭、隐瞒自我等。

良好的沟通和不良好的沟通有具体表现上的差异如表 3-1 所示。

表 3-1　团体辅导中沟通效果的比较

良好的沟通行为	不良好的沟通行为
- 专心、有目光接触、有笑容 - 有诚意、重视 - 说话清楚、声音适中 - 开放、坦诚地让别人了解自己 - 尊重别人意见，对事不对人 - 流露个人感受 - 坐姿大方，身体距离适当 - 多聆听	- 不留心，回避目光，缺乏笑容 - 无诚意、漠视 - 说话速度太快、声音小 - 封闭、隐瞒自我 - 强词夺理，不顾别人感受 - 喜怒不形于色 - 坐姿不雅，不适当的身体距离 - 不让别人多说

传统的沟通渠道包括语言及非语言，语言是沟通中最有效、最便捷的媒介及渠道，但目光接触、面部表情、体态动作等非语言也同样是重要的沟通渠道。

（1）语言沟通。语言沟通是不同个体之间交流的桥梁，是不同个体的心理活动彼此产生影响的、最有效的工具。语言的功能在于沟通思想，交流情感。语言沟通不仅靠词汇和句子，还可以通过语调和修饰性口气来实现。语言中声调及口气是语言的组成部分，它有助于人们表达各种语言含义，因此被称为副语言。语言沟通的研究涉及人们说的是什么，而副语言沟通的研究涉及人们怎么说话。副语言包括音高、节奏、抑扬、停顿等。每一次沟通过程中，副语言都可以传达特定的含义。例如，声调低沉表示悲伤的心情，声音轻便、快速表示兴奋，提高嗓门说话，大多表示愤怒等。语言交谈方式多种多样，任何一句话都可以有不同的说法，所谓一句话可以让人笑起来，一句话也可以让人跳起来，说法不同，效果截然不同。

（2）非语言沟通。在语言沟通中选择什么词汇，运用何种句型，加上哪些副语言形式，这些都会直接影响沟通效果。此外，大量的非语言沟通也直接参与沟通的过程，影响沟通效果。头部、脸部、嘴、视线接触、手、姿势等不同，表达的意思就会大相径庭。如失望，脸部的表情、眉尾下垂等表明情绪极其低落。具体如表 3–2 所示。

表 3–2 团体咨询中非语言沟通

情绪	头	脸	嘴	视线接触	手	姿势
失望	低	眉尾下垂	往下撇	很少接触	自闭性行为	胎儿蜷缩之姿
幸福	有韵律地动	生动	笑（开口）	到处应接别人的目光	扩张性动作	经常改变、诱惑性的
焦虑	不安地动	紧张	磨嘴	窥视（回避视线直接接触）	紧握流汗	不安地律动、耸颈抖肩
反对	头与下巴向前耸起	眉心打结	唇前噘	防卫的	紧握空拳	坐在椅子边缘
依赖	头微低但保持视线接触	轻微地表达	带着微笑	多	接近的动作	有点亲昵的样子
抗拒学习	转过身	严肃	紧	逃避	看表	四肢僵硬

（六）人际沟通理论对团体心理辅导的贡献

人际沟通理论研究领域广泛，内容丰富，成果丰硕。它包括沟通的过程、形式、类型等。人际沟通理论对团体辅导的贡献是很大的。因为团体心理辅导就是一个人际沟通的过程，团体心理辅导的过程就是互动的过程，团体的人际沟通方式、技巧、原理、沟通的渠道等，对团体氛围的营造非常有帮助，领导者也可以从沟通的理论中学到很多有效的技巧，使这个成员和整个团体变得更加温暖。人际沟通理论为团体辅导过程中人与人之间如何交往、怎样增强沟通效果、建立良好的人际关系、避免或减少交往障碍提供了大量有价值的参考，为团体领导者选择团体沟通方式、观察和指导团体成员的沟通、增进自我了解和了解他人、在协调人际关系中获得成长提供了具体的方法和技巧。

三、人际相互作用分析理论

（一）相互作用分析理论

相互作用分析理论（Transactional Analysis，简称 TA）是美国精神分析学家艾瑞克 · 伯恩于 1959 年创立的一种心理治疗理论和方法，也称沟通分析理论。伯恩是一名弗洛伊德式的精神分析者和心理医生，该理论源于他对精神分析疗程过长、过程太复杂、缺少与来访者之间的交流而不满。他的大部分概念都来源于他对来访者说的话，目的是协助人们了解与别人互动的本质，教育来访者建立自尊、成熟的人际关系。

他把社会交往的单位称为相互影响。人跟人之间的交往称为单元，当两三个人或更多人相互聚在一起时，迟早有人要说话，或者向其他人的出现表示致意，这叫相互作用刺激。一个人对一个人真诚，慢慢地他也会对别人真诚，如果他不真诚，对方可能就会离他远一些，另外的人就会说一些或做一些与这些刺激有某些联系的事，这就是相互作用反应。例如，公益广告《爱的传递》，一个人正在寄邮件，结果没找到笔，这时候另一个人正好有笔，拿出来给了他。当他说：“等一下，我要还给你时。”他说：“不用了，给你吧。”等他写完了，看到一个人搬东西搬不动了，他又过去帮他抬，那个人说谢谢。那个人又立马把这份爱传递给另外一个人，爱一直被传递下去，所以叫爱的传递。当一个人获得了别人的帮助，他会把这种爱再传递出去，有时候用语言，有时候用行为。因此，今天你做了一个爱的举动，这个爱的举动迟早会返回来。所以人要有善心，要有善举，要说善话，不能说刺激别人的话，这就叫人际相互作用分析。

相互作用分析是以精神分析原理为基础创立的一种简便易行的治疗方法，用于检查“我对你做些什么，你反过来对我做些什么”一类的相互作用；确定在具有多重性质的人格中，父母意识、儿童意识与成人意识哪一种会出现；交往双方的关系是相辅相成的，还是矛盾冲突的。但要注意，“我对你做些什么”并不意味着“你也必须对我做同样的”，“我做些什么”是出于自愿，并非期待他人有回报。如果心里期待着对方有回报，就会一直等待这份回报；如果没有等到，就会开始失望，这份失望的情绪可能会影响到很多人。所以相互作用分析理论的关键是人自愿、乐意做这件事，什么时候做、做多少都随心，不要强求自己。

在团体里面，相互作用目的就是协助人们了解他们与别人互相的本质，教育当事人改变生活态度，对人际交往获得深刻的领悟力，建立自尊的、成熟的人际关系。

（二）人际相互作用分析理论基本假设

团体辅导交互作用分析的基本假设之一：意识是我们的思维、情感、行为改变过程中的第一步，也是非常重要的一步。在团体的早期阶段，心理辅导的目的是增进团体成员对问题的意识程度和对自己生活选择的意识程度。

另一假设：每个人都要对自己的行为、思想、感觉负责。别人不能替我们做出选择，在大部分情况下还是要靠自己应对周围的情境。

人际相互作用分析理论非常重视心理治疗中认知、理性和行为三个层面。该理论认为每一个人的自我里都隐藏着三种状态：父母状态、成人状态、儿童状态，这三种状态存在于所有人身上，与年龄无关，与角色无关，是不同的心理状态。父母状态是以家长（Parent）式的行为内化而来，是“教诲的”“权威的”；成人（Adult）状态的特征是“理智的”“逻辑的”，能够站在客观的立场上理智地分析；儿童（Child）状态的特征是“情绪的”“冲动的”“凭感觉的”“自发的”。每个人三种状态的比例不同，从而形成了互补型、交叉型、隐含型这三种相互作用分析的类型。

该理论认为，个体会不断地在各种自我状态之间转变，行为也与当时的自我状态具有非常密切的联系。目的是要达到自主性的沟通模式。对自主性的定义是根据自我状态进行灵活而有目的地改变的能力，以及用最合适的自我状态应对当前情境的能力。

1．家长式自我心态（P）

家长式自我心态（Parent ego state）表现出保护、控制、呵护、批评或指导倾向。他们会照搬政策和标准，发表类似如下的意见：你知道规则，规则必须遵守。

（1）控制式：表现出控制、好教训人，以权威和优越感为标志。

（2）照顾式：关心人，保护倾向。

2．成人式自我心态（A）

成人式自我心态（Adult ego state）注重事实根据和理智分析，是一种理智的、成熟的状态，能够站在客观的立场上冷静分析，考虑过去的经验，估计各种可能，再做出决定；待人接物符合情境，尊重对方，给人留有余地，不强加于人。

3．儿童式自我心态（C）

儿童式自我心态（Child ego state）反映了由于童年经历所形成的情感。它可能是本能的、依赖性的、创造性的或逆反性的。如同真正的孩童一样，具有孩童心态者希望得到他人的批准，更喜欢立即的回报。

（1）情绪的、冲动的。

（2）顺服的（自然式、顺从式儿童）。

（三）相互作用分析的种类

相互作用分析包括构造分析、交往分析、竞赛分析和脚本分析四部分。

（四）沟通分析的类型

1．互补式沟通（互补型交互作用）

发出刺激的自我状态收到了来自另一个人特定自我状态的预期反应。

（1）P——P。

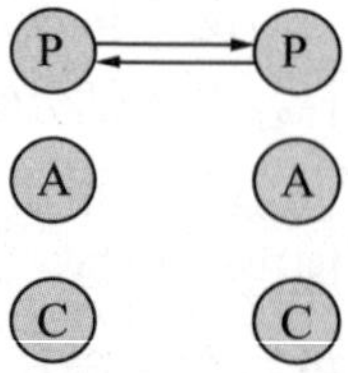

—“你的职责就是跟弟妹一起待在家里。”（P）

—“我会好好照顾他们的。”（P）

—“我要把这个问题彻底弄清楚。”（P）

—“对！你应该这样。”（P）

（2）A——A。

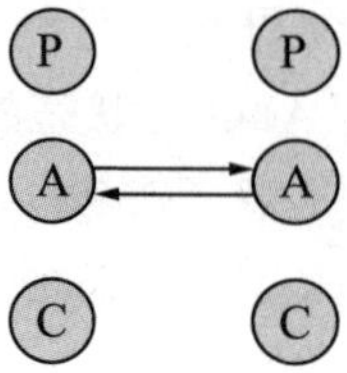

—“几点了？”（A）

—“我的表 8 点。”（A）

—“这篇作文什么时候交？”（A）

—“下星期一交。”（A）

（3）C——C。

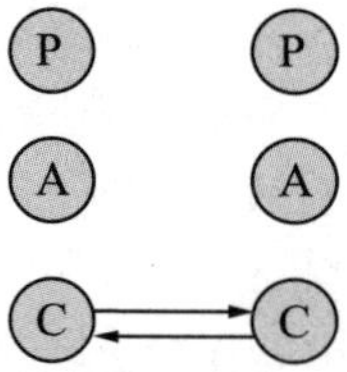

—“我猜这里面有好东西。”（C）

—“我猜这里一定有好宝贝。”（C）

—“我喜欢吃麦当劳！”（C）

—“我巴不得天天都去吃！”（C）

这是一种互补的交流沟通，符合正常的人际关系，也是人们在交往中期待的交往反应。它可以发生在任何两种自我状态之间，但必须符合以下两项标准：反应必须是来自刺激所指向的同样的自我状态；反应必须是指向发出刺激的那个自我状态。只要这种交互作用保持一种互补关系，那么交流就可能继续下去。

2．交叉式沟通（交叉型交互作用）

一个人发出信息后，没有得到另一个人的预期反应，相互作用是交叉的、矛盾的。当平行型交互作用的一项或两项标准被违背时，就会发生交叉型交互作用。交叉的交往往往不能获得适当的或预期的反应，这样，信息沟通就会中断，甚至发生冲突。而且不论交互作用在哪儿交叉，都会发生交流的破裂，随后便会出现某些不同的情况。

（1）AA——PC。

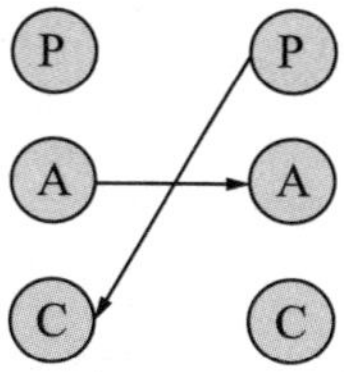

—“现在几点了？”

—“不要打扰我，自己看表去！”

—“这次评优秀，可能有我吗？”

—“你学习退步那么多，还想评优秀！”

（2）AA——CP。

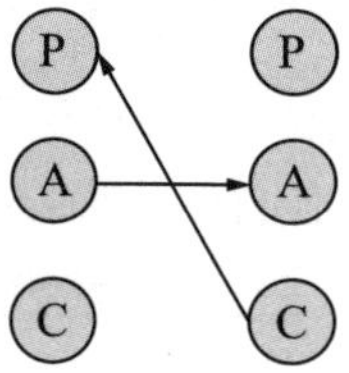

—“你现在生活上有什么困难？”

—“得了，虚伪，假惺惺，搞什么形式主义！”

—“这东西多少钱？”

—“这关你什么事？”

（3）PC——CP。

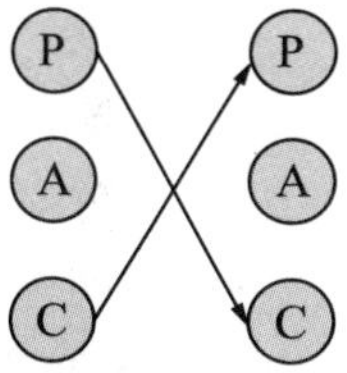

—“你这画画得连小孩都不如！”

—“你少指手画脚，有本事自己来！”

—“去收拾好你的铺！”

—“你凭啥支使我做这做那，你没有这个权利！”

一般来说，工作中最有效的交互作用是成人对成人的交互作用。这种交互作用促使问题得到解决，视他人同自己一样有理性，降低了人们之间感情冲突的可能性。但是，互补式的交互作用也能令人满意地发挥作用。例如，如果主管想要扮演家长的角色，员工想要扮演孩童的角色，他们之间可以形成一种比较有效的工作关系。但是在这种情况下，员工无法成长、成熟，不知如何贡献自己的想法。因此，虽然互补式的交互作用确实能发挥作用，但在工作中能够得到最优结果并且最不可能带来问题的是成人对成人的交互作用。

3．隐含沟通（隐蔽型交互作用）

隐含式沟通涉及两种或两种以上的自我状态，真正的信息没有明确表达出来，隐含在一种社交客套的交流中。包含两种水平的交流，即社会水平的交流和心理水平的交流，并且通常涉及两种以上的自我状态。心理信息所针对的自我状态和社会信息所针对的自我状态。

隐蔽型交互作用有两种形式：三角型和双重型。在三角型交互作用中，只有始动者（信息发送者）能意识到这种策略；而在双重型交互作用中，始动者与反应者都能意识到他们所隐藏的信息。

需要注意的是，交互作用的后果往往取决于心理水平方面而非社会水平方面。

（1）三角型隐含交往。始动者向反应者的两种自我状态发送两种不同的信息。

售货员："你是否知道明天就停止销售这种东西？"

策略："现在就买吧，不要考虑太多。"

顾客："那明天有什么新产品来吗，我等等看吧！"

心理咨询师："你感觉怎么样？"

（策略：说出你的感觉如何）

来访者："我感到很失望！"

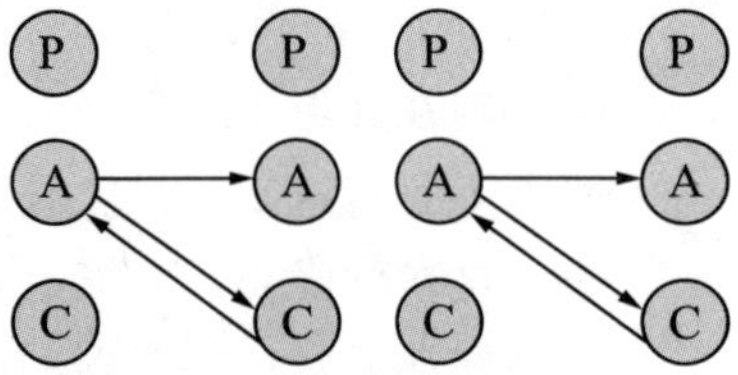

（2）双重型隐含交往。包含始动者与反应者各自的两种自我状态。

—"你想不想看看我的电动火车？"

（策略：我们一起玩电动火车吧）

—"噢，电动火车！好啊！"

（策略：好啊，我们一起玩！）

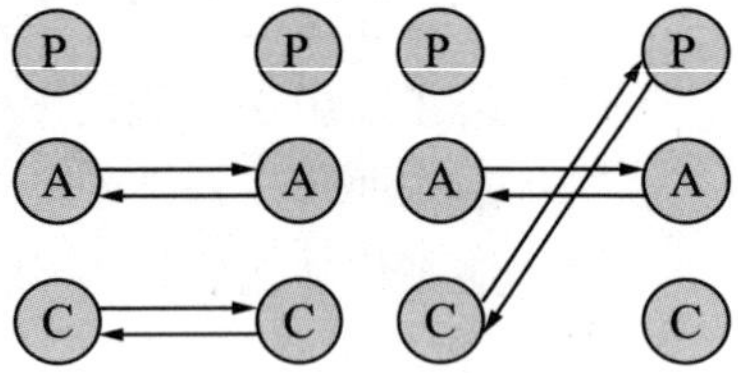

—"你是否喜欢我的演说？"（策略：它不是很好，是吗？）

—"听来还好啊！"（策略：我不很喜欢。）

（五）交往的改善

交叉型交互作用是一种不良的沟通方式，它使交往无法顺畅地进行，有损交往双方的人际关系。当交叉型交往状态已经形成之后，我们可以采用以下策略来改善交往，使之向平行型交往的良好趋势发展。

（1）交往改善策略一：以自身的A状态激发对方的A状态，形成AA交往。交往中要自觉使自己处于成人自我状态，这样才能使对方也进入成人自我状态，使交叉型交往转变为平行型交往。

学生："老师，这次评优秀，我有可能吗？"（AA）

老师："你这次根本就不要想评优秀！"（PC）

学生："老师，这次评优秀的标准是什么？"（AA）

老师："这次评优秀的标准是……"（AA）

（2）交往改变策略二：先采用平行型交往缓和矛盾，再以自身的A状态激发对方的A状态。

儿子："哎呀，这饭怎么这样，我不要吃！"（CP）

母亲："是吗？确实有点咸，味道是不太好！"（PC）

儿子："就是嘛！"（CP）

母亲："妈妈下次注意，今天能不能将就吃呢？"（AA）

儿子："那好吧！"（AA）

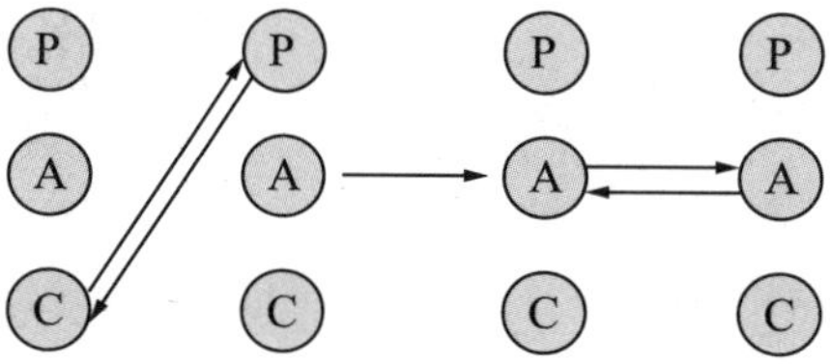

（六）小结

每个人的个性都是由父母自我状态（P）、成人自我状态（A）、儿童自我状态（C）三种不同的自我状态组成的，只不过各自所占的比例不同。一个人孩童时期父母的教导和个体的决定注定了在成人阶段生活中所采取的不同的基本处事态度。

依据交流分析理论，人与人之间可能的生活态度有：

我不好—你好，我不行—你行（自卑、恐慌）

我不好—你也不好，我不行—你也不行

（不喜欢自己也不喜欢别人）

我好—你不好，我行—你不行（骄傲自大自以为是）

我好—你也好，我行—你也行（理性、理解、宽容、接纳）

运用PAC理论的自我状态的分析方法分析人们在人际交往中所处的自我状态，正确评价自我，认识交往对象；分析人际交往成功与失败的原因；改善策略，正确、科学地改善人际交往状况；优化人格状态，树立积极处事态度，悦纳他人，提高心理健康水平，改善生活质量。

（七）团体辅导中交互作用分析的操作

在团体心理辅导中，交互作用分析理论的应用可分为四个阶段：

第一阶段：情境同感阶段。呈现典型的人际交往失败的情境（录像、漫画或心理剧表演，并表达感受。

第二阶段：沟通解密阶段。分析情境中人物角色交往失败的原因，引导用交互作用分析理论做总结。

第三阶段：交往改善阶段。分小组得出人际交往的调整方案，教师归纳、补充各小组的调整方案，并运用交互作用类型和沟通改善策略等知识进行总结。

第四阶段：策略运用阶段。小组成员出谋划策，将活动所得运用到自身人际交往的生活情境之中，改进交往效果，改善人际关系，提高生活质量，并在全小组范围内做汇报总结。

（八）个案讨论

个案一：美国一家航空公司的一位女职员正在售票，有几位顾客在窗口排队等着买票。这时女职员正在接待两位男顾客，为他们安排旅行日程计划。后面的一位女顾客等得不耐烦了，就开口训斥这位女职员：“你是在售票，还是在谈情说爱？”

经过 PAC 训练后的女职员没有反唇相讥，而是微笑地说道：“非常抱歉，让您久等了，真对不起！您需要什么？如果有急事，请和他换一下，我先给您办。”这一说，那位女顾客就平心静气地回到自己的位置说：“没问题，你就抓紧给他办吧。”事情就顺利地过去了。

个案二：最新的研究表明：人们反对企业的革新计划往往是“父母自我状态”和“儿童自我状态”所造成的后果。

如只告诉下级，你们必须改变对顾客的服务、你们必须降低成本、你们必须提高工作效率……（P 的口吻）

结果：引起了下级的焦虑、自疚，甚至愤怒，从而易引起阻力。

如果能对下级提供关于服务、成本等方面的资料，与下级分析（A 的状态），就有利于下级以 A 的状态去解决问题，效果将会完全不同。

四、社会学习理论

社会学习理论也属于团体理论之一，包括观察学习理论、交互决定理论、自我调节理论、自我效能理论等。其中，观察学习理论是由 20 世纪 60 年代美国的心理学家班杜拉等人发展起来的。班杜拉是其中的一个代表人物，曾任美国社会心理学会主席。该理论最典型而集中的贡献在于强调人的学习过程是在社会环境影响下，观察、模仿别人的一个学习过程。因此，人行为的改变，也可以在一个社会环境中通过观察模仿他人，然后互相影响从而获得一些改变。

社会学习理论是一种在行为主义的刺激—反应学习原理基础上发展起来的理论，着重阐明人是怎样在社会环境中学习的。最早在 1941 年由米勒（C.H.Miler）和多拉德（J.Dollard）提出。后来班杜拉发展了社会学习理论的观点，主张把依靠直接经验的学习和依靠间接经验的（观察学习）学习综合起来说明人类的学习。

班杜拉等人围绕这一理论做了大量的实验研究并获得相当丰富的结果，这些结果不仅被用来证明理论，也被用于说明和指导当代人的社会生活，如人的侵犯行为、顺从现象、电视宣传的效果，等等。

（一）社会学习理论的经典实验

波波玩偶实验

在该实验中，班杜拉让斯坦福大学幼儿园的 36 名男孩（年龄为 3 ～ 6 岁）和 36 名女孩（年龄为 3 ～ 6 岁）观看一个人殴打一个波波玩偶。实验分为控制组、第一实验组和第二实验组，第一实验组和第二实验组再按性别再次分组，分别观看攻击性行为和非攻击性行为，即在第一组中让儿童观看一个成人对充气玩具进行拳打脚踢，而且还有一些攻击性的语言；第二组中的成人对充气娃娃轻拿轻放，还有爱抚的行为和赞美的语言；第三组为控制组，让孩子进行自由玩耍，没有成人进来干预。然后再将这些儿童置于没有成人榜样的新环境中，以观察他们是否模仿了成人榜样的攻击性行为与非攻击性行为。班杜拉试图研究儿童分别受到成人榜样的攻击性行为与非攻击性行为的影响。

班杜拉为这个实验制订了4个假设：

（1）目击攻击性成人榜样行为的被试，将试图模仿或实施类似的攻击性行为，即使榜样不在现场。班杜拉相信这些孩子的行为将会与那些目击非攻击性成人榜样行为的被试及没有观察任何榜样的孩子（控制组）大为不同。

（2）榜样不在现场时，观察非攻击性成人榜样行为的被试所表现出来的攻击性行为，将不仅少于目击攻击性成人榜样行为的被试，而且少于没有观察任何榜样的孩子。

（3）儿童将更乐于模仿同性榜样的行为，因为儿童通常更为认同同性的成人与家长。

（4）由于攻击性行为更多地具有男性化的特征，男孩们将会更乐于展示攻击性行为，尤其是观察富于攻击性的男性榜样的男孩。

实验结果：

这一实验证实了班杜拉预言中的三个。

（1）成人模特不在场的时候，观察暴力行为一组的孩子们的倾向是模仿他们所看到的行为。

（2）班杜拉和他的同事们也预言观察非暴力行为的一组孩子们会比对照组的攻击行为弱一些。结果显示无论性别，这一组的孩子们都展现出比对照组孩子的攻击级别低一点。其中观察异性模特的男孩的攻击行为似乎比对照组稍微强一点。

（3）无论被观察的模特是同性还是异性，孩子们的性别上的差异是很重要的。

实验结论：

人的特定行为是通过观察和模仿形成的。孩子们身上优秀的行为是他们不自觉地模仿了优秀的榜样，孩子们身上那些恶劣的行为是他们不自觉地模仿了坏的榜样。

实验启示：

（1）父母和老师是孩子最重要的榜样。

（2）媒体是引导社会风气的关键，媒体要有阳光的正能量才行。

（3）偶像人物的影响力不可小看，社会公众人物要有责任感。

（二）社会学习理论的基本观点

（1）人的大部分社会行为是通过观察他人、模仿他人而学会的。班杜拉侧重于个体认识活动的作用，这种认识活动通过表象和语言编码被储存下来，进而模仿学习，最后习得。

（2）行为与环境、个人内在因素三者互相影响，构成一种三角关系（图 3-10）。个体的行为不是由动机、本能、特质等个人内在结构决定的，也不是由环境力量决定的，而是由个人与环境的交互作用决定的。交互表明他们之间的复杂性与动态性，可以随时调整，随时变化。

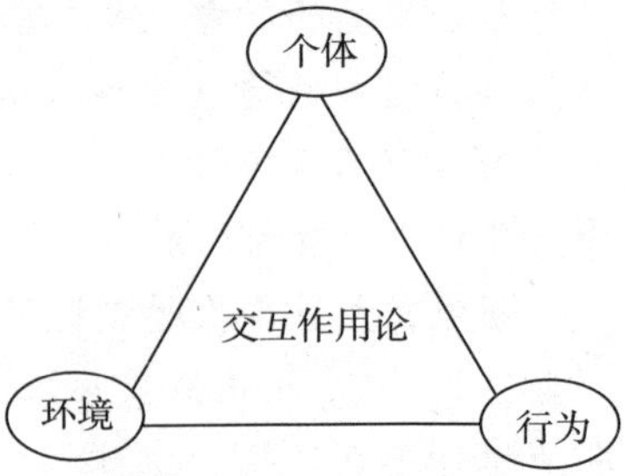

图 3-10　社会学习理论图

（三）班杜拉提出的重要概念

（1）交互作用论：班杜拉认为个体、环境和行为三者都是作为相互决定的因素而起作用的，它们彼此之间的影响都是相互的。

（2）观察学习（替代性学习）。个体以旁观者的身份观察他人的行为表现，以形成态度和行为方式。通过观察他人及其强化性结果，获得某些新的反应，或者矫正原有的行为反应，而在这一过程中，学习者作为观察者并没有外显的操作。

（3）强化分三种形式，分别是直接强化、替代性强化和自我强化。

直接强化：指观察者因表现出观察行为而受到强化。

替代性强化：指观察者通过他人行为所带来的奖励性后果而受到强化。

自我强化是指个人依据强化原理安排自己的活动或生活，每达到一个目标即给予自己一点物质或精神方面的酬报，直到最终实现目标。自我强化是较高水平的激励方式，不可能要求人人都达到这种水平，但通过教育、指导，可以帮助人们逐步具备这种能力。在进行教育、指导时，主要应帮助人们确定长远目标和近期目标，让人们自己确定评价标准，使之自我检查、自我评价。只要某人不受外部因素影响能够独立地安排自己的活动并不断取得进步，就说明他具备了自我强化的能力。

（四）社会学习理论对团体咨询的贡献

社会学习理论对我们的团体咨询有重要的贡献。社会学习理论认为，人们通常是通过对他人的行为进行观察和模仿，学习和形成一种新的行为方式，尤其是对人们在社会生活中的各类行为进行观察学习。团体辅导中有很多机会可以观察不同的人的不同行为，可以去模仿不同的人的适应行为，由此可以对自己有更多的觉察和改善。而且团体中温暖、和谐、支持的氛围，让大家在这个过程中可以更自觉、更自发地去观察和习得新行为，去反省自己不当的需要改善的行为，其中榜样行为起到了很好的示范作用。

社会学习理论侧重于个体认识活动的作用，这种认识活动通过表象和语言编码被储存下来。班杜拉讲到，认识活动要通过表象，这就需要在团体心理辅导中，一些活动要有一定的强度，让成员知觉到、感受到，并留在大脑中，之后通过领导者的引导，使这种感觉上升为理性的认知。

另外，这种感知觉还要上升为认知层面。感知觉要转化成语言，用语言编码被储存起来。在团体中分享，大家通过语言来表达各自的感受。通过观察大家的语言表达方式，从而重新修正自己原来的编码方式，这就是模仿学习，这种活动通过表象和语言的编码被储存在大脑里。

根据社会学习理论的观点，行为与环境、个人内在因素三者是交互影响的，人的大部分社会行为是通过观察他人、模仿他人而习得的。在观察学习中起决定性影响作用的因素是环境，如果环境发生变化，人的行为也会发生变化。因此，团体心理辅导要为参与的成员创设一种充满理解、关爱、信任的情景，这种环境的变化必将引起个体行为的变化。这是班杜拉的行为主义理论在团体心理辅导中的应用。

五、社会支持理论

（一）社会支持的概念

社会支持是指人感受到来自他人的关心、支持和帮助。

社会支持来源主要有家人、朋友、同事、同学、师长等，即身边和我们有关联的人。社会支持理论认为，一个人可以通过和他人的一些连接，获得心理压力的释放，舒缓紧张的情绪，可以提高社会的适应能力。很多研究发现，社会支持和个人的身心健康、主观幸福感存在着显著的正相关。也就是说，社会支持的力量越强，个人的身心健康就越好，主观幸福感就越高；相反，这个人身心健康中的社会需求如果得不到足够的社会支持，则对抑郁、焦虑、压抑都会有影响。

（二）社会支持的种类

不同的学者有不同的分类标准，例如，考伯把社会支持分为物质性支持、工具性支持、情感性支持、抚育性支持、网络支持和满足自尊的支持；韦尔曼把社会支持分为经济支持、感情支持、陪伴支持、小宗服务和大宗服务；我国周林刚把社会支持分成两类：一类是看得见的支持，看得见的是客观的，如物质上的支持、网络式的支持（稳定的社会关系如婚姻、同事、朋友等，不稳定的社会支持如非正式团体等），另一类是虽然看不见，但是个人能够感受到、体验到的支持，主要指情感上的支持，即个体在社会生活中被尊重和被体谅的情感支持及满意度，这类支持与个体的主观感受密切相关。在团体当中，我们感受到的是彼此的支持，因为人是社会的人，我们每个人成长的过程，都不是单枪匹马，孤军奋战，都需要别人的支持，这种支持给我们希望，给我们力量，给我们温暖，给我们信心。因此，社会支持在团体中是非常重要的影响因素。

（三）社会支持对身心健康起作用的假设

关于社会支持为什么会对人的身心健康产生作用，主要有三种假设，分别是主效应模型、缓冲作用模型和动态模型。主效应模型认为，社会支持具有普遍的增益作用，其效应独立于压力，不管压力程度如何，社会支持对个体的身心健康都有着直接的促进作用。这一观点在社会孤独者、高社会支持者身上都得到了证实。缓冲作用模型认为，社会支持仅在应激条件下与身心健康发生联系，社会支持和压力同时通过直接或间接作用对身心健康水平起作用，压力与社会支持的关系是相互影响和相互作用的，这种关系还会随着时间的改变而发生变化。

有研究发现，社会支持在人遇到灾难的时候，尤其是在人遇到突发事件的时候，是最重要的保护性因素，是一个人度过灾难、能够扛过危机最重要的因素，如果幸存者能够做到以下几点，社会支持就可以最大化：识别能够保证安全感和意义感的特定的社会联系；识别能够让人更愿意去获得社会联系的环境，制订计划去寻求和获得社会支持；当好朋友和家人需要时，自己能提供社会支持和帮助。

六、身心灵全人健康辅导模式的发展趋势

身心灵全人健康辅导模式主要强调的是一个人人格的完善。身心灵全人健康辅导模式是在团体情景下，运用中国传统文化中养生健身方法及生活哲学，从身体、情绪及思想观念三个层面介入，通过生理—心理—精神互动而产生的，促进团体成员达到全人健康为目标的辅导模式。这是一个基于中国大论的团体辅导模式，身指身体，心指心理，灵主要指精神或精神状态，即人的意识、思想、思维活动等。“身、心、灵”三字的英文译词分别为：“Body”“Mind”“Spirit”。“身、心、灵”作为一个整体，具有两层含义，一是指“身、心、灵”三个层面，该模式以在这三个层面上进行介入为主要形式；二是指三者之间存在的互动关系，三者互为因果关系、相互依赖关系。该模式的目标是促进“身、心、灵”三者之间关系的良性发展，进而实现全人健康的目标。强调三者的互动关系，是“身心灵”模式的理论核心和应用依据。

团体理论除了以上理论外，还有其他的理论，如贝尔斯的互动分析论，分析成员与环境互动的行为；詹德的团体动力研究论，注重影响团体发展各项因素的研究，主要针对变量的研究；还有德伦研究情感性动力对团体的影响，主要探讨情感在团体中起什么作用。

七、团体心理辅导实施中需要注意的影响因素

一场有效的团体心理咨询需要考虑多方面的因素，在团体中如何更好地发挥这些因素，需要领导者在设计与实施中有意识地注意。图 3-11 为团体各因素对团体辅导效果的影响。

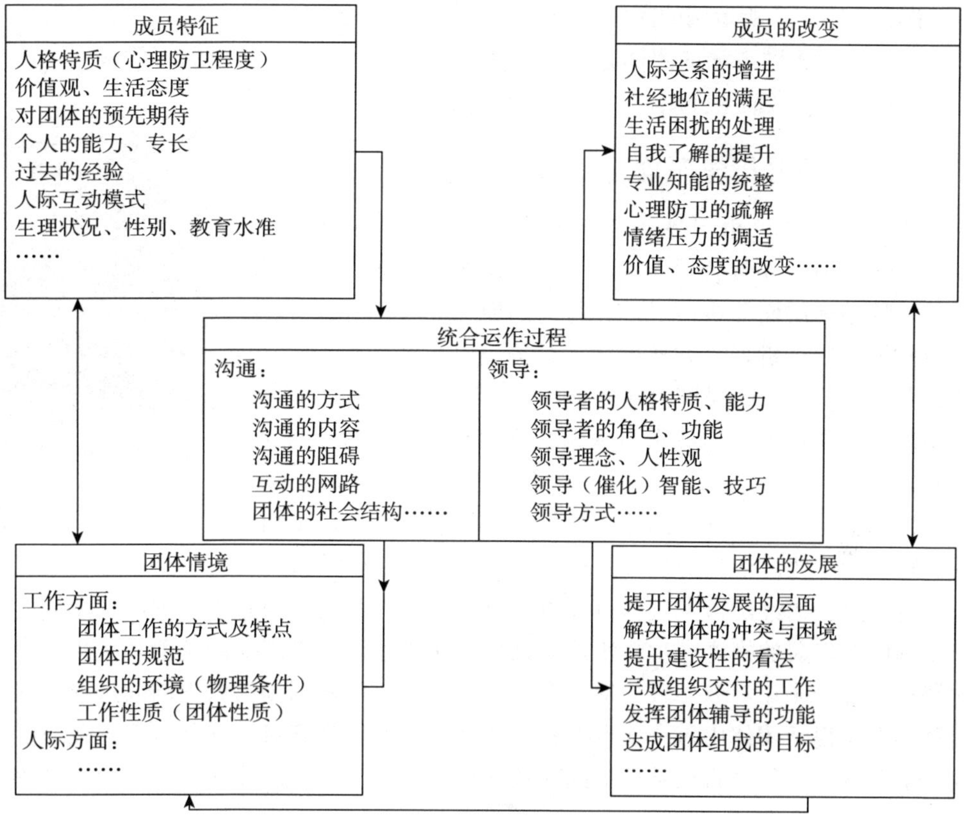

图 3-11　团体各因素对团体辅导效果的影响

第二节　团体心理辅导中的咨询理论

团体心理辅导是在心理咨询的基础上发展而来的，心理咨询又来源于心理学家对心理现象及其心理问题产生的原因解释不同而区分为不同的心理学流派，而不同的心理流派根据不同的心理咨询与治疗理论，分为不同理论取向的心理咨询的团体辅导。心理辅导有很多流派，心理辅导的技术、方法也有 300 多种，而且在不断地出现和发展，但无论有什么样的新技术出来，它仍然可以归到某一个发展取向方面，例如，心理分析取向的团体、认知行为取向的团体、完形治疗取向的团体、个人中心取向的团体、理性情绪治疗取向的团体、存在主义治疗取向的团体、现实治疗取向的团体等，每一种心理取向理论都可以运用到咨询中，既可以运用到个别咨询中，也可以运用到团体咨询与辅导中，各种理论取向的团体心理咨询都有其流派发展过程和理论依据，也有其各自特定的团体目标和技术，团体领导者的功能和角色也都有所不同，所运用的团体技巧也不一样。

本节将对不同流派的团体心理咨询理论从主要观点、团体目标、领导者功能和团体技术等方面做简要介绍。

一、心理分析学派理论取向

心理分析理论由奥地利心理学家弗洛伊德（S.Freud，图 3–12）创立，主要探讨个人在发展过程中适应各种冲突的历程，从心理层面分析造成现在行为的原因。首先在团体治疗中使用心理分析理论和技术的人是美国著名精神病专家沃尔夫（A.Wolf），他强调，在团体中的心理分析不能治疗整个团体，而应将着眼点放在与其他个体相互交往的每个成员身上。

图 3–12　弗洛伊德

团体目标：心理分析团体辅导是将精神分析理论、原则和方法应用于团体成员的一种治疗形式。治疗的过程是提供气氛及协助成员重新体验其早期家庭关系，讨论和解释过去的经历，发现和过去事件有关联且对目前行为有影响的压抑感受，对于心理问题发展的根源产生顿悟，尝试处理在潜意识层面产生的防卫和抗拒，从而化解成员由于童年经验导致的适应失调，以激励成员根据领悟做出新的选择。治疗的目的在于揭示团体中每个成员的核心冲突，使之上升到意识层面。促进成员的自我了解，认识并领悟自己被压抑的种种冲动和愿望，最终消除症状，适应和处理各种生活情境与挑战。

领导者功能：团体领导者扮演着分析者、催化者和解释者的角色，致力于创造一种接纳的宽容气氛，以增进团体成员的互动，多数心理分析团体的领导者具有一种以客观、温暖、较隐匿的个人身份为特点的领导风格。他们倾向于保持自己的匿名身份、自己的隐私和团体外的生活，但并不隐瞒自己情感性和人性的方面，领导者一般持客观、温暖而不偏不倚的态度，目的就是要促进成员投射与移情作用的发生。在团体中，领导者需要示范，要真诚、直率、共情，并且在团体摇摆不定难以进行时保持乐观的态度，鼓励成员自由地表达自己。当出现各种阻抗现象时，领导者要解释它们的意义，创造一种鼓励成员自由表达自我问题的气氛，协助成员勇敢面对和处理他们自己及整个团体的抗拒力并妥善处理。在团体过程中，要逐渐揭示团体成员现实行为的潜意识决定因素，最后还要逐渐地撤除某些领导功能和鼓励互动，以促进成员的独立性，并引导他们在更深的层面上进行自我探索。

团体技术：心理分析的团体辅导在整个团体的过程中，领导者首先要有精神分析的训练、心理分析的视角，在这个过程中他会更关注成员童年的经验，会更多采用自由联想、梦的解析等技术，还有分析阻抗、分析移情和反移情，以及对焦虑的处理等都是常常使用的技术和方法。所以，现在在国内的团体中，心理治疗尤其是医疗系统的心理治疗，大部分用的是精神分析的团体的训练和治疗。

心理分析理论取向的团体辅导试图经由自由联想及其对自由联想、抗拒、移情和梦的解释、领悟、修通等技术，在过去与现实、现实与过去之间来往穿梭，再创造、分析、讨论和解释过去的经验，解决在潜意识中发生的防卫和抗拒，正确认识心理困惑的根源，从而消除意识与潜意识之间的冲突，重构和谐的人格体系。

团体活动的内容与操作方法：

第一个环节：个人心路历程的回顾。

第二个环节：自由联想和梦的分析。

第三个环节：解释和修通。

二、行为治疗理论取向

行为治疗学派形成于20世纪50年代至60年代初期，是在行为主义心理学理论基础上发展起来的心理咨询流派，也称行为矫正，苏联生理学家伊凡•彼德罗维奇•巴普洛夫（图3–13）、美国心理学家斯金纳、艾森克、拉扎勒斯、班杜拉、沃尔普等人对行为疗法的发展都做出了重要贡献。该理论以行为主义与学习原理为共同基础。依靠科学的原则和程序，采用实验的方法来克服不适应的行为习惯。在辅导中经常使用集体系统脱敏、集体放松训练、示范疗法、角色扮演、社交训练等。

图3–13　伊凡·彼德罗维奇·巴普洛夫

团体目标：行为治疗团体的目标是协助成员排除不良行为，并学习有效的行为模式，团体行为咨询与教育过程类似，都是指导成员建立有关学习方法的新观点，尝试改变其行为、认知、情绪的更有效的方法。尤其是对自我肯定或自信心培养。适用于对自信心不足，有劣等感、情绪压抑和人际沟通困难的人进行训练。

领导者功能：行为治疗团体中的领导者在团体治疗中具有核心影响力，常常扮演行为矫治的专家、教练或训练师的角色。他们本身拥有各种人性化的心理品质，如真诚、尊重、责任心、温暖、幽默感、非批判性等特点，这些品质对于促成团队的信任与关怀、形成温暖和谐的氛围是必不可少的，但不是成员发生改变的充分条件，成员要想改变，还需要领导者与成员的监督下，把应对技巧和行为矫正方法交给成员，并以家庭作业的形式督促其完成，以便其能在团体外实践。另外，领导者在协助成员确定团体治疗目标后，还要将行为目标分为具体的小目标，让成员从具体而容易达到的小目标开始逐步改变。行为主义团体领导者在团体中一方面扮演主动的、指导性的角色，积极运用行为疗法、知识和技能解决问题，认真地观察团体成员的行为，准确标定与特定问题相关联的情境和促进改变的条件；另一方面领导者还要为成员示范适当的行为和价值观，收集资料，评估成员的治疗效果。

团体技术：行为治疗团体及行为治疗是一个非常有效，并且被很多实证研究证明了的治疗方法。行为治疗的团体遵循的是行为主义对人性的假设，认为很多非适应性行为、认知和情感都是通过学习获得的，并通过新的学习可以对其进行修正和调整。适应的行为是这样，不适应的行为也是这样，所以在行为治疗的团体过程中会确立一些明确的学习目标，然后集体做训练，如放松训练、自我肯定训练。这些技术都是以行为和学习原理为基础而发展出来的策略。团体初期阶段的重点是形成团体凝聚力，鉴别需要被矫正的问题行为；团体工作阶段，需要根据成员问题分别使用不同的治疗策略和技术；团体结束阶段，领导者主要关心如何使成员把在团体中学习到的适应行为迁移到日常生活中去。团体就是训练的一个场所，通过在团体中互动去尝试行为的改变。技术也会用系统脱敏、集体放松训练、示范疗法等。

团体活动的内容与方式（测量与治疗同时进行）：

第一个环节：观察行为，实施行为评估。

第二个环节：精确制订治疗目标。

第三个环节：为对象拟定治疗程序。

第四个环节：对治疗效果进行客观评估。

三、理性情绪治疗理论取向

理性情绪治疗法（Rational-Emotive Therapy，RET）是20世纪50年代末、60年代初由美国临床心理学家阿尔伯特·艾利斯（Albert Ellis）（图3-14）倡导的。

本治疗法是以改变病人的认知为主的治疗方式。艾利斯的理性情绪行为疗法主要理论依据为ABC理论，其基本观点是，人们的问题不是根源于诱发事件本身，而是根源于人们对世界所持有的信念。即A：指与情感有关系的激发事件；B：指信念；C：指激发事件和信念有关的情感反应结果。B是A和C之间的中介因素。后来又进一步发展，增加了D和E。D：指对非理性信念的干预和抵制。E：指有效的理性信念或适当的情感行为代替非理性信念、异常的情感和行为。因此，改变负面情绪的最佳途径在于改变对事件的信念，心理咨询的着眼点主要是帮助来访者通过对不合理信念进行辩论，确立合理信念，消除负面情绪，产生新的感觉。不合理信念特征：绝对化的要求；过分概括化；糟糕至极论。

图3-14 阿尔伯特·艾利斯

团体目标：理性情绪治疗团体的目标是协助成员消除非理性与自我挫败的观念，并以更坚韧、更理性的观念将其取代，从而改善成员个人不适应的情绪和行为，以帮助其处理他们生活中可能出现的各种不愉快事件。

领导者功能：团体领导者在个人特质上倾向于哲学的、理智的、刚强的、面质的、指导性的、说服力强的、冒险的、能容忍的、实际的、科学的、不神秘的及折中的态度等。在团体中，领导者在无条件接纳与尊重成员的前提下扮演着教师的角色，而不是与成员密切关联的伙伴关系。领导者是一个积极主动的协助者，鼓励成员表达对彼此的完全接纳，并不试图建立支持性的团体氛围，以避免强化成员的爱和赞同的神经性需求，倾向于指导性和面质性的对话，而不是细腻温和的共情理解，习惯于行为的教导和极力说服成员在日常生活中表现其教导的行为。

团体技术：理性情绪团体在团体过程中，领导者让成员去完成很多家庭作业，包括理性情绪治疗的一些方法，例如，和非理性信念做辩论，重新建构理性的信念；认知家庭作业；合理情绪想象；角色扮演等。如角色扮演，在个体咨询中的角色扮演只能由咨询师和当事人两个人扮演，但在一个大的团体中，多个人在一起时就可以扮演的不同角色，对当事人的改变会比较有利，成员也可以获得更多的力量。因为他可以看到不同人的不同表现。具体技术的使用如下：

（1）辩论法。对于有一定文化知识和反省能力的人十分有效。要求治疗者大胆地、毫不客气地对来访者持有的不合理信念进行挑战和质疑。可采用不断深入地提问方式质疑。

（2）假设最坏的可能。帮助对方从不合理方式走出来，并且不总会发生。假设最坏的可能性有助于帮助对方认识到情绪的困扰不在于这种不利的事件，而是内心的恐惧，对恐惧的恐惧才是真正的祸根。

（3）角色扮演分析。进行时，让当事人与干预者互换角色，为不合理观念进行辩护，让当事人扮演干预者进行反驳和质询，从而起到镜子的作用。当事人在寻找理由和证据进行反驳的过程中，为自己建立新的合理观念提供了依据和材料。

（4）认知家庭作业。如列出问题、找出绝对性信念、质疑等改变自我暗示的内容。可采用布置作业形式，把治疗的进展带回日常生活中，一种是固定格式的作业，让其找出 A 和 C，然后是 B，用 D 做辩护，最后填 E 辩护效果。另一种是自由格式作业，完全由当事人合理地自我分析，找出不合理信念并与之辩论。

（5）合理的情绪想象。情绪通过改变想象而改变。首先让当事人想象其引发情绪困扰的场景；其次让当事人保持想象，但要求改变自己的情绪，使之适度，并加以体验；最后停止想象，报告是怎样想，怎样做才能使情绪体验有所改变。干预者要及时强化合理观念补充，使来访者产生新的合理观念和认知情绪新观念。

（6）行为技术：系统脱敏法：第一步训练来访者放松。第二步与来访者一起整理引发焦虑反应的事物或情境清单，并依引起焦虑的程度排序。第三步正式使用系统脱敏技术。在放松的状态下，让来访者持续想象让自己焦虑的情境，持续想象、克服，直至不再害怕为止。

洪水法：让来访者直接面对最害怕的情境或事物，当来访者意识到最糟糕的情境并未为他带来任何损伤，他就能面对这个原先害怕的情境。

代币法：建立制度—得到代币—换取礼物等。

团体活动的内容与方式：

合理情绪疗法的过程：心理诊断阶段→领悟阶段→修通阶段→建立新的合理观念阶段，具体环节如下：

第一个环节：感觉与表达压力。

第二个环节：驳斥非理性的思维和认知重建。

第三个环节：行为预演或放松训练。

第四个环节：逐级递进地指定家庭作业与应用追踪。

四、个人中心治疗理论取向

图 3-15　罗杰斯

个人中心治疗理论是 1940 年由美国人本主义心理学家罗杰斯（C.R.Rogers，图 3-15）创立的一种心理咨询和心理治疗方法发展而来的理论。其来访者中心治疗的根本原则是人为地创造一种绝对的、无条件的、积极、尊重的气氛，使就诊者能在这种理想气氛下修复其被歪曲与受损伤的自我实现潜力，重新走上自我实现、自我完善。以个人为中心的治疗是在个体咨询中的叫法，而在团体中叫会心团体。罗杰斯对人有极大的信心，他相信每个人都是建设性的，每个人都是可以不断向更好的方向发展的，每个人都是值得信赖的。所以他强调在团体中，领导者不是老师，不是权威，也不是专家，领导者就是一个促进者，只要领导者在这个团体中以尊重的、无条件积极关注的、真诚的态度来对待每个成员，团体就会形成好的氛围，大家就会彼此尊重。所以领导者的功能就是尊重、无条件积极关注、接纳每一个团体成员，做出最好的示范，为团体营造出好的氛围，治疗或者是改变就可以发生。

团体的目标：鼓励成员以此时此地的经验与感受彼此坦然会心，利用团体的互动克服疏离感，使成员发展开放、诚实、自然的特质，表现出新的适应的行为。

团体领导者的功能：领导者的主要功能是为团体培养出一种滋养性的和有治疗功能的氛围，重视的是领导者的个人素养和修养，并不看重领导者的技能。需要领导者创造宽容与信任的团体气氛，强调成员间充分互动的重要性，让成员勇敢去袒露自己，学习如何倾听自己、信任自己。团体中只要领导者发挥帮助和催化的作用，充分相信成员的能力和价值，成员就能够寻找到自己的方向和新的行为。

团体技巧：个人中心团体强调内容的态度与行为，基本技能包括真诚、无条件积极关注、同理心、积极倾听、反映、澄清、支持、联结、摘要、分享个人经验、与成员会心、支持与面质、肯定成员的自我决定能力、跟随团体的自然发展而不试图指导团体发展等。

真诚一致性：真诚一致性是指治疗者在治疗时表现坦诚、透明、整合与真实。他们没有虚伪的外表，内在经验与外在表现一致，在辅导关系中能开放地向当事人表露其当时的感受与态度。坦诚的治疗者会自发地开放他们自己消极和积极的感觉和态度，通过表达和接纳自己的负面感觉，可以促进与当事人进行诚实的沟通。保持真诚就会具有高度的自我觉察、自我接受、自我信赖，真诚是一种产生于自我深刻的探索愿望，接受这一探索的各种真相的真实状态。

无条件积极关注：无条件积极关注是治疗只表达出一种无条件的不对当事人的情感与思想评价和判断的关系，是一种对当事人的主观和经验世界的接受性态度，治疗者重视和接纳当事人，而且这种关怀和接纳不附带任何条件和期望，它不是一种“我会接纳你，只有你当……的态度”，而是“我会接纳你，因为你是你”或“我接纳你的本来状态”。治疗者利用行动告诉当事人，他们重视当事人，因为他或她就是这样的一个人，他可以自由地表达感觉和经验，而不会失去治疗者的接纳，接纳是治疗者认可当事人抒发感觉的权利态度和行为，但并非表示赞同当事人的一切行为。

同理心：同理心是指治疗者能够进入当事人的内心世界，准确感受并表达其内心世界的能力，这是一个积极主动的过程。正如罗杰斯所说：“感受当事人的世界就好像他是你自己的一样，但又不失去这种仿佛的性质，这就是同理，他对治疗者来说是必不可少的。”

不同的心理学理论流派取向的团体辅导，其特点不同，工作模式也不一样，要根据领导者的理论背景来合理应用。需要注意的是，每一个理论流派都有它们各自的特点，在使用精神分析理论时，必须像个明察秋毫的侦探；在使用行为主义理论时，必须像个诲人不倦的教练；在使用人本主义理论时，必须像个善解人意的朋友；在使用理性情绪理论时，像个能言善辩的律师。

第三节　脑科学与具身认知理论

科学技术每一次重大进展，几乎都伴随有研究方法的重要进展；反之研究方法的每次进展和重大突破又总是使人类对自然规律普遍性的认识更深化一步。

——托马斯·库恩

图 3-16　托马斯·库恩

这是美国托马斯·库恩（图 3-16）在 *The Structure of Scientific Revolutions*（《科学革命的结构》）一文中指出的关于科学技术与研究方法的关系。所谓方法是科学家在从事科学研究的过程中“积累和形成”的一种研究工作的模式，托马斯·库恩称其为“范式”。在库恩看来，范式是科学实践活动中被科学共同体所公认与遵循的范例，这些范例为普遍的科学研究传统的出现提供模型，凡称得上范式的需具备两个特点：基于某种范式形成的著作足以空前地将一批坚定的拥护者吸引过来，使他们不再去进行科学活动中各种的竞争，同时这种成就又足以毫无限制地为一批重新组合起来的科学工作者留下各种有待解决的问题。科学的发展和体系的形成就是在新旧方法论的交替和进化中实现的，心理学及其研究方法的发展也同样如此。

一、脑科学理论

早期的脑科学发现，在动物发育的特定时期接受特定的感官刺激，大脑所对应的感觉区域才能发育完善，这种大脑发育具有时间窗口的实验让人们相信大脑的发育具有“敏感期”或“关键期”的说法。但后期对人进行大量的专业化训练，通过扫描发现，海马体后侧的大小会显著增加，这种海马体大小会随着使用频率而不断变化的实验，说明大脑具有可塑性，持续的刺激会使信息传递通路变得敏感，使特定的神经网络联结变得稳固，而减少刺激则会导致神经网络联结变得减弱甚至消失。且环境的刺激对大脑具有滋养作用，人类的大脑皮质终其一生都会随着经验而发生改变，不断学习与适应环境是大脑的本质。这种神经具有可塑性机制的原理为认知的身心一体性提供了神经生物学上的直接证明，认为新的经验能够重组和改变大脑的结构和功能。具身认知理论认为认知会受到身体及其所处环境的影响，身体及环境通过感觉运动通道参与认知的形成和加工。特别是人在观察事物或运动时，镜像神经元会被激活，表明心理是对具身运动的模拟。

脑科学研究也表明，人的大脑功能，左右两半球既有分工又有合作，大脑左半球是掌管逻辑、理性和分析的思维，包括言语的活动；大脑右半球负责直觉、创造力和想象力，包括情感的活动。体验式教学往往是让教师自己先感受，在自己感受的情境中，进行角色转变，重新回到学生的角色中。感受时，掌管形象思维的大脑右半球兴奋；思考时，掌管抽象思维的大脑左半球兴奋。这样，大脑两半球交替兴奋、抑制或同时兴奋，协同工作，大大挖掘了大脑的潜在能量，同时也增强了自身的内在心理能量。

二、研究范式

范式是科学共同成员“所共有的信念、价值观、技术手段等的总和”。某一学科或某一问题的研究范式，提供了一个在该领域继续进行相关研究的案例、样本、模型，进而为我们的相关研究提供了方向、问题、思路、程序、方法、规则、标准、价值等。“范式”为科学发展提供理论支撑，也是对科学实践的一种规范。主要包括三大层面：一是理论基础，如精神、思想、价值观等；二是操作环节，如方法、技术、程序等；三是规则要求，如原则、规范、标准等，对理论与操作起中介作用。

自20世纪50年代“认知革命”发生以后，心理学以计算机隐喻的方式来研究人的内部心理机制，把人的大脑类比成计算机对输入信息的处理过程，提出“大脑中心论”的观点，认为心灵只是大脑的功能，并形成信息加工和符号表征的认知科学范式风靡一时。在符号主义、联结主义研究范式的理论基础上，相应的学习理论也随之兴起，无论是布鲁纳的认知发现说还是加涅的信息加工学习理论，他们都强调学习者通过处理外界刺激的内部反应来研究学习活动，对符号的理解程度决定着学习的效果，由此形成的课堂教学和程序教学成为我们教学的主要模式。心理健康教育就是在这种研究范式下展开的“教科书范式”，其缺陷主要体现在教育空间局限、教育形式单一、教育内容僵化、教育平台欠缺，从而大大地影响了教育效果，使心理健康教育成为学科教学或心理知识的科普而陷入困境之中，其教育效果受到很大的限制。因此，创新心理教育研究范式迫在眉睫。

三、具身认知理论

具身认知最早由现象学家梅洛·庞蒂提出，他认为身体是知觉的中心，是经验的主体，而不是被经验的对象。目前，国外学者对于具身认知的研究已经比较成熟，而国内具身认知研究还处于初期阶段，学者们对于具身认知的具体含义并没有一个统一的答案，心理学家叶浩生概括了三点来理解具身认知：一是身体的状态直接影响认知：二是大脑与身体的感觉运动系统对认知的形成有重要作用：三是认知与大脑、身体及所处环境同在一个认知系统。

为了摆脱表征认知范式（又称为离身认知）的困境，20世纪80年代以来，国内外认知科学家们开始理性地强调大脑、身体和环境在重塑人的心智和认知过程中发挥的作用及其三者的动态双向交互过程，提出“4E+S”的共生认知研究范式，作为对表征认知范式的超越。

认知科学的这一转向的推手来自嵌入式（embedded）、具身（embodied）、生成的（enaceted）、延展的（extended）认知，它们通常统称为4E[1]；从静态的表征转向认知的动力学分析[2]。简单来说，4E更看中环境、情境、文化、身体和工具在认知处理中产生的积极意义，这些内容恰好是经典认知理论所忽视的部分。李建会、于小晶在《“4E+S”：认知科学的一场新革命》中对4E和S进行了解释，4E指的是体化（embodied）认知、嵌入（embedded）认知、生成（enacted）认知和延展（extended）认知理论；“S”指的是情境（situated）认知理论。生成认知的基本内涵中认为认知的本质是从表征到建构、情境、具身和生成，认知的目的是从对外界信息的理解到实际行动任务的完成，从而达到对生命存在的维持，信息是从外界到

[1] MENARY R. Introduction to the Special Issue on 4E Cognition［J］. Phenomenology and the Cognitive Sciences，2010，9（4）：459-463.

[2] 叶浩生．认知心理学：困境与转向［J］．华东师范大学：教育科学版，2010，28（1）：42-47.

脑、身、世结构机制运作时的功能性产物。人的身体负重会影响其对事物的评价，也会影响其思维的努力程度。在这种研究范式下，教育家蒙台梭利曾提出“多通道教学和学习”，认为学习可以运用视觉、听觉、触觉和运动觉，而不只是传统的讲和听。在教学过程中，学习是在情境中展开，通过学生身体的体验和感悟，呈现知识，澄清理念，转换思维，升华信念，使学生在真实生活中探索，让内心世界进行深度对话，最终使情感和理智在环境空间都得到成长。

具身认知提出的时间要比延展认知稍早一些，前者基本观点的提出是在20世纪90年代左右，它主要关注生物的自主性和以行动为导向之间“生成的”（enactive）关系，因此环境和身体通过行动产生的结构的能力成为考虑认知的核心。而延展认知的登场是以1998年“延展心智论”的面世为标志，在此之前，该理论的提出者克拉克（A. Clark）曾思索如何在突破有形的物理边界的基础上，重新考虑心智与世界的关系。

例如，认知主义强调表征符号操作的进路，实质上是理论知识和“理论优位”的复制，而具身认知所强调身体的行动与环境的互动对认知的影响正是实践知识中“如何行动”的知识的体现。在延展认知那里，强调人类认知活动者和环境的耦合，在于讨论实践知识是“如何做到”的知识的体现，它也不再具有希腊自然主义哲学家眼中的自然（physis，动态生成的自然）。所以按照传统科学观的理解，科学知识通过还原论可以实现同质世界中的来回“游弋”。

具身认知不赞成物理一元论或者身心二元论，它主张的是身心一体论，大脑嵌入身体，身体嵌入环境，构成一体。它有以下几个主要特征：

第一，具身性（embodiment）。这是具身认知的核心特征，认知过程不是独立于身体的抽象活动，而是依赖于身体，受到人的身体及其大脑、生理和神经结构的影响。

第二，情境性（situation）。认知过程并非发生在个体内部，认知情境发生在真实世界的环境中，包括物理、社会、文化和历史环境等。

第三，生成性（enactment）。认知主体和世界不是对立的，人类认知不是心智对世界的表征，而是认知主体即身体在与环境相互作用中生成的，认知和环境密不可分。

第四，动力性（dynamic）。认知不是孤立的，而是一个“大脑—身体—环境”三者耦合构成一个复杂的动态的自组织系统。

基于以上几个特征，具身认知的观点给课堂教学的研究提供新的视野，受到了教育工作者的青睐。特别是对于心理健康教育意义更大。

四、具身认知理论对教育教学的启示

具身认知理论强调主体参与，教学中，教师要根据学生已有的知识图式设置活动，组织学生积极参与体验，融合已有知识构建新知识；或引导学生在具体活动的参与中利用已有的优势发现问题、探索未知、获得新知，发展与完善个体知识体系。这是人的认知特点，而且这个特点关系着人们对一门知识技能的认同。教师可以运用知觉符号理论、感知运动模拟、隐喻理论等具身认知理论，构建互动性学习条件；可组织互动性活动，引导学生掌握合作学习方法，增进师生或生生之间的沟通交流，激发其学习兴趣，提高学习效率[1]。

（一）落实生本理念，构建认知情境

具身认知理论重视个体的亲身体验和情感培育，与新课程改革倡导的通过打造三维一体的动态课堂，实现知识与技能，过程与方法，情感与态度、价值观有效融合的理念相吻合。高效课堂应以具身认知理论为指导，从学生的认知能力、认知特点和认知习惯等方面出发，构建认知情境，丰富学习情境中的学习要素，打造高效率的课堂教学生态。这样的教学强调学生参与，注重学生情感验，让学生在活动中产生情感并迁移到日常生活中，感受文本的丰富意蕴，从而提高认知。营造立体丰富的课堂教学情境，引导学生在合适的认知情境下学习，充分体验，深刻感受，使学习事半功倍。

（二）遵循认知规律，打造动态课堂

从具身认知理论可知，学生的学习认知是学生亲身参与体验的过程，是一个认知持续变化与发展的情感与认知双重体验过程。因此，课堂教学需构建动态课堂，适时调整教学目标、内容与活动方式，以适应学生学习的变化。

（三）注重过程方法，引导情感发展

学生认知过程也是情感体验过程，情感体验的结果又促进学生的认知。因此，提升学习兴趣，激发探索热情，形成持续的学习内驱动力，能有效提升学习成效。身体的感受会影响人的价值观和情感态度，在学习过程中表现为因喜爱某一门学科知识而学习更加有效。学习活动中有丰富的情感性因素，创新评价方法，促进个体体验。在具身认知理论引导下，教师应突出学生学习过程的评价，关注学生个体与知识学习及外界环境的交互作用，通过评价活动促进学生学习过程的参与体验，改变学生的思维方式和习惯。研究认为，具身认知理论的核心观念“身体”是认知形成的逻辑起点，“情景”是认知形成的重要支撑；同时，系统结构是认知生成的根本保障。

五、基于具身认知理论下的团体心理辅导

具身认知是以身体感受或者活动状态去表征科学概念，以具体的身体来表征抽象概念，因此它实际上是颠覆了基于计算机模型的传统认知观，改由一种生物有机体模型去看待人类的认知过程。[2]基于离身认知理论下的表征认知范式，对心理教

[1] 李佳颖．具身认知视域下的初中英语写作教学设计［J］．科教文汇（上旬刊），2019（1）：152.

[2] 黄华新．哲学视角中的当代认知科学［N］．中国社会科学报，2010-12-28.

育的模式采取灌输式的教科书方法，使学习仅限于大脑的神经过程，使知识成为僵死的、不交互作用的记忆痕迹。而在具身认知理论下的共生认知研究范式，将抽象的、符号式的心智系统转向于在“大脑—身体—环境”三者耦合构成的真实情境中，在重塑人的心智系统中动态地生成对世界的认知，而由此产生的体验式心理教育新模式为学校的教育教学改革提供了新视野，成为超越传统认知科学的一种新观点。而具身认知理论最大的贡献就是把心灵不只是看作大脑的功能，而是大脑、身体和环境共同作用的结果。因此，心理教育一定要从知觉转化到行动环路中来体现，要在与环境的耦合过程中践行。所以，行动层面非常重要。在团体心理辅导过程中，通过完成领导者精心设计的情境活动，学生在挥汗如雨中脱胎换骨，在逆境挑战中顶天而立。在实际行动中，把良好的人格品质深深地厚植于学生的心灵底层。心理教育在体验式团体心理活动中开展会产生神奇效果。

学校实施心理的教育最主要的一个方面就是通过心理健康教育活动课来对学生进行心理的教育。但目前的心理健康教育课往往成了心理学知识的传授课，主要形式仍然是传统意义上的课堂模式，主要还是以老师的一灌到底的讲解为主，而学生们反倒是被动地学习。

体验式团体心理辅导运用各种心理技术，如具象法、象征法、隐喻法、角色扮演法、模拟法等多种科学方法，对主题内容进行立体、全面的转换，在团体场动力的推动下变成可以让学生深刻体验的情境。在课堂上，学生通过深刻体验情境，感受生活实际，感悟人生哲理，最后升华认知，改变思维，促进行为，成长心理。利用这种体验式团体心理辅导的方式对学生心理能力优化是心理教育课最大的一个优势。心理健康教育课将防范与治疗心理方面的疾病、体验和反思自己本身、优化自身品质和开发本人潜能三方面结合在一起，并且将人的心理的能量最好发挥作为其最终的目标。为此，深刻的体验是不可缺少的重中之重。学生也只有对自身的心理有了深刻的体验，才能在实际生活中深入人心，教育才能达到真正的效果。

六、对具身认识理论的评价

具身认知理论的提出是科学领域的一场革命，为我们真正了解人的认知打开了一条新思路，尤其是对新课堂改革有重要的启发意义。具身认知理论详细研究了人的身体在各种认知过程中扮演的角色及作用，总结出人的认知过程具有涉身性、体验性与情境性等特点，即认知结果反刍于认知，促进认知。

具身认知理论应用到课堂教学中，指学生只有亲身参与到各种教学活动的过程中，积极利用多重感官接受知识和技能，才能顺利建立认知过程，并实现知识技能的内化和应用。[1]

但同时，具身认知具有文化差异，如同样去表征愤怒，西方文化可以用耳朵，

[1] 郑孝梅．具身认知理论对教师专业素养提升的启示［J］．中国成人教育，2019（2）：83.

而中国文化下我们却用肝胆这样的内脏器官（如“大动肝火”）。由于建立物理变量与抽象概念之间的意义联系是其认知过程的第一阶段，因此富含意义的文化在心理物理学研究过程中应占据重要地位。

人类在对外界的感受性上具有个体差异，是否能强烈地感受到身体或者状态的变化，会导致人在相同外在情境刺激下所做出的判断和行为产生差异。除去身体感受性的差异，其他人格差异甚至可能会影响到人类是否更多地选择使用具身或者隐喻认知来指导其认知过程，这一假设尚需要进一步的研究。具身认知与隐喻认知在研究范式的更替上起到了关键作用。但有关这两种认知方式，甚至是二者的区别都只停留在理论探讨的层面，对科学的心理物理学机制的探讨仍然需要更多的实证研究。

第四章　团体心理辅导的组织与实施

团体心理辅导蕴含着丰富的实践功能，同时又是一门精湛的艺术。成员必须对自身的心理问题有深刻的体验，辅导才能深入人心。因此，团体活动的组织与实施是至关重要的。成员在团体的过程中，通过“润物细无声”的、具有穿透力效果的引导语来体验当下的真实感受，在体验中卸掉自身各种标签，看到一个个普通鲜活而又独特的人。团体领导者利用各种心理技术，像一台正在开启的摄像机，把镜头转向成员内部，深入成员的心理世界，并记录自己每个当下内心的情感和认知，使心理问题在技术使用环节中慢慢暴露出来，并在体验中逐步提高其心理能力，从而达到心理学上的成长功能，提高其积极性、主动性，使辅导活动成为成员主动进行的、快乐的事情。因此，它既是知识与智慧、独立与合作、体验与感悟、预设与生成同时并存的创新性实践过程，又是平面与立体、集中与发散、记忆和思维、理解和应用同时激发的艺术智慧。领导者需要把内外环境、大课堂与小课堂、教与学有机组织起来，才能把确定与不确定、尝试与顿悟、逻辑与灵感发生碰撞时的火花转化为心理成长的营养资源，助力学生的发展。因此，团体心理辅导是灵动科学的课堂改革新尝试，也是学科教育信息化深度融合与创新发展下的新生态，是一个教与学深度融合、交互影响的动态过程，需要领导者、团体成员、团体动力及团体模式有机结合，并有效组织与实施才能最终产生神奇的效果。

第一节　团体辅导领导者

关于团体领导者的人格特质、团体角色、基本职责、基本态度及领导者的条件和训练对团体效果有极其重要的关系，是促进或阻碍团体向前发展的重要影响因素。因此，搞清团体领导者的基本素质与要求非常重要。假设我们去参加一个团体心理辅导，心里期待见到一个什么样的领导者来带领团体？是看上去让人特别温暖、舒服、有同理心？还是领导者气场十足，精干利落，对于整个团体的把握和控制比较得当？还是专业能力超群，理论知识扎实，带领技术娴熟，人格魅力极高的领导者？谁有资格带领团体？判断一个团体领导者能力水平的标准是什么？团体领导者怎么识别自己的局限性？胜任的团体领导者专业成长的道路或者培训的经历应该是怎样的过程？成为一位优秀的团体领导者，有效的团体训练有哪些？以上关于领导者的各种疑问就是我们本课要去探讨和回答的问题。

参加一个团体心理辅导，每个成员都是带着各自的目标，期待获得个人的成长，改善自己的适应能力等目的来的。所以，团体心理辅导是否能满足成员的这些要求，是否能达到理想的效果，主要的影响因素是团体领导者。

一、团体领导者的重要性

一般来讲，影响团体效能的主要因素有以下四个：

第一，要有明确的目标，全体成员都要认同这个目标，目标像一盏明灯，像一座灯塔，引领团体向预定的方向发展，所以一个清晰明确的目标非常重要。

第二，要有一个称职的领导者，这个领导者要有爱心，关心、尊重成员，有责任感，另外还要有领导能力，要对团体的每个阶段都比较清楚，能很流畅地带领团体，这是一种专业加智慧的能力。

第三，团体的成员要积极地参与，团体不是领导者的，团体是全体成员的，是参加者的。所以，团体的每一个成员都要积极地投入，投入越多收获就越大，如果团体成员不投入，那么领导者带团体是非常困难的。

第四，要有适当的团体练习，用一些技术和方法让成员乐于参加，容易参加。关于专门的技术，尤其是团体常用的结构化练习，将会在下一章专门的团体技术中来解释。

在这四个因素中，团体心理咨询与辅导的研究者们一致认为，领导者是最重要的影响因素，这个团体能不能产生效能，参加者是不是可以获得改变，团体成员有没有成长，最重要的因素是团体领导者。

总之，影响团体成功的因素很多，就团体内而言，领导者的所言所行是决定团体成效的重要因素，团体领导者本身的人格特质、熟练技巧、策略应用和其领导的风格都会影响团体的过程和动力的发展，所以团体领导者是最重要的因素。

二、团体领导者的角色与称谓

领导一词在日常生活中有着两种截然不同的含义。有时，领导指的是引导和动员人们的行为或思想的过程。有时，它指的是处于正式领导职位的一群人，人们期望他们起到引导和动员人们行动或思想的作用。

在管理心理学中，领导是指有一定权力和地位的个人或集团，通过自身的作用，引导和影响他人或组织，在一定条件下实现某种目标的行为过程。领导者是领导过程中的关键，他通过权力影响力和非权力影响力带领团体朝向一定目标发展。

团体中使用这个词的第一种含义，将领导定义为对人施加影响以（引导和动员成员）实现某一特定目标的过程。第二种含义可能引起理解上的混乱，它暗示了这样一种观点，即处在领导职位的每个人都确实具有领导才能。这种观点明显是错误的。这些人中有的领导有方，有的领导不力，还有的根本没有起到什么领导作用。

团体的领导者到底怎么称谓，其实这是一个蛮纠结的问题，团体领导者英文为Goup leader，但是不同的专家、学者及不同国家对团体领导者的称谓是不一样的。根据翻译，有人叫组长，团体叫小组。也有翻译成领导者，直译就是领导者，也有称带领者、组织者、促进者、负责人……可以看出，团体的专业领导者称谓很多，到底叫什么没有固定的说法，根据不同的文化及专家学者的背景有不同的叫法，樊富珉在其书里都叫团体领导者或者团体领导者，他认为领导者有一种权力的意思，而团体是要求平等的，在团体中，领导者是一个团体发展的促进者、策划者，与成员是一种平等、尊重的关系，在本书中把团体领导者以团体领导者来称谓，跟日常生活企业管理中的领导者概念是有差别的。

一个团体领导者除了个人的人格特质外，还要有领导的技能，尤其是在团体中，很多人都认为自己做个别咨询做得非常好，就一定可以做好团体。其实不是，有能力做个别咨询的人不一定能胜任团体咨询的带领工作。当然，如果没有个别咨询的经验，肯定是不能够带好团体的，因为团体咨询过程中有很多的技术跟个别咨询非常相似，需要有个别咨询经验的积累。而且个别咨询能胜任，不一定团体咨询也能胜任。因为团体人多，里面的成员千差万别，小组成员的互动是非常复杂的，领导者需要有足够的观察力、敏锐性、洞察力，才能看清楚团体在发生着什么，所以团体领导者需要的专业能力更强。

因此，团体领导者的条件包括：健康的自我形象、自爱自信、心理恢复平衡能力、建立良好关系的能力：真诚尊重、无条件关注、理解、支持欣赏、信任；敏锐的自我意识：对自己各方面有清晰的认知；不断成长的意愿：不断完善、自我实现等。总之，团体效能的关键不是领导者的理论、知识和经验，而是领导者的人格修养与素质。

一个团体领导者要在三个层面上做好工作，首先是个人层面，在团体活动中，当一个成员发生状况时，团体成员要及时处理；其次是人际层面，领导者要看到人际层面发生着什么；最后是团体层面，要把握整个团体。因此，团体工作比个别咨询复杂得多，如果没有受过专业的团体咨询训练就去担任团体的领导者，不一定能帮到成员，甚至还有可能给成员带来更大的伤害。因此在咨询中，团体咨询的培训属于高级课程。

三、团体领导者应具备的条件

作为一个团体领导者需要什么样的条件？

（一）良好的人格特质

治疗的关键不是咨询师做些什么，而是他是谁，他是怎样一个人，这个很重要。因此，咨询师应该关注的不是要为来访者做些什么，而是自己是个怎样的人，咨询的方法和技巧及其使用者与他的性格是无法分割的。在心理咨询中，咨询的工具就是我们这个人，因此咨询师这个人是非常重要的，尤其是领导者的人格特质特别重要。为什么？

咨询师应该是一个心理相对比较成熟、比较健康的人，如果他自己一大堆问题纠结不清，就无法带领别人。领导者要有比较健康的心理，对自己要有清晰的认识，自我觉察能力比较强，而且愿意不断完善自己，这样作为一个心理咨询师情绪才能比较稳定，在咨询的过程中无论发生什么样的情况，都能站在客观的角度泰然处之。

另外，心理咨询的工作是一个人际沟通的过程，尤其在团体中，人很多，所以领导者需要是一个善于和别人建立关系的人，懂得尊重别人，且对人宽容。当来访者出现各种各样问题时，领导者不会去评价。而且很重要的一点是领导者对人要有兴趣，因为领导者人格会影响到团体的成员，影响到团体的进展，有研究发现，团体领导者的人格特质对团体的发展有正向影响，尤其是团体领导者的成就动机、适应性、敏捷性、专业的权威、外向、自信、善于和人相处等，这些特质对团体是有正向影响的。在团体中如果一个领导者是自信的，成员就会因为领导者有自信而变得更加踏实，更加放心；如果领导者是忐忑不安的，那成员就会受到影响，甚至影响小组的情绪。但是需要注意的是，领导者如果具有很强的控制感，对整个团体是有负面影响的。

因此，团体效能的关键不是领导者的理论、知识和经验，而是领导者的人格修养与素质。

1．Coreys 和 Callanan（1988）提出的团体领导者的 10 项特征

（1）良好的意愿，真诚对待他人。

（2）有能力与人分忧共乐，以充满情感的态度对待成员。

（3）认识并接纳他人的能力，帮助当事人发现个人的能力和学习自立。

（4）兼收并蓄不同治疗学派的理论和技巧，综合发展成自己独特的咨询风格。

（5）愿意探索和冒险，并与他人分享自己的体验和观点。

（6）自我尊重、自我欣赏，充分肯定自我价值，善以己之长建立人际关系。

（7）愿成为当事人的典范，发挥示范作用。

（8）愿冒可能出错的险，并善于从错误中学习。

（9）具有成长取向，不断拓宽视野，探索自我。

（10）具有幽默感。

2．Slavaon（1962）提出的团体领导者的个人特质

（1）精神健康。

（2）泰然自若。

（3）成熟。

（4）有判断力。

（5）有认同感。

（6）懂得避免先入为主的偏见。

（7）想帮助人。

（8）对沮丧有容忍能力。

3. 林孟平（1992）提出的团体领导者的11项特征

（1）认识自己，接纳自己，自爱自信。

（2）敏锐的自觉，知觉自己，把握环境。

（3）自我肯定，了解并欣赏自己。

（4）投入并参与，身体力行，以身作则。

（5）个人的协调和表里一致，心口如一。

（6）愿意做典范，严于律己。

（7）愿意接触和面对个人的需要。

（8）清楚了解个人的价值观。

（9）信任团体过程的功能。

（10）保证自己不断更新成员。

（11）个人力量与勇敢、勇于创新。

在训练团体领导者时，不是先读大部头著作，参加很多的训练，学习很多理论知识等，而是首先让他更好地了解自己，实现个人成长，这是很重要的。此外，还需要有相关的知识和技能。美国有一个团体工作者专业学会，是在美国ACA（美国咨询学会）下属的一个学会，这个学会叫ASGW，该学会专门为团体领导者制定了一系列的标准，并把它叫作核心能力，里面包括一些基本的知识和技能，以及一些特别大的督导的要求。ASGW把团体分为四种类型：任务团体、心理教育团体、咨询团体、治疗团体，针对四种不同的团体，都有专门的领导者培养方案，并且不管是哪一种类型，作为一个团体的合格领导者都需要具备三个方面的素养，一要有知识，二要有技术，三要有经验，即督导下的团体经验。知识能力内容涵盖很多，包括需要了解的团体的理论、咨询的理论、主题的理论等。每个人风格很不一样，所以要知道自己的特点，利用自己的人格特质形成自己独特的带领风格。

（二）心理学及心理咨询的知识能力

美国团体工作专家协会在其制定的标准中指出，合格的团体领导者应该了解的知识有：各种团体心理咨询的主要理论，包括他们之间的差别及其共同概念；团体动力学的基本原理及团体历程的关键内容；领导者自身的优点、缺点、价值观，以及其他影响发挥团体领导作用的个人品质；团体工作所持有的伦理与专业问题；有关团体工作研究的最新信息；团体成员可能会接受的促进性和妨碍性的角色和行为；

团体工作的优点与缺点，以及其作为一种治疗干预形式所适宜或不适宜的情境；团体发展的各个阶段中成员相互影响的特质和身为团体领导者应承担的责任。

（三）团体的技术

不管是团体咨询还是个别咨询，都是一项实践性的工作，领导者需要懂得团体的技术。樊富珉在《团体心理咨询实务》一书中列出了12条技术，例如，领导者要会设计一个团体：会评估团体；会选择团体成员，有些人通过团体咨询可能受益，而有些人在团体咨询中不能受益；善于做好团体活动的开始和结束工作；善于对团体成员的行为进行适当归类；能够在团体中适度地自我表露，能接受并给予反馈；能帮助成员把某些心得归因于团体的经验；帮助成员整合他们所学的东西并运用到生活中。另外，领导者对团体成员的行为能够做出解释并适当干预，同时为成员示范适应的行为。

（四）督导下的临床经验

当团体领导者有良好的人格特质、掌握了心理学及咨询的相关知识、学会了团体的咨询技术，并能把这些能力整合在实务工作中，他在带领团体的时候也会忐忑不安，因为他不知道会发生什么，也不知道自己能不能处理，所以在开始团体咨询的时候需要有一位督导，即咨询师的老师，督导会在带领团体的过程中观察是否存在问题。

督导通常分为现场督导和事后督导。现场督导大部分是通过单向玻璃观察领导者的带领过程，记录存在的问题，等团体咨询结束后与领导者沟通改进。事后督导是指将带领团体的过程录下来，督导通过观看录像视频分析团体咨询的过程，而后给予一定的指导。

督导对于团体领导者来说是非常重要的，只有经过督导，领导者才能知道问题所在，才能得到针对性的指导和帮助。因为做咨询是一件责任极其重大的工作，领导者需要对每一位成员负责。领导者需要在督导的过程中慢慢成长，成为一个合格的领导者。

四、团体指导者的角色

在团体心理咨询过程中，不同类别、不同目标的团体心理咨询对于团体心理领导者的角色要求不同，事实上，在团体心理咨询中，领导者常常扮演多重角色，这些角色有时相互矛盾，因此必须处理好三对角色之间的关系，分别是专家和成员角色、局外人和局内人角色、团体的中心和以团体成员为中心的角色，也就是既要做到团体中的中心人物，又要做到以团体成员为中心。具体包括：

（1）领导者：利用自己的专业知识和技能使团体成员发挥他们的能力，实现他们的个人目标。主要体现在制订团体计划，提供适当的学习机会，控制情境，为参加者建立行为模式，促进成员表达思想、情感等。在这个团体过程中，团体领导者犹如一个舵手，掌控着团体行进的方向，包括活动前的动员，活动中的启发、激励、引导等，活动结束时的分享与总结，以及结束后的效果追踪、反馈等。

（2）调解员：团体成员之间在沟通上可能会产生矛盾，引发冲突，甚至个别成员不遵守团体规范的现象也可能出现，团体辅导者需要扮演调解人的角色，协助调解这些冲突、矛盾与纷争，以利于团体的良性发展。

(3)教育家：在必要的时候，像教师一样为团体成员讲授新概念、理论与方法，提供新信息，介绍新价值。同时为团体成员做出示范，以适应的行为为团体成员提供模仿的榜样。

（4）好朋友：团体成员之间的相互依恋非常重要。领导常需要把自己当成团体内一个普通成员，全身心地投入，真诚地聆听他人的表达，适时地表达与成员的共情，细致入微地观察成员的行为表现，不妄加评论，并与其他人一样积极参与互动，与成员建立链接。在这种情况下，领导者就像团体中每个成员的朋友，友好尊重，在互助中成长。

（5）治疗师：在治疗性团体中，领导者要经常利用援助技巧、澄清技巧、移情、反移情、阐释等心理治疗方法及一些行为改变方法来帮助成员矫正偏差的认识和行为。

（6）代理人：代表团体的整体利益和外界打交道。

五、团体领导者的任务、职责及应避免的问题

1．在不同的阶段，团体领导者的具体任务是不同的

（1）开始前。制订详细的计划书，预见可能出现的问题；慎重筛选成员。

（2）初起阶段。使成员了解团体的目的、程序；建立个人的具体目标，鼓励情绪表达，适当开放内心。

（3）过渡阶段。以敏感的态度催化团体的效果；提供鼓励与挑战，解决冲突，克服消极情绪，了解自我防卫的行为方式，克服阻抗。

（4）成熟阶段。鼓励、支持成员勇于探索自我，尝试新的行为方式，抽取有疗效的因素，在感觉、态度、认识、行为上获益。

（5）结束阶段。帮助整理学习所得，鼓励将所学应用于实践；为成员告别做好适当心理准备；评估咨询结果，寻找不足，以利改善。

2．团体领导者的职责

（1）调动团体成员参与积极性。领导者要积极关注成员的需求，仔细观察成员的变化，鼓励成员开放自己，大胆表达自己的心声，积极讨论，高度引领，深入探究，从而引起成员对团体的极大兴趣，引发他们参与团体的积极性。

（2）适度参与并引导。领导者应根据团体的实际情况，把握自己的角色，发挥领导者的作用。尤其是在团体处于矛盾冲突中，领导者要利用团体的技术，持共

情、真诚、温暖的态度，陪伴成员，并引发成员更多思考，使他们由深刻的体验领悟升华为理性的认知，引导成员向更高层次提升。

（3）提供恰当的解释。当团体心理咨询过程中，成员对某些现象难以把握或在某个问题上意见分歧过大，从而影响活动顺利进行时，领导者需要提供意见、解释，但因避免解释过多而影响成员的独立思考。

（4）创造融洽的气氛。在团体心理咨询过程中，领导者最主要的职责之一是创造团体的气氛，使成员之间相互尊重、相互关心，使团体充满同情感和安全感，使成员在温馨、和谐的氛围中开放自己，探讨共同主题，在成员彼此接纳的氛围中获得成长。

3．领导者应避免的问题

（1）事无巨细，包办代替：事必躬亲，疲于应付，而忽略了冷静观察、细心体验、适度参与，不利于各成员发挥积极性，影响团体的发展。

（2）自居权威，说教过多：不应处处按自我意愿干预团体进展，施以长官意志，少评价、少解释，多带动、多启发，引导成员自我启迪、自我管理、自我探索。

（3）过度自我开放，角色混乱：为建立真诚坦率的氛围，可适度自我暴露。过分投入、本末倒置、角色混乱，自我暴露不当会降低自身形象，占据有效时间。

六、团体领导者应有的基本态度

在团体的过程中，作为一个团体领导者最重要的就是，他是温暖的，亲切的，能够在团体中开创、确立并维持一个安全、温暖的环境及信任和理解的气氛。如何营造出团体的这种氛围，领导者的态度是很重要的。在个人中心理论中，罗杰斯曾说，咨询师要和当事人产生良好的治疗性关系，咨询师要要真诚，要无条件地积极关注，要尊重。其实在团体当中也是，领导者需要有同理心，能够设身处地理解当事人的情况和需求，感受他们的感受，还要有洞察力，即敏锐的观察力，同时也要去示范，示范怎么聆听、如何表达尊重、怎么用一种不评价的态度包容团体当中每个人的独特性，团体领导者在整个过程中需要的基本态度，具体体现为：

（1）共情：共情是领导者乐意放下个人的参照标准，尝试设身处地地以当事人的参照标准来看事物，使我们能从对方的处境中体察他的思想行为，了解他因此而产生的独特感受。放弃主观参照标准，设身处地地体察了解对方；共情不等于同情（同情有高低尊卑之别，共情是平等的关系）；不只重视感受，还重视理性；也不等于认同或赞成对方的行为和观点，而是让成员知道领导者能站在对方的立场感同身受地了解成员的感受、情绪及信念和态度，从而让成员体会到被理解和被接纳，感到温暖并兴趣舒畅。

（2）真诚：心口如一，言行一致，全身心投入；不等于什么都可以说；不等于完全自由地自我表达，一切表达应该以对来访者的治疗有益为目的；咨询员在咨询关系中可以自由地表达真正的自己，表现出开放和诚实。在真诚的团体互动中，团体成员会感到安全，从而发生改变。

（3）无条件积极关注：无条件积极关注就是无条件的关怀和尊重。领导者整体接纳对方的长处与短处，包括关注来访者的优点和缺点；但不等于必须同意成员的不良行为；不等于不能拥有个人的价值取向。罗杰斯把“无条件积极关注”列为使求助者成长，使他的性格产生建设性改变的一个关键条件。无条件积极关注使成员感到被尊重，从而产生价值感和信心。

七、团体领导者应遵循的专业伦理

团体领导者的伦理道德标准如下：

（1）团体领导者必须接受系统观点团体训练，具有专业的资格。

（2）团体领导者必须遵守社会的道德标准。

（3）尊重当事人的权益，保护当事人利益不受侵犯。

（4）尊重成员参加团体的自愿选择权。

（5）保密。

（6）精心选择团体活动方式。

（7）了解自己的限制，必要时转介。

（8）不利用成员满足自己的需要。

（9）不对自己的家人、朋友咨询，避免建立双重关系。

（10）团体咨询的资料必须获得当事人的同意才能使用，若在研究、教育训练中使用，应对当事人的身份完全保密。

团体的工作、咨询的工作面对的对象是人，是人的工作一定会涉及一些伦理的问题。所以在带团体的时候一定要知道，团体领导者应该遵守哪些规范，有哪些鸿雷不可触碰，要清楚知道一些专业的伦理界限，并在团体实际中遵守职业道德规范。因此，一切的原则、技术、方法都要有一个基本的立场，那就是要保护所有参加者的利益，要促进参加者的成长。

刘勇在《团体心理辅导与训练》一书中提出了9项保密原则，具体介绍如下：

①团体咨询师通过解释保密的含义和保密性的限度来保护成员。

②团体咨询师要强调保密的重要性，并制定一套针对所有成员隐私的保密原则，保密的重要性在团体建立之前和期间反复强调，当然对保密的局限性也应说明。

③应该让成员们知道在团体中确保和执行保密规则的困难。咨询师应举些例子，让成员们知道某些隐私是如何被并无恶意地泄露出去的，以减少类似情况再次发生。咨询师还应告知成员破坏保密原则的潜在后果。

④咨询师只保证自己不泄漏所知的秘密，而对其他成员不做承诺。

⑤团体咨询师在给团体活动录音、录像之前，应征得成员们的同意，并让他们知道这些磁带有何用途。

⑥采用单向玻璃观察时，咨询师应讲明此时保密的局限性。

⑦应该让托管团体的成员们知道咨询师应按要求上报治疗情况的程序。

⑧团体咨询师在保存和处理成员的记录（书面的、音像的）时仍需保密。

⑨无论何时，承担团体咨询课程的教员在谈论具体案例时，都要隐去成员的真实姓名。

精心选择团体活动方式。任何一个活动都是为了帮助团体成员更好地自我觉察、更好地互相联结、更好地往积极的行为改变，所以选择什么样的活动，也会有很多伦理问题，例如，当团体刚开始时，上来就做一些非常深入的练习，扒开成员最伤痛的经历，这是很冒险且很不安全的，一般成员是不愿意开放的，因为他们不知道坐我边上的人是谁，讲出最伤痛的经历会不会成为以后他们嘲笑我的把柄，会不会故事中涉及的人在场等，所以这是一个非常危险的活动。

团体领导者不符合道德的行为：强迫一个人参加团体咨询；团体中做不恰当的实验；借团体对成员虐待、责骂，造成成员精神上的痛苦；让成员坦承自己的经验，但没有安全保障与支持；缺乏团体训练的人带团体。

2012 年 5 月，中国心理卫生协会团体心理辅导与治疗专业委员会在北京召开了中国首届团体咨询与团体治疗大会，这次国内团体心理咨询与治疗工作者的首届盛会吸引了来自全国各地的 500 余名团体工作者，标志着我国团体心理咨询与治疗事业的繁荣发展。尽管团体咨询在我国大陆地区还处于萌芽状态，还没有制定和团体咨询与治疗相关的专业责任与道德规范，但是美国及我国台湾关于团体咨询的一些规定对我们有重要的参考意义，相信随着团体咨询在我国的发展，我们也会制定出符合我国实际的规则，以便规范团体咨询工作。

以下是美国团体工作专家协会 1980 年制定的 20 条团体领导者伦理规范：

（1）领导者应常常反省自己的个人身份，他们要反省自己的需要和行事的风格，以及这些因素对成员的影响。此外，他们也需要清楚地了解并帮助成员了解领导者在团体过程中的角色和功能。

（2）领导者应清楚地了解自己设计的是什么样的团体。因此，他们必须能够说出团体的目标及参加者的资格。

（3）领导者必须发展出一套方法，可以甄选符合资格的成员，并排除不符合资格者。

（4）对于还未正式进入团体、正在接受心理治疗的准成员，领导者有责任先去征得他的治疗师的同意，再让成员正式加入团体。

（5）准成员可以预先知道他们作为成员的任务，领导者也可以鼓励他们预先订立契约，并要求他们尽量完成这些任务。换言之，领导者应该让成员知道：作为一个团体成员，应当建立一些可行的个人目标，适当地放开自己，尝试新的人际交往方法，应当从自己对别人的影响这一面，小心检查自己的人际交往方式，表达自己的思想和感情，应当主动地聆听，从他人的角度看事物，尊重他人，给别人真诚的支持，敢于面对他人，并与他人建立真诚的关系，而且，领导者还要鼓励准成员，使他们在团体以外也愿意尝试新的行为模式。

（6）准备参加团体的人，必须清楚地了解团体将会采用什么技巧，以及自己将参与什么练习；应明白团体的活动要根据哪些规则进行。

（7）团体领导者应避免在团体内尝试采用自己未曾试过的设计。同时，领导者应该在自己带领的团体内向成员说出自己的资格。例如，当团体是由一位资深的治疗者和一个受训学员共同领导时，领导者应该让成员知道与理解这个组合，因为这种不同的领袖经验，若不故作隐瞒，无论对团体还是实习学生，都有一定的价值。当然，领导者与助手必须定期讨论，处理在团体过程中不断出现的问题。

（8）领导者应在团体开始之前说明团体的焦点所在。例如，教育性团体会采用教诲的形式；治疗性团体比较注重感情经验；发展性团体会协助成员发挥潜能；补救性团体注重治疗病症及消除错误行为；等等。

（9）团体领导者应该保护成员的个人权利，由他们自己选择在团体中分享的内容和参加的活动。领导者也要对可能侵犯成员权利及其自决权的压力有敏锐的辩察力，及时做出干预。

（10）对于自己在团体中所用的练习，领导者应该发展出一套理论，并且有能力做出说明。此外，领导者应采用一些在自己能力范围之内，最好是一些自己在当成员时曾接受过的练习及技巧。

（11）由于理论应尽量结合实践，领导者应常常留意有关团体过程的研究发现，从而加强团体的效能。而且，领导者需要对多方面的理论有清楚的认识，从而创造出一个有个人风格的团体领导。

（12）领导者不应该利用自己的团体成员。某些成员可能会有一种倾向，就是把他们的领导者理想化，而同时贬低自己在团体内所有的能力。有道德的领导者不会借机摆布和控制自己的成员，绝对不会和成员发生性关系，因为这样是滥用他的权力去满足自己的需要。有些领导者会因为自己经济上或心理上的需求，在并非有治疗需要的情况下，随意延长成员留在团体内的时间，这是不道德的。

（13）领导者应在团体开始前及在团体过程中适当的时候，对成员说明他们可能会面对的心理及生理上的危险。

（14）领导者应在团体开始前、进行中及结束时，向成员说明保密的重要性，并要在团体开始时与成员协议好保密事项。

（15）一些成员会以协助他人的名义，把自己的价值观强加于成他人，并指使、摆布他人。对于这种行为，领导者要及时干预，在适当的时候，领导者可以对成员坦诚表明自己的价值观，但不应把自己的价值观强加于成员身上，应该尊重成员自己的思想能力，同时应该促进成员彼此间的尊重。

（16）领导者要留意团体中是否出现了有心理衰老情况的成员。一旦发现，则该成员可能不太适合留在该团体内，需要终止其参与，如有需要，领导者应提供转介服务。

（17）领导者不仅应容许，更应该鼓励参加者去讨论他们在团体内的作用及他们对团体经验的反应。领导者可于每一个阶段结束前，花一些时间让成员发表自己对活动的感想和意见。

（18）应预先告诉成员，让他们把从团体中学到的东西应用到日常生活中时，可能会遇到负面反应，若团体能对此问题做出探讨，将有助于团体对有关课题进行更深入的探索，并帮助成员学习怎样面对挫折。

（19）安排后续的聚会。除了让成员知道其他团体成员的进度外，也可让领导者检讨团体经历对个别成员的冲击。个别成员也可以在有需要的时候，在团体结束之后，通过个别的面谈来继续自己的成长。

（20）领导者有专业责任去制定一些衡量有效性的标准，其中一个方法是要求领导者对某些组织负责，领导者最低限度应通过非正式的研究，加深对自己的领导方式的了解，并对该方式的有效性做出判断。

八、团体咨询师的专业训练标准

很多心理咨询教育家、培训师都强调，要成为合格的、优秀的、高效的团体领导者一定要接受专业的训练，要掌握专业的知识技能和方法。

（一）一般团体导师要经历的基本步骤

首先是自己要参加团体成长自己。当个人有了团体体验时，能把自己的问题理解清楚，人格得到进一步的成长。每个人的人格是需要不断探索与完善的，而参加团体心理辅导是一种快速成长的方法，可以在团体导师与团体成员的帮助下重新认识自我、探索自我、成长自我。另外，只有自己有参加团体的体验，感受团体的过程，在带领时才能够准确把握团体的动力，能够通过专业的知识和能力帮助到成员。

其次是需要观察团体。观察团体时可以隔着玻璃观察，也可以通过做团体观察员来进行专业观察，还可以专门到团体中作为团体成员进行观察，或通过看录像观察这种替代性的学习。通过观察了解团体导师如何带领团体，如何处理团体事项，怎样把控团体动力等。

最后是在督导下带领团体。通过亲自带领团体，再接受督导，然后逐步改善，慢慢地自己独立带领团体。当然独立带领团体也是要继续接受督导。

（二）团体教育专家本杰明提出团体领导者要经过四个阶段的训练过程

团体咨询教育家本杰明认为领导者通常要经过四个阶段，第一个阶段是教导，学习很多的专业知识和团体理论；第二个阶段是参与团体的阶段，就是要作为团体成员参加别的老师领导的团体，使自己有被带领的经历；第三个阶段是学习，叫替代性学习，就是看录像带。因为现场观察有时候会对参与成员造成压力，不过现在有很多的训练现场是设置观察员的；第四个阶段是再次带领团体，带领团体的过程中，在操作中把技术、理论、方法整合起来，形成自己的带领风格。

（三）团体心理治疗师欧文·亚隆提出的团体领导者专业训练

团体心理治疗大师欧文·亚隆在谈到团体心理治疗师怎样训练时也提出了他的意见，更加具体详细，把每个阶段的具体时间都做了精确的规定。

第一，作为观察者，大概要四个月时间，在这四个月里认真观察有经验的导师是如何带领团体的，每周 2 次，一个月 8 次，四个月 32 次。

第二，作为参与者，就是受训者个人的团体经验至少要 12 次，甚至更长一些。

第三，作为实践者自己来带领团体。美国团体心理治疗协会的建议是团体领导者不能少于 300 小时临床经验，也就是作为团体领导者实实在在带小组不能少于 300 小时，还有 75 小时的督导，而且最好每次带完以后直接做现场督导。

第四，接受个人的心理治疗。做一个心理咨询团体的领导者，得对自己了解得多一点，逐渐减少自己的盲点，减少自己对自己的局限，多增加一些自信，所以有很多领导者自己要接受个别治疗，而个别的治疗并不是去治疗心理疾病或障碍，而是在团体治疗中不断地探讨自己，了解自己，觉察自己。

第二节　团体心理辅导的过程与阶段

任何一个团体都不可能一下子进入工作状态产生治疗效果。团体心理咨询或辅导是要经历一个过程，有启动的阶段、过渡的阶段、成熟的阶段和结束的阶段。在整个过程中每个阶段虽然都有明显的特征，但也不是泾渭分明的，而是相互影响、相互联系的。作为一个团体的领导者带领团体，必须知道团体要经历哪些阶段，每个阶段的特点是什么，每个阶段成员的表现如何，领导者在每个阶段有哪些基本的任务和态度，在哪个阶段采取什么样的策略，才能把握住团体发展的方向，有效地引导团体健康地向既定目标前进。

通过团体的过程，成员们经历了难以突破的瓶颈，也重现了早年决定的背景，因而学会了做适当的新决定。团体过程可以帮助成员发现自己是如何扮演牺牲者的角色，并使成员在团体内与每天的生活中，开始表现出和过去不同的行为，而逐渐能控制自己的生活。

——Gerald Corey

探索一个团体的具体过程有着十分重要的价值。正如Corey所说的，了解了整个团体的发展历程，才能对团体中出现的种种情况有清晰的认识，如有时候，团体可能会出现一阵沉默、尴尬的气氛，这可能是成员在思索问题、寻找方向的表现。也正是有了这样的过程，新的行为模式才得以训练形成、固定以至于迁移，使成员的适应性变强。所以团体的过程很重要，成员的改变就是在这个过程中发生的。

一、团体发展的阶段

根据社会心理学研究，团体的发展会经历以下阶段（图4–1）：

第一，团体形成前。每个人都是一个独立的个体，各自怀揣着许多的困惑有待解决。

第二，形成阶段。团体辅导开始时，大家走在一起，但仍是团体中的个体，虽与成员间有接触，但都比较表面。这时，大家的防备心理还比较强。

第三，风暴阶段。随着团体辅导的推进，成员之间开始互动，但这种互动是无序的。

第四，规范阶段。团体内部开始建立属于这个团体的规范。

第五，执行阶段。团体凝聚力逐渐产生，成员之间开始打开自己，探讨深藏于心的问题，更深入地展示真实的自我、探索自我，并观察、学习、领悟新的认知，尝试开始改变。

第六，终止阶段。成员的问题得到解决，成员开始离开。

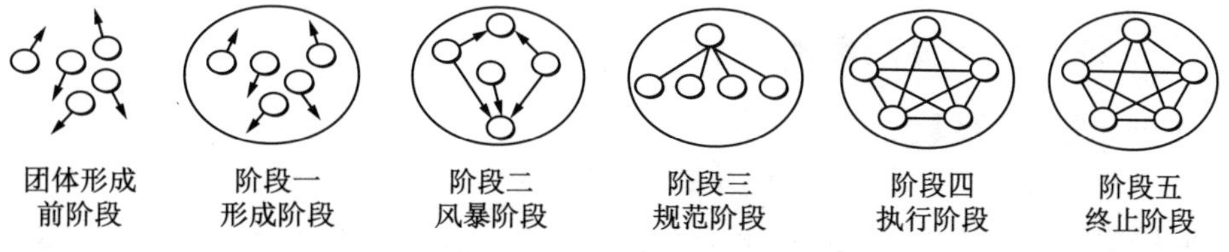

图4–1　团体发展的阶段

事实上，对于怎样划分阶段，不同的研究者持不同的意见，团体阶段的分类也有很多，有分为三个阶段的，即开始、中间和结束，或者导入、实施、终结；有分为四个阶段的，即起动、过渡、成熟、结束的发展过程；有分为十几个阶段的，罗杰斯曾经分成14个阶段。其实，无论怎样划分，每个阶段都是连续的、相互影响的，其基本过程都是一样的。本节主要介绍樊富珉的分类方法，分成五个阶段（图4–2）：准备阶段，初始阶段，过渡阶段，工作阶段，结束阶段。

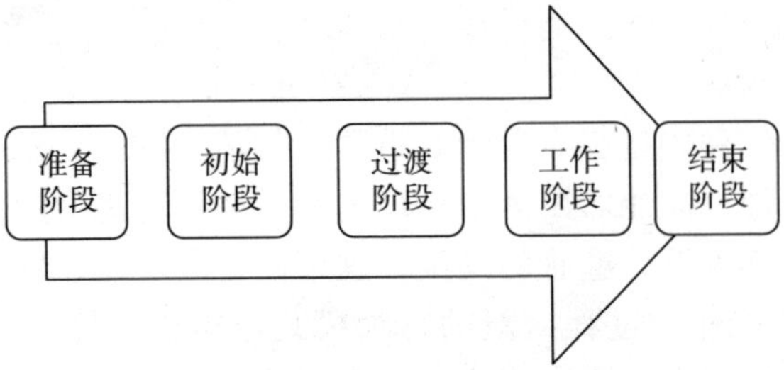

图 4-2　团体过程五阶段（樊富珉）

美国的咨询教育家伊根在谈到团体过程基本阶段或历程时，提出了在这个过程中要达成的目标：

（1）个人的探索，在团体中，咨询的过程就是一个自我发现，自我探索的过程，勇敢地、冒险地去做自我探索，看到真实的我，因为一个人活出真我才是最有意义、最有价值的，每个人在这个世界上都是 only one。

（2）实验，实验就是想要做一些尝试。

（3）逗留在此时此刻去感受。

（4）让别人能够了解自己，通过反馈，通过自我暴露等给别人机会了解自己。

（5）挑战自己去冒险。

（6）给予别人反馈，接受别人的反馈。

（7）聆听别人的分享和经验，没有分享就没有团体。团体最重要的是大家分享各自的经验，分享各自的感受，从而可以互相启发。

（8）处理团体中出现的一些冲突，团体中很多的冲突都是现实生活的再现，所以非常有意义，可以帮助成员在团体中觉察和发现问题的症结。

二、每个阶段要完成的任务

（一）准备阶段

准备阶段很重要，准备阶段做好了，可以为后续的团体过程奠定良好的基础。准备阶段要编制团体辅导的计划书或方案，招募成员。在招募成员的时候要尊重成员的个人意愿，同时也要对成员进行一定的筛选，看这个成员是否适合这个团体辅导的主题。另外，领导者要配备好，领导者的人数、性别、角色、任务分配等都要提前考虑好。很多经验丰富的团体心理咨询家或团体心理教育家倾向于在团体中配置一男一女两位领导者，不同性别的领导者可以示范不同的角色。最后，还要做好准备会议，准备会议中要介绍课程内容、开展方式、时间、团体目标等，特别是要签订团体契约，保证团体过程中大家能够向着共同的目标努力。一切准备就绪后再开始进行团体辅导。

（二）初始阶段

团体的准备工作做完，成员也筛选好了，就进入团体的初始阶段，在这一阶段团体成员最重要的心理需求是获得安全感。一般情况下，小组的第一、二次聚会目的是让组员相互熟悉、相互了解、澄清团体目标、订立团体规范，消除紧张，初步建立一种安全、信任的气氛，为以后的活动奠定良好的基础。这一阶段的活动又称为热身活动、破冰活动。活动不宜有过多的身体接触，因为这时的成员关系还没有足够亲近，太多肢体接触会引发成员的防卫心理。初始阶段又叫导入阶段，其活动可以分为静态讨论、动态活动两类，前者适合一些解决问题的小组，后者适合多种类别的小组，尤其适合于青少年。

该阶段的基本特征是：成员初次进入团体会有一些焦虑和不安，团体成员会测试团体的氛围，感受周围的环境是否安全。另外，信任也是个核心的问题，让成员间慢慢地建立信任是主要的任务。在这个阶段，每个人冒险的精神是比较低的，大家都持观望态度，甚至在一些非结构性的团体中可能会出现很长时间的沉默，气氛会很尴尬，然后终于有一个人忍受不了了，就要跳出来说话……但大部分成员在内心是有活动的，担心自己会不会被接受，跳出来说话是不是显得很肤浅……这是团体开始阶段的一般性特征。

作为一个领导者，要做的事情主要有：清晰说明团体的目标是什么，让大家相互认识。相互认识有很多方法，我们可以通过配对（派对）认识，如用一张蜡光纸剪一条鱼，然后分成两半，再去找图像颜色和形状都匹配的人，即通过匹配图像的方法来认识；也可以通过分小组的方法来认识，通过报数，或者找不同颜色的椅子等。相识以后成员就会慢慢扩大自己的圈子，所以下次再到这里参加聚会时就不陌生了。另外，领导者还要组织成员订立团体的契约。无论事先怎么规定，一定要让成员参与制定契约，这样制定的规矩更容易有约束力，更容易去执行。

总之，领导者在初始阶段一般要做的工作有：先大致介绍团体心理辅导及小组的情况，之后可以采取一些活动使组员紧张的情绪得以放松，接下来可以用游戏的方式让组员进行自我介绍、介绍他人，如最佳拍档游戏、猜猜我是谁、征集签名等，然后可以让组员谈谈在组中的感受，聚会结束时可以让组员回去写一下在团体中的感受及对以后活动的期望、建议。当组员已比较熟悉，能开放自己时，导入阶段便可以结束，开始进入第二个阶段。

（三）过渡阶段

这一阶段团体成员最重要的训练需求是被真正接纳和有归属感。

成员想确立自己在团体中的位置，每个人都想去冒险，去表现自己，让别人了解自己，但是成员间可能还没有那么信任，这样就会有一些冲突，所以成员担心自己的表现会引发别人对自己的看法。这时候很多成员都在观察领导者，领导者在做什么？因此，领导者在团体初期的作用是很明显的，越到团体进行到最后的时候，领导者的角色反而会越发很不明显，甚至有时候成员会觉得领导者在和不在一个样。而在开始时，团体领导者要示范怎么样去尊重成员，尊重大家，无论成员说什么，领导者永远都是接纳。领导者的主要任务就是提供鼓励与挑战，使成员能面对并且有效地解决他们的冲突和消极情绪，以及因焦虑而产生的抗拒，使团体进步到彼此有效地建立成熟关系的阶段。此时，成员的矛盾心理比较普遍，一方面担心自己不被他人接纳，为追求安全而把自己包裹起来；另一方面又想冒险说出自己心中的话而跃跃欲试。对于团体领导者，成员也会仔细审视是否值得信赖，甚至公开挑战，以试探领导者能否适当处理问题。这时团体领导者必须冷静沉着，主动、真诚而积极地关心每一个成员，协助他们了解自我防御的行为方式及处理冲突的情景，鼓励成员谈论与此时此地有关的事情，说出内心的话，学习接纳自己和他人，建立支持和温暖的气氛。在这个阶段，领导者可安排一些有身体接触、有一定力度的活动，在活动中放松紧张，拉近距离。

（四）工作阶段

团体的目标其实主要是在工作阶段达成。

当团体进入工作阶段的时候，成员彼此信任接纳和尊重，尽量地自我开放，开放自己对每一个人的成长都很有意义，开放越多收获越大。如果在团体中讨论某个成员的问题，在团体中占用的时间和资源越多，大家关注就越多，而且这时候成员交流就没有那么多戒备了，都比较直接，无论是正向的肯定，还是负向的反馈，都会比较直接提出建议。成员也不怕冒险，会把自己个人的一些议题带出来讨论，也愿意去尝试一些自己以前没有尝试过的新行为。这个阶段团体一般会讨论某些成员比较深层次的问题，这些深层次的问题在平时很可能是不跟任何人提及的，但是在这样一个被尊重、被关怀、被接纳、被完全包容的环境中，成员就会把这些问题拿出来讨论，如自己生命中曾经经历过的一些很困扰的问题，或者现在生活中非常挣扎的一些矛盾，如亲子关系的冲突、夫妻的冲突、恋人之间的矛盾等，大家都可以深入探讨。

在工作阶段可以设置多种形式，可以采用讲座、讨论、写作业、写日记等形式；有的采用自由讨论；有的主要采用行为训练、角色扮演等技能；其中以系列活动的形式居多。常用的有：自我探索的活动：我是谁、生命线、自画像、墓志铭、生命计划、职业生涯规划等价值观探索的活动；还有临终遗言、生存选择、生命教育、情绪管理等相互支撑的活动；热座、金鱼钵、戴高帽等示范作用的活动；心情故事、现代启示录等。

在这个阶段，团体领导者的责任和任务主要是积极地鼓励成员去参与开放，因为这个环境是非常温馨的，是充满关爱的，所以在这个时候可以用面质。

另外，在团体工作阶段，领导者还会用很多讨论的方法去帮助成员，找到解决问题的对策，所以在这个过程中一般都会对问题是什么做进一步的探讨，同时大家一起找到解决问题的方法，在讨论的过程中同时给别人以启发。所以团体中分享让每一个人都开阔了思路，更清晰自己的课题，然后也更了解自己，积累很多解决问题的对策。在这个阶段成员会很自觉地投入，当然领导者还可以鼓励成员更多地投入，也鼓励成员把在团体当中学到的东西应用到生活中去。

（五）团体终止阶段

这一阶段的目的是巩固小组辅导的成果，做好分别的心理准备，领导者应该充分把握时机，给小组活动画上一个完满的句号。终止阶段做得好可以使成员牢固掌握在小组中取得的经验，对小组留下美好的回忆，并把小组中学习到的新行为应用到日常生活中，达到真正的成长目标。

面对结束，很多人会有焦虑、不舍，这是最常见的特征。在这个阶段，领导者要鼓励大家，大家要经常保持联系，还要相互监督，互相鼓励，行为的消退比塑造要容易得多，所以大家要巩固取得的效果。团体结束阶段，领导者的主要职责不仅要总结团体的过程和团体的经验，还要安排后续的活动和计划，帮助每一个成员看到自己在团体当中的成长和改变。具体任务为：

第一，回顾与反省：大家一起回想在团体辅导中做了些什么，有哪些心得体会，有哪些意见。

祝福与道别：可以自制一些小礼物互相赠送，也可以说一些鼓励与祝福的话，维持并增进已建立的友谊；

计划与展望：讨论今后的打算，应该定什么计划，对未来有什么展望等，还可以在方案设计中加入过后的追踪辅导或约定聚会等活动。

第二，结束时，非常重要的是大家要把在团体中的状态保持下去。同时，领导者也要协助每个人做出评估，有哪些正向的积极的发展，有哪些未解决的问题。

第三，鼓励成员把在团体当中学到的东西、领悟到的理念迁移到现实生活当中去。因为团体只是一个生活的实验室，在团体中学到的、练习的这些活动，一定是在生活当中有意义、有帮助的。

最后还可以去追踪这个团体，可以一个月或三个月后重新做评估。追踪后会发现，有些影响一开始会很高，但是慢慢地会降下来，回归生活也会降下来；也有的一开始会很高，过一段时间会降低，但是又过一段时间后又会慢慢地稳定，像有些指标就会稳定在一定的值，而这个稳定的值没有刚结束那么高，但是又比参加团体进来的时候要高一些，这样就可以看到持续的变化和长久的效果。

第三节　学校团体心理辅导的实施路径

进入 21 世纪，教育信息化 2.0 时代为现代教育的深度发展提供了广域平台和高精尖的技术支持。在信息化大数据新时代，互联网作为强大的工具，使社会的各个方面迎来了一场震撼性的革命，传统架构和工作方式发生了颠覆性的变化，教育也不例外。“互联网+”时代给教育赋予了新的内涵。教育模式与学习方式发生了翻天覆地的变化，随之而来的心理教育模式改革也迫在眉睫，以往靠说教，靠普及心理知识，甚至靠感化学生情感的方式所起到的效果受到一定的局限，尤其是在积极心理学理念的引领下，传统以治疗为主的团体心理咨询模式已不适应在互联网环境下成长起来的新生代，而面向学校全体师生的团体心理辅导无论在互动模式、授课方式、教师角色定位、生成效果及动力走向等方面都有了新的突破，并在此基础上构建出适合互联网新时代的阳光团体心理辅导新模式，为实现学校心理健康教育最优化提供了新思路，且在具体实施路径上及实施过程中应注意的问题进行反思，以促进阳光团体心理辅导在立德树人实践中发挥更有效、更广泛的作用。因此，团体心理辅导在教育信息化时代需要有新的实施路径。

一、“互联网+”时代学校心理健康教育最优化的思考

苏联教育家巴班斯基早在20世纪70年代就提出了教育教学最优化理论，在全面考虑教学规律、原则、内外条件等的基础上，要求教师从多种多样的教学形式和方法中恰如其分地选择最适合学生发展的具体教法，不但使教学过程产生良好的效果，而且最终达到教书育人的目的，使教育实现最优化。但时至今日，对于教育教学的改革，无论是教育专家还是一线的老师们从未停止过尝试、探索和改进，但教育教学的最优化仍是摆在学校实际工作者面前的突出问题。究其原因，教育教学过程中只注重方法技能等客观方面的优化，而忽视教育主体的内动，师生内心的合作，其效果很难真正达到最优化。[1]特别是伴随着高科技发展日新月异，社会各个领域发生了翻天覆地的变化，教育也不例外。21世纪的今天，教育现代化2.0时代已悄然而至，以互联网、大数据、人工智能为特征的2.0教育，改变了以往传统的教育教学时空限制，也不同于现代化1.0时代的互联网一般意义上的信息交流平台。如今的互联网读者成为信息传播的生产者、制造者，而不仅仅是消费者，且用户之间的交互作用更加明显，也更加人性化。这种变革从根本上掀起了新时代教育的大变革、学习的新革命。在互联网浪潮的推动下，各类学习平台如雨后春笋般涌现，学习资源广阔丰富，学生获取知识的路径和方式不断被拓宽更新，甚至在互联网时代成长起来的数字人对信息技术的敏感程度比老师还娴熟，他们可能比老师更熟练地从各种媒体上获取知识和信息。课堂授课制的传统功能发生了根本性的变化，心理教育也再不能以普及心理常识、传授心理知识为主要任务。因此，把握时代脉搏，摈弃传统教育藩篱，探索适合于高科技信息化智慧新时代的新型心理教育模式改革迫在眉睫。为此，我们提出了适合信息化、数字化高科技时代学校心理教育最大化的新模式——阳光团体心理辅导。

[1] 韦志中．体验式团体教育模式——一种新型学校帮助计划［J］．中小学心理健康教育，2014（11）：4-6.

二、“三位一体”阳光团体心理辅导模式提出的时代背景

在瞬息万变的互联网时代，手机需要及时更新，电脑需要时时升级，各种各样的应用软件也像冒泡泡一样层出不穷。相应地，教育也应与时俱进。[1]然而，作为影响无数生命的学校课堂教学是否也推陈出新了呢？

走进现实课堂，稍做停留就会发现问题的严重性。传统教育教学中，课堂教学是教师精心备课、课堂认真讲授、课下及时批改作业、定期阶段性检测的模式。新时代的课堂，很多教师的教学理念和教学模式并没有随着高科技的飞速发展而及时晋级。于是出现讲台上老师声情并茂、滔滔不绝地讲，甚至有些谈玄说妙地“演”；而课桌下学生却低头刷屏，或闭目养神，课堂效果极其低下。因此，课堂教学改革成为当前教育工作中刻不容缓的首要任务，也是教育新生态对课堂革命提出的新要求，引发的教育问题新思考。

关于教育改革，我国历经 20 多年的探索，取得了一些成效。期间也涌现出不少的典范，如洋思，杜郎口、东庐教育模式。但纵观基础教育改革的总体，其最终目标并没有完全实现，先进的教育理念并没有真正转化为高效课堂实践。事实上，教育现代化 2.0 时代的到来，不仅仅是教育技术的更新换代，更重要的是思维模式的转变，是教育改革的大浪潮，是课堂革命的突破口。因此，变讲堂为学堂，变讲授为体验，变共性为个性，让教师走到学生中间，改变课堂教学，探索学习的新模式是与时俱进、适应大数据时代教育信息化的现实问题，也是教育教学改革的新课题[2]。

尤其是学校心理健康教育，它不同于一般的学科教学，不是系统知识的灌输，而是师生之间心与心的交流、思想与思想的碰撞、情感与情感的沟通。如何激发学生心理潜能、提升学生心理素养、缓解学生心理困扰？学校心理健康教育的具体开展模式显得尤为重要。在这一点上，阳光团体心理辅导给出一条新思路。它既是心理教育的新模式，更是突破教育教学瓶颈的新途径；既是现代学校的重要标志，更是先进科学教育理念的集中体现[3]。

三、“三位一体”阳光团体心理辅导的基本理念

（一）阳光团体心理辅导的内涵

阳光团体心理辅导新模式是以积极心理学理论为支撑，以塑造学生阳光心态为目标，以社会生活为实验，真实体验当下情境，利用情境反思现实，在交互作用中达到领悟、转变、成长的目的。阳光团体心理辅导作为一种有效的心理健康教育理

---

[1] 雷朝滋 . 教育信息化：从 1.0 走向 2.0——新时代教育信息化发展的走向和路径 . 华东师大学报：教育科学版，2018（1）.

[2] 姜涛 . 新时代背景下的高校教师科研规划研究 . 教育教学论坛，2017（34）.

[3] 姚本先 . 学校心理健康教育新论［M］. 北京：高等教育出版社，2010.

论和方法，应用范围极其广泛，其理念不但契合心理成长的规律，更重要的是，它真正实现了科学育人的最终目标。

（二）阳光团体心理辅导“三位一体”的核心理念

阳光团体心理辅导“三位一体”的理念包含两个层面的含义。第一层是理念性的，即行动方针。具体的“三位一体”指：教师在团体心理活动中角色的“三位一体”，对学生时而在前引领、时而在后推动、时而陪伴在左右；辅导方式的“三位一体”：讲解、体验、分享；课堂动力的“三位一体”：个体、小组、班级；活动资源的“三位一体”：教材、手机、同伴。注重学生的体验、内化、升华，最终实现“为每一个学生设计人生，让每一个学生恰当发展”的个性化育人目标。

“三位一体”阳光团体心理辅导的第二个层面就是行动方案。首先，教育的“本”就是要找到他们本身具有的那种对知识、对大自然的好奇心、探索的兴趣，让学生不但要学会学习，更要做到快乐学习。其次，活动主要的任务由教师对知识的讲解转变为学生对知识的内化、情境的理解，通过小组交流、分享、合作，感受情感，升华领悟，体验再发现的乐趣，分享认知冲突的困惑，最终内化知识，迁移能力，成长心灵，从而激发学生的内驱力。最后，通过互联网的现代化技术手段，使学生的心理困惑或者心理问题及时得到检测与辅导、解决，最终使学生的心理成长，精神人格得以塑造。总之，这些环节的设定正是“三位一体”理念的具体化，这样的课堂才能让学生的大脑翻江倒海，思维激荡，创新的火花不断闪现，问题不断得到解决。

四、“三位一体”阳关团体心理辅导的主要特征

（一）“三位一体”活动的互动模式

阳光团体心理辅导以讲解、体验、分享为主的“三位一体”互动模式符合以学生为中心的参与式课堂。全国教育大会的召开，标志着我国教育现代化进入新阶段[1]。教育部提出的淘汰“水课”、建设“金课”，合理提升学业挑战度，增加课程难度，拓展课程深度，扩大课程的可选择性，切实提高课程教学质量”成为教育教学改革的新起点。至此，进行课堂革命，改革课堂模式成为现阶段教育教学改革中建设“金课”的重要任务。真正的金课是有含金量的，这些“含金量”就来自能使学习者在学习过程中全身、全心、全脑投入。而参与式的团体心理辅导是达到感官输入和头脑并用最有效的方式，学习“由知到悟，由悟超我”。不是听懂了、记住了就是学会了。其实，在此，真正的学习才刚刚开始，通过体验、分享与老师的讲解升华，让知识延伸，思想飞翔、感悟腾飞才是最有效的成长之路，也是真正把握育人的“真经”。因此，有体验的三位一体辅导活动是高效的成长课堂。

---

[1] 陈宝生．优先发展教育事业［N］．人民日报，2018-01-08.

“互联网 +”把老师从繁重的知识传授中解放出来，把更多的经历放在内心深度的专研、情境设计的创意、与生活热点发生联系及如何用问题来引爆深入思考等，从而把学生带动起来，使学习者不再是那种死记硬背地学，而更多的是积极主动地探索，在体验知识的再发现中享受学习的乐趣。其中，互联网为学生课堂的积极参与提供了软硬件支撑，而阳光团体心理辅导的心理技术为学生情景的体验提供了技术支持。它把能在互联网上便捷获取的心理学知识通过各种教育技术转化为学习者的内在感受，尤其是通过教学情境的创设，并利用互联网技术为学生营造身临其境的体验感，让学生沉浸在情境中进行深度思维，并且在深刻体验中产生真切的感悟，在分享讨论中思维飞跃，知识内化，品格升华，能力提高，从而产生教育的意义，最终获得成长。这种三维互动的教育方式是阳光团体心理辅导教育的核心，也是今后课堂改革的突破口。弱化知识概念的讲解灌输，强化身临其境的活动。受教育者不是先学知识概念，而是先打开心灵，感受情境和操作互动，学生在做中学，在体验中感悟，在与同学的分享中达到思维的深度融合。同时，领悟知识演绎的过程，寻找隐藏在大自然中的规律，在体验虚拟过程和现实情境中朝着深度思维迈进，利用沉浸技术和多维学习体验，得出理性结论。而最后老师的讲解就会起到知识内化、思想升华的目的。这样的育人过程自然、生动、深入内心，真正经过了个体自己内心的反复咀嚼，其效果深刻而高效。这也是阳光团体心理辅导理念中所提倡的在活动中三分之一讲解、三分之一体验和三分之一分享的三维互动模式的精髓。

（二）“三位一体”阳光团体心理辅导中教师的角色定位

阳光团体心理辅导中导师时而在前，时而在后，时而在左右的“三位一体”角色定位符合教师由教书向育人转变的研讨型课堂。数字化时代的教育，教师的职能将会发生根本性的变化。老师变成了学生学习的催化剂、促动员，且师生之间真诚坦率、畅通无阻地交流和互动是关键，积极引导、启发领悟是升华。教师通过教育技术和多媒体技术，就学生所萌生出的感悟进行直接对话交流，互动研讨，对学生感悟到的东西做及时有效的感应、回应，从而促发思维，增强动力，产生情感，突破防线。深刻体验之后，老师及时引导沉浸于感悟中的学生进行深入思考，反省过去，总结当下，从而对未来有所期盼，这正是在教育过程中塑造精神人格、陶冶情操、激发动力、提升自信心和自我价值感的育人过程，也是由知识普及转变为能力提升的关键环节，这种过程最容易升华并内化。在整个过程中，老师时而在前引领学生，帮助他们理解知识，解释困惑，时而又在后推动，激发他们自己深入思考的兴致，当他们遇到困难进行不下去时，老师又会陪伴在学生左右，促成他们开放讨论的进行。也正因如此，团体心理辅导活动是灵活、开放、自由、高效的。

每位老师改变以往一讲到底、严格把控课堂的做法，把“三位一体”角色定位理念深入内心时，育人行为随之就会发生改变，相应的课堂也就会由老师的讲堂自然而然地改变为学生的学堂、成长的殿堂。在这种新模式中，学生的学习动力是发自内心的需求，且需求越强烈，学生的主动性、积极性就会越强，就越容易投入学习探索中。

（三）“三位一体”阳光团体心理辅导的动力模型

阳光团体心理辅导中“以点带面”“以面带点”“点面结合”的团体带领方式符合课堂改革中个体、小组、班级的三位动力模型。传统课堂更多强调老师讲的功夫如何、表演的技能怎样，知识体系是否清晰，内容丰不丰富？这种由老师单一激发出来的动力来带领整个课堂的发展是极其有限的。课堂上一个老师对四五十个学生，往往力不从心，顾此失彼。而教育现代化 2.0 时代，互联网为教育变革提供了先进的技术手段，特别是对个性化教育提供了强有力的支持，使得三维动力同时激发成为可能。因此，老守田园、墨守成规的课堂严重制约了学生学习的效果、成长的速度，与伴随信息化高度发展成长起来的学生特点严重不匹配，改变当前的教书育人模式势在必行。

阳光团体心理辅导中的“以点带面”“以面带点”“点面结合”的三种模型为立德树人的实施提供了强有力的动力保障。在团体心理辅导中，以组为单位，形成一定的小团体，在小团体中突出的个体作为小组骨干，让他发挥榜样的力量，带动整个小组提升，起到“以点带面”的作用；同时利用团体压力的影响，由于小组中暂时懈怠的同学而使整组同学受到牵连而整体产生影响，使懈怠的同学在全组同学的积极帮助下得到快速进步，从而起到“以面带点”的作用。点面协作则是“小组”的突出改变和“班级”的整体推进的有机结合。“点”，可以突出重点，体现深度；“面”，可以顾及全局，体现广度。“点面结合”，则可以整体推进，螺旋上升。尤其是学生“知识内化”从课前或者课后转到课堂上，学生的内化过程主要体现在师生、生生之间的互动上，在师生互动中，教师可以设计分组指导、集体辅导，甚至是一对一的个性化辅导，这正是阳光团体心理辅导中以点带面的动力运动，而在生生互动中，教师则可以设计分组练习、合作学习、小组讨论等方式，不断加深学生对自己的认识与接纳，培养学生的创新思维能力。这体现的是“以面带点”的动力运动，在整个过程中，老师帮助学生实现了个性化探索，学生的自主反思能力得到提升，个别优秀学生又可以帮助暂时处于劣势的同学进行朋辈辅导，这种点面结合的方式是阳光团体心理辅导理念中动力模型中的三股力量，更是新课程改革顺利实施的强大推动力。

（四）“三位一体”阳光团体心理辅导的生成效果

阳光团体心理辅导中的表达、转换、整合的“三位一体”理念符合“知识情景化，情景问题化”的生成性课堂。互联网技术虽然使知识获得方便快捷，但同时也使学习失去了系统性，变得杂乱无章。尤其是超链接的导引使知识碎片化程度不断加深，甚至当你搜索一个知识时，由于超链接的强大功能，从 A 链接到 B，再由 B 链接到C、D……最后，甚至你想不起来最初想要查询的资料[1]，这样的方式，使学习变得随意而肤浅。而“三位一体”团体心理辅导是以教学情境为载体，以具体问题为抓手，通过教学情境的设定、体验、感悟及升华，达到对问题的表达、澄清、转化，甚至对旧有模式的改变，学生交流分享，教师升华提炼，对其产生方向性的帮助，最终达到整合。而这种理念还可以延伸至其他学科的课堂中，在把难以理解的知识情景化、情景问题化的过程中，让学生的思维始终在一条线索的牵引下，在充分的表达、体验、感悟、讨论、分享的过程中，思维闪现出创新的火花。这种把知识点交给手机讲解，把体验、分享作为课堂知识理解、讨论、内化、检测的手段，是知识情景化、情景问题化的生成性课堂。在整个过程中，教育信息化不再是一个简单的工具和手段，而是一个全流程的进一步再造和生成发展的动态过程。老师引导学生积极思考，深刻反思，尤其是在这个过程中师生情感的投入是深度思考、领悟生成的关键环节。我们知道，很多东西都可以被信息化替代，但是人与人之间情感交流互动产生的“化学反应”却很难被替代，这也是深度学习的机制。

知识获取放在课下的互联网，而课堂重构内容、领悟和分享感受并向深度思维迈进，使整个过程形成多资源对话，产生共识、共享、共进的氛围。这种新型生成性课堂是学习的新范式，也是师生共同成长的认知动态过程。这种真正变教堂为学堂的新模式为推进我国新课改以来的教育教学课堂大革命，丰富其内容，更新其理念，完善其结构；同时也为推进教育现代化2.0时代在我国的实施进程提速加力；更是有效利用手机为课堂服务变“堵”为“疏”的一个突破口。

五、“三位一体”阳光团体心理辅导的实施路径

如何将“三位一体”的教育理念转变为实实在在的现实活动，这是阳光团体心理辅导“三位一体”理念的第二个层面，即行动方案。为此，构建的阳光团体心理辅导就是真正的舞台。这种阳光团体心理辅导是一个教与学深度融合、交互影响的动态过程，其核心的标志是教育具有立体化的互动交流功能。具体如下：

1. 活动前老师收集近期学生的共性问题设计主题方案

活动前老师集体调研、收集、访谈学生近期共性问题，研究设计团体心理辅导方案，涉及的心理学相关知识的讲解主要靠课下互联网的帮助，让学生以作业的形式来完成。而对学生的各种调研活动，借助各种互联网平台，进行总结概括，提出问题，形成主题，并通过各类APP的检测，学生知道自己究竟想要解决的是什么问题，是什么原因造成的，哪些还需要在活动中通过活动、讨论等形式进一步理解、探讨，并找出问题的关键所在。这是老师指引下的思考，是对该次活动形成期待的前提。

[1] 邢星．教育信息化2.0：深度学习、学校变革、智能治理，人民教育，2018（122）．

2. 活动中问题呈现，讨论分享，思维碰撞，激荡灵感

活动以小组为单位，以设计的生活情境为载体，在活动中完成任务，解决疑难，激发创新思维。老师寻找共性，甄别真假，决定探讨主题。这样，知识的获取从课堂提到课前，学生“知识内化”反而转至课堂活动中。通过老师精心设计，把学生需要提升的精神人格层面转化成活动情境，并用问题来引爆，形成与生活热点紧密关联的典型案例，使活动变成思维碰撞的辩论课，让学生在课堂上体验到强烈的认知冲突。而老师的作用重在找到学生的最近发展区，用同化和顺应的方式给学生架起一道由此岸通向彼岸的桥梁，从而不断扩充自己的认知体系，修改和完善自身的心理素养结构。学生通过全身心的体验、针锋相对的讨论，深度领悟，激荡思维，体验巅峰状态的感觉，体会生命快乐的状态。

3. 学生领悟，教师点评升华，理念内化，心灵成长

信息时代，老师最大的作用不是知识的传授，而是信息的内化。促使学生内在发展，促进学生“内动”，从而发展智慧是老师的新使命。因此，在整个团体活动过程中，老师通过精心创设情境，学生深刻体验，从而使师生在情感上达到共鸣，是师生建立“心理合作”的最佳途径，也是学生深入专研，产生顿悟的绝佳时机，学生也必须自己先有了深入思考才能够和老师达到心灵的融合，老师接下来的点评总结和升华才能真正触动到学生，领悟才会内化，能力才可迁移，心灵最终达到自由成长。

4. 活动中学生体验、反思、归纳、总结，教师点拨答疑，梳理澄清

学生体验情境后的分享、讨论、归纳总结是“三位一体”成长中最重要的一环，但很可惜，一部分同学经常会不了了之。因此，在活动中给学生留出专门分享、总结消化的时间，让学生把所感、所悟真正消化掉，成为自己意识结构中的重要组成部分，这样才是真正学到了，并且有不理解的地方还可以随时受到老师的指导与点拨、同学们的讨论和反馈。最终从内心深入领悟到成长的快乐。

总之，阳光团体心理辅导是知识与智慧、独立与合作、模仿与创新、预设与生成同时并存的高效育人方式；是平面与立体、集中与发散、记忆和思维、理解和应用同时激发的智慧心灵课堂；更是内外环境、大课堂与小课堂，教与学同时兼顾的和谐环境；是确定与不确定、尝试与顿悟、逻辑与灵感发生碰撞的生成性课堂。因此，阳光团体心理辅导是灵动科学的心理健康教育改革新尝试，也是立德树人教育新思想与高科技信息化深度融合与创新发展下的新生态。

第五章　团体心理辅导的方案设计与基本流程

团体心理辅导的方案设计是结构性团体心理咨询的前提和基础，是团体领导者与团体成员为实现团体目标而共同进行的动态活动过程的前期方案。一份科学合理的团体方案会直接影响团体辅导的效果。所以对于致力于做一名优秀团体领导者的每个人来讲，必须要学会设计团体辅导方案的技术。

第一节　团体心理辅导方案设计概述

一、什么是团体心理辅导方案设计

方案也就是团体辅导的工作计划书，方案设计就是要设计出一份科学合理、操作性强的团体辅导计划书。方案设计则是指将活动做系统的安排或组织，如团体辅导要如何进行，每一步怎么安排。而团体心理辅导的方案设计是指运用团体动力学和团体咨询、团体辅导等专业知识，有系统地将一连串的团体练习或者团体活动，根据目标加以设计、组织、规划，使领导者带领成员在团体内，经由这些练习，达成团体心理辅导的目标。

方案设计对于一个团体领导者来讲是必备的、不可或缺的能力。因为团体领导者可能会针对不同的群体做不同的工作，而且随着群体的变化还有不同的要求，所以团体领导者必须掌握设计的基本原理、方法和技巧，以不变应万变，设计出适合不同人群、不同主题、不同模式的团体辅导方案。

二、团体方案设计的作用

团体方案设计是带领团体走向成功的第一步。一个团体方案就类似于出去旅游时的一张地图，它可以引领你带着这个团体往哪里走，最终可以达到什么目的。所以合适的团体方案是团体心理辅导的有效保障，会引导团体向着预定的目标一步步迈进，会让团体有方向、有路径。有了方案设计，团体领导者会心中有数，团体成员会对团体充满信任和期待，积极配合与踊跃参与团体的基本保障。

三、结构式团体心理辅导的方案设计

在团体辅导与咨询中，根据成员互动的深浅程度，把团体心理咨询与辅导分为工作坊性质的团体辅导、结构式团体辅导和非结构式团体辅导。

工作坊，一般都是一次性的或者一天时间的集中辅导的方式；结构式团体辅导多是持续很长时间，可能八周、十周，甚至半年等；非结构式团体辅导更多的是小组类型的，持续时间也相对长一些，半年、一年，甚至更长，时间不等。

方案设计是根据团体的不同类型而进行的不同设计，一般是针对结构式团体的方案设计，因为结构式团体设计现在被运用得非常广泛，社会上很多企业、学校等都用结构式团体辅导。结构式团体辅导目标很清楚，主题突出，有“短平快”的特点。结构式团体辅导正在被应用于各种情景和许多不同的来访者群体，有明确的时间限制，目标清晰，注重减轻症状，教给参与者问题解决的出路和人际交往技巧，促进个人的改变，成员可以预计自己可能获得哪方面的帮助，因此参加的人数比较多。

对于结构式团体辅导，一般都有事先安排好的计划书，包括次数、目标、达成目标的练习、所需要做的准备，在整个团体过程中有设计好的活动，有预定的目标，有特定的学习情境，有计划的学习主题，团体成员在学习的过程中循序渐进地达成目标。

而非结构式团体辅导目标不十分明确，周期较长，如要改善成员的状况，获得成长，相对来说，人格的改善是一个很长的过程，而且比较困难，设计起来不确定因素太多，尤其是对于生活节奏这么快的当今社会，时间太长了，成员可能就会放弃，坚持不了，所以这些不确定因素会给设计带来很多困难。因此一般不提前做方案设计。

四、好的团体方案设计应具有的特点

团体设计方案有很多功能，一个好方案应具有以下特点：

第一，计划要合理，时间的分配上，热身时间不宜太长也不宜太短，要刚好。

第二，目标要明确，团体要达到什么样的目标，是提升人际能力还是解决两性问题，还是提升学习动力等。

第三，可操作性要强。要考虑到过程的发展性，遵循由浅入深、由表及里的发展规律。

第四，测量与评估。团体辅导结束后，领导者要用测量工具对成员进行评估，看是否实现了团体辅导的目标。

五、设计团体方案应考虑的因素

设计方案时需要考虑多个因素。

第一，团体的性质。这个团体是教育性的、治疗性的，还是发展性的，它是同质的还是异质的，它是结构式的还是非结构式的，这些都需要提前考虑。

第二，团体的目标。方案设计者要确定团体的整体目标及阶段性目标，且每次辅导的具体目标、时间要与成员需求相匹配。例如，团体辅导的整体目标是提升大学生对亲密关系的认识，那方案设计者需要提前了解成员的类型，如年龄、身份、问题类型，这样在制订阶段性目标时才能更聚焦、更有针对性。

第三，团体的发展阶段。在做方案设计的时候还要考虑到团体发展的阶段性，根据每个阶段的特点设置相应的活动。例如，在团体开始的时候，无论设计什么样的练习，其目的都是让成员轻松、开放、自然地去相识；在过渡阶段，则需要增加信任，可能会用到信任之旅、信任背摔等活动；在团体的工作阶段，会比较深入的探讨，可以用秘密任务这样的活动，探讨每个人目前最困扰的问题在团体的结束阶段要评估、反馈成员，处理离别的情绪，可以用真情告白、化妆舞会、总结会甚至联欢会等活动。

六、团体方案设计常见问题

第一，缺乏设计，想到哪做到哪，这是不太负责任的，也不可能达到目标。

第二，与团体目标无关的、无意义的一些内容。设计一定要聚焦这个团体，要解决什么问题，设计一定要围绕这个目标。

第三，不能设计一些不适当的活动。如青少年情窦初开，在活动中做一些身体的练习时要特别小心，尤其夏天穿的很单薄的时候。

第四，设计方案时忌讳活动过多，初学者认为团体辅导就是做活动，做完一个活动再接着另一个活动，每个活动既没有深入探讨，更没有多元分享。并且活动之间衔接也不恰当，活动与活动之间没有逻辑联系。

第五，热身过度或热身不足。团体辅导开始前如果没有热身活动或热身不足，成员无法打开自己深入这个团队，团体辅导也就无法顺利进行。

第六，安排负向的团体活动。方案设计时设置的活动应该是正向的，只有营造好正向的团体氛围，才能使成员间建立良好的关系，才可以谈负向的情绪。

第七，活动安排节奏不当。整个团体活动的安排要具有灵活性和弹性，能够随时根据需要增加或减少活动。

第二节　团体心理辅导设计的基本流程

在方案的具体实施过程中，通过提前预设的情境，不断展现人的内心世界。在整个过程中，主要由呈现、表达、体验、转化等阶段来构成。团体心理辅导的开展过程与一般学科的教学过程有所不同，它是以发展和提高学生的心理素质为目标，根据学生心理发展的规律和成长需求，按照心理教育的原理和技术展开的由全体学生主动参与的形式多样的活动课程。

团体心理辅导设计的基本流程是可以步骤化的，即对所要参加的团体制订出的方案和计划，其基本流程是相对固定的。方案设计是辅导设计的一个组成部分，虽然它是一项极具探索性、创造性、艺术性的工作，目前正处于研究与探索阶段，但其基本的流程是可以推广使用的，一般要包括以下的基本流程：导入或暖身活动；创设情境或设计活动；深刻体验（催化互动）；鼓励分享与自我探索；引发领悟；促成行动；活动延伸；评估效果。下面具体介绍：

一、暖身活动

心理辅导是一种心与心的沟通，要达成目标，应先创设一个安全、轻松的氛围，这样团体成员才能在放松的状态下，自由表达自己的观点和想法。因此，暖身活动是一堂团体辅导课开始所采用的导入技术，是为后面的活动做准备的阶段。一开始大家来到这个课堂上，基本上是带着各种各样的状态来的，怎么样才能使大家在很短的时间内把心静下来，进入主题活动中，很快调节到学习的状态，使大家很快把心收回到活动中来而设计的这样一个环节。暖身活动就是起到了很快带领成员进入状态的目的。

暖身活动的选择应考虑两个因素：一是能否激发学生的动机；二是能否营造开放、接纳的氛围。

暖身活动可以有各种形式，如一两个游戏、一段引导语、一个故事、一个视频或是一个小魔术等。通过这些来营造一种热烈、宽松、愉悦的氛围，为后面活动的进行打好心理基础或做好背景铺垫，引导学生的热情逐渐高涨，进而主动参与到活动中。把学生参与活动的欲望和热情调动起来以后，为后面的交流、沟通、讨论、成长等提供一个非常好的契机。所以，这个热身活动非常重要，不可忽视。

例如，在做有关生涯规划团辅时，领导者可以用一个小魔术作为一个导入活动，引起大家的好奇心。魔术结束后，引导大家了解这个魔术的实质，魔术中的人物为什么能猜到我们的心思，他真的有读心术的本领吗？其实不是，揭秘一下：实际上拿走的不止一张而是全部，只不过我们每个人都只关注了我们选取的那一张，而忽略了其他的牌，正如我们的人生一样，如果我们树立了远大理想，及早确定了职业倾向，那么我们在以后的活动中就会有意识地关注相关信息，把其他和我们无关的东西都放弃掉，这样有助于我们集中精力，取得成功。心理学中有个名词叫“选择性注意”，所谓选择性注意，简单地说，就是人们在同时存在的两种或两种以上的刺激信息中，选择一种进行注意，而忽略其他的刺激信息。所以，当某一张牌成为一个目标时，我们就会格外关注它，而忽略其他大部分的牌，因为它们不是一个目标。生活中，如果我们把注意力看作一种能量的话，那么很明显，目标帮助我们集中了能量。所以，当一个人的生涯发展中有目标时，他就容易集中所有的能量和资源去实现，成功的可能性就会更大。所以，目标可以成就人们有一个辉煌的人生，目标可以成就你的未来。这样这个热身活动既很快地吸引了大家的注意力，激起了大家参加活动的欲望，又能把这个活动和接下来的主题活动很好地联系起来，起到承上启下的作用。

暖身活动可以根据具体情况来灵活设计，例如，一开始是一些热热闹闹的场景，成员兴致很高，场面很热闹，那就需要让现场静下来，可以做这样的暖身活动：每个人抓住你右边人的耳朵，跟他说句悄悄话，告诉他：“今天和你在一起学习很开心。”而且声音越低，越能引起对方的注意。然后，再抓住左边人的耳朵说一下，通过身体的接触，大家很快就把注意力集中到这儿来了。这就是心理学中的此时此地技术，经常用来暖身。

但如果场地比较安静，成员还处于比较迷糊的状态，这时候领导者就要通过活动调动成员的情绪。例如，手指游戏。大家全体起立，每个人把左手张开伸向左侧人，掌心向下，把右手食指垂直放到右侧人的掌心下。领导者对大家说“小蜜蜂”，大家就一起喊“嗡嗡嗡”，大家喊的节奏尽量跟领导者一致。注意听口令，领导者喊“抓”的时候，大家左手应设法抓住左侧人的食指，右手应设法逃脱，重复几次游戏，以被抓住次数多者为失败者，失败的人出来表演节目。这样做几轮，场很快就热闹起来了。

二、设计情景

团体心理辅导课和别的课不一样，它不是对某一门知识的传授或某个技能的练习，而是要通过课上的活动使成员心理得到成熟，心灵得到净化、提升，是一种以心育心、用心来交流的活动，所以必须让受教育者的内心深处真正认同、接受领导者的观念，才会起到教育的作用，否则，成员长期形成的一些思想、观念，很难通过几节课的说教就改变。成员觉察不到被说教，而是在成长。

以往的教育往往是过分强调外在的环境对个体的影响，而忽视了个体的内在心理历程及其变化，所以缺乏针对性也不生动，不生动就不能打动人，不能打动人就起不到改变的目的。所以体验式教育就是要利用各种技术首先创设一个适合于主题的情境，使参与者能够很快进入情景中，而不是游离于课堂之外，只有这样，下面的体验才能够进行下去。这种情境既可以利用事先准备好的一些材料，也可以直接利用现场的人或物来制作情境，我们通常把这个叫作心理技术。

通过心理技术创设教育情境是团体心理辅导方案设计的重要环节。以一堂感恩课对情景的创设为例加以说明。在设计一堂感恩为主题的团体心理辅导课时，先用一段视频把大家带入温馨的情景中。实际上，很多同学在观看视频的过程中就已经很感动了，他们会想起和父母的点点滴滴，这时候有意识地创造一些特殊的情景，如把周围环境暗下来，通过语言引导，先让他们感受到爸爸妈妈的爱，进而激发他们爱爸爸妈妈，最后真正地学会感恩，用爱激发他们积极向上的动力，用情感来约束他们不胡作非为，从而有了责任心。所以，要想真正地影响和教育学生，必须要让他们真正感动，让他们自己改变，这就是心理学中讲的助人自助。

这一环节主要是发挥学生的主体性和主动性。通过心理技术设置一些心理游戏或活动情境让学生以观察、行动和表达的形式进行参与。设计的活动一定要符合学生的身心特点，源于学生的实际，具有可操作性。创设一定的情境，如常用的“价值拍卖”“洞口余生”等。这种体验是整个教学活动过程的基础。让学生深刻地体验，对于心理教育者来讲是至关重要的。因为教育需要做到晓之以理，动之以情。创设情境就是先让参与者动之以情。在创设的情境中，成员通过体验，内心有所触动，有体验才会有感受，有感受才会被感动，才会动心，只要内心被打动了，就会去反思，去探求自己的内心，从而产生改变的欲望。改变就是在老师的引导下朝着正向、积极、阳光的方向变化。此时参与者就达到了心理成长的目的。所以体验和感悟是个体经验和心态发展变化的一个重要环节，也是真正打开一个人心灵的神秘钥匙。这种效果只有在真正体验过后，才能够领略到它的神奇功效。

三、催化互动

主题活动中，学生是主体，通过学生自己的领悟，从而达到成长的目的。所以导师要有意识地让成员互动起来，通过特殊的情景，使成员之间能够彼此开放自己的心灵，敞开心扉，开诚布公地讲出自己的心里话，真诚地进行心灵的沟通与交流。

正如前面所说的，教育需要做到晓之以理，动之以情。前面讲的创设情景和这里所讲的深刻体验都是用来动之以情的。我们知道，人最大的动力不是外部刺激，而是内部驱动。所以，通过被教育者在活动中的感知、理解、感悟、验证，从而唤起主体在认知、情感、行为等方面的新感受，引起学习主体心灵共鸣，尤其是成员的情感在感悟中的震撼，甚至是价值观的彻底转变，最终达到行为上的改变，心理素质的提升。而这些都由体验来实现，因为有体验才会有感受，有感受就会变得生动，生动了就能感动，能打动人心，从而有所醒悟，最终激发改变的愿望，创造的激情。所以体验和感悟是个体经验和心态发生变化的一个重要环节。通过团体心理辅导真正地触动到人们心灵深处的心弦，实现精神人格的重塑。

通过彼此的互动，达到彼此交流和沟通的目的，从而起到了催化的作用。团体心理辅导是一种“以心育心”的活动，关注精神成长的过程，通过创设一定的情景，使成员进入情景，将“心”投进去，“脑”动起来，真实体验，从而使内心有所触动。只要内心被打动，认知上就会有所感悟，通过分享，认知就会得到升华，思想就会有改变的期望，行为就会有所改变，刻骨铭心的感受和领悟使心灵在不知不觉中得以成长和升华，这就达到了心理教育的目的。心理成长就是让成员朝正确的方向积极地改变，就达到了心理教育的目的。因此，体验和感悟是个体经验和心态发展变化的一个重要环节。这种效果真的是只有体验过后，才会有切身的领悟。

四、鼓励分享与自我探索

充分调动学生自身的教育资源，鼓励学生做深入的自我探索。心理辅导活动是学生的自我教育过程，因此课程设计就应充分调动学生自身的教育资源，鼓励学生做深入的自我探索，而不是依靠教育者的说教或社会规范的灌输。

团体心理辅导是学生的自我教育课，不是老师的说教课，这就要求学生在自我体验、相互交流中促进自身成长。因此，在课程实施中，要注意鼓励学生自我探索和分享，老师不要过早地开放自己，要因时、因地、因人适时开放。例如，在设计《情绪》主题时，我们不是直接讲出不良情绪的影响，而是设计一个关于不良情绪的案例。根据案例提问，如“你遇到这种事会产生什么样的消极情绪和行为？”“你陷入情绪深渊用什么方式宣泄？”“请大家给还没有走出情绪深渊的同学想想办法，帮助其克服不良情绪。”这样不仅可以对学生有引导，而且让他们帮助具有不良情绪的同学想办法，使学生在回答时有种安全感，更开放自己，毕竟是帮别人，没有涉及自己本人，从而使回答更具真实性。

把刚才自己内心的感受、得到的启发、悟出的道理都说出来就是分享的过程。成员先通过参加设计的心理游戏或活动情境，再分享他们在其中的感受或得到的启示。个人感受的分享只是第一步。重要的是要把学生自己的感受与其他同学分享的感受结合起来，通过与其他参加者交流、探讨，察觉自己的内在生活模式。在体验中，每个人的感受是不一样的。说出自己的感受，倾听别人的想法，在分享的过程中我们发现，原来别人是这样看待问题的，或者这个问题还可以这样来理解，而我和大家的看法却截然不同，是我的认知发生了偏差还是大家太固守成规了呢？是我的环境、背景不同产生了不同认知还是我的知识面或者是思维方式限制了我，而使我产生了偏差，或者是其他原因。这样就激起了个体探索的欲望。通过分享，个体不但澄清了自己的问题，还会进一步地探索下去，发现内心真正的自己，最终使心灵得到成长。

五、引发领悟

学生获得新的想法与感受后，教师要及时加以引领，从而开启改变与成长的有利契机。也就是在大家分享的过程中，在学生获得新的想法与感受之后，教师要及时引领，使学生的认知得到升华是非常重要的。在这里要强调一点，尽管心理活动课是以学生为主体，但老师在整个过程中要把握活动的方向。在这里要强调一点，尽管心理活动课是以学生为主体，但是在这个过程中是有目的的教育，这个团体心理辅导是在学校开展的教育，学生应该掌握的一些知识、规律、领悟的一些道理等，在每一节团体心理辅导中都应该有特定的要求，只是将老师以前的讲授换了一种形式和方法，由学生通过体验领悟更深刻了。但领悟得对不对，老师必须要有适当的澄清和提示，老师把整个活动领到哪个方向上，能不能达到我们的预期目的，也就是通过学生的体验、分享，最后能不能促成心灵的成长，这还要看领导者能否利用好这个契机进行引导、升华。这样学生最后才能有个清晰的把握，最终得到心灵的成长。

例如，在给学生做职业生涯规划的时候，如果仅仅让学生制订出他的职业方向和目标来，老师不做引领，那学生就会觉得很空，定那些目标只是为完成课堂任务和实际生活根本挂不起钩来，是一种形式主义，但如果在老师的引领下，能和当下的学习生活结合起来，就会给学生很大的动力。

六、经验的整合、分享与迁移

技术是为了教育，技术要想根植于知识，最终要有一个知识理论背景。因此，在设计方案时，领导者不但要懂得心理学原理和方法，还要知道这个技术背后的理念是什么。

七、促成行动

为巩固学生领悟、体验、升华后所取得的效果，辅导教师鼓励让新的理念立刻产生行动，即进行行为的训练和现场的演练，来确保辅导活动效果在知、情、意、行等几个维度上的整合。因此，学生在活动中取得的经验、成果，能否迁移到日常生活中去，达到真正的成长目标，还需要在行动中，通过一定的行为训练，达到迁移的作用。

例如，关于新生的适应问题，在“你我有缘来相识”的主题班会中，在前面做完主题活动时，我们要让学生熟悉起来，必须要付诸行动中。可以做相见欢的游戏。

口令 1：你好！（学生两人分别以右手相握，并要互相注视，面带微笑）

口令 2：很高兴见到你！（学生两人双手紧握，并相互注视，面带微笑）

口令 3：和你在一个班很不错！（两人要互相用右手轻拍对方左肩）

口令 4：我们会成为好朋友的！（相互以左手轻拍对方的右肩）

通过活动，学生的激情被激发出来了，想说的话会很多很多，想做的事也很多，老师要给他们机会，促成行动。

所以，将领悟的道理、取得的经验应用在实际的工作及生活中，让学生有效应对生活和学习中的各种问题，获得成长。

具体方法：在进行团体心理辅导的家长会上，把理念变为行动的具体方法可以是：

（1）鼓励学生把课堂上的感悟动笔写出来，读给自己或者家长，或者与大家交流分享，以达到进一步内化的目的，从而在以后的行动中得以执行。

（2）对学生在课堂收获的应用情况进行跟踪调查，也可以单独安排一次课或利用班会时间让学生交流，并组成小组进行互相监督，以强化学以致用。

（3）在学生心理社团的组织下，开展第二课堂活动。如主题是“感恩”，学生可以利用课余时间制作关于“老师您好”的卡片，写上自己对老师的赞誉、祝福、感谢等，赠送给老师或者集中展示出来。或者主动帮助老师解决一些力所能及的生活或工作中的问题，使老师把更多的时间和精力放在教学上，并融洽了师生之间的关系。

八、彼此回馈

活动结束前提供师生之间、学生与学生之间的回馈机会。在这个过程中，有感触的同学要清晰地表达自己的收获和感悟，其他学生和老师要认真倾听、仔细体会发言者的感受，同时可以对发言者的发言进行补充、质疑、辩论或情感上的互动，以有效地共享他人的活动成果。因此，在活动课结束之前，给师生之间提供一个交流的平台，让学生把在活动中获取的经验、教训、领悟和成长进行分享、整合，这样不仅能强化本课时的内容，还为下一主题打下基础，从而让该环节具有回顾和前瞻的作用。

九、活动延伸

活动课后，领导者可以布置一定的行为作业以强化训练。当然，不一定是书面作业，最主要的还是与生活实际相联系，鼓励学生把课程中的领悟运用到实际中，这样才能比较有效地保证心理辅导课的质量。布置一定的行为作业，一方面有助于学生把课程中取得的领悟与演练成果迁移到日常生活中，另一方面还能充分发挥“学校—家庭—社区”这一辅导网络的支持作用。只有这样，长期下来才会真正得到心灵的成长。

十、评估效果

评估一节学校团体心理辅导课主要从以下几个方面，即理念上的感悟、情绪上的调节、技能上的掌握、行动上的改变。要达到这些效果，肯定需要长期进行心理辅导。但就某一次活动看团体心理辅导效果，我们可以用质性的也可以用量化的方法来测试。例如，活动完成后，让同学们谈感受，这是一种最直接的方法。

也可以用量表的形式来进行测量，如编制一份团体辅导后的效果测量问卷等。

通过实践，在不断探索的基础上，不断总结、讨论如何更好地设计一堂结构式团体心理辅导课。总之，要想上好团体心理辅导活动课，教师必须选准主题，认真分析和设计，在开展团体心理辅导课的过程中，把握心理辅导的理念，明确自己的角色地位，以民主、开放的心态，尊重、理解学生，接纳学生的不同观点，与学生平等交流，充分运用各种形式的活动和辅导技巧，使学生获得体验，并有所领悟。只有这样，才能达到心理教育最大化的效果。

第三节　学校团体心理辅导方案设计的格式

本节提供几种常见的教案格式，具体如下：

体验式心理教育活动课教案格式一：

主题：……

【适用年级】

【设计理念】

【辅导目标】

【课前准备】

【活动过程】（含设计意图）

（一）热身游戏

（二）主体活动

（三）结束活动

【课后反思】

体验式心理教育活动课教案格式二：

姓名：××　所授学科：××　日期：×年×月×日

讲课题目：×××

一、教学目标：知识、技能、目标/过程、方法、目标/情感、态度、价值观

二、重点：

三、难点：

四、教学器材：制作多媒体课件 PPT 等

五、教学课时：1 课时 /×× 分钟

六、教学过程：

七、教学反思：

体验式心理教育活动课教案格式三：

授课学校	
授课教师	
联系方式（电话、E-mail）	
授课班级	
课题	
活动目的	
活动准备	
活动场地	
活动过程	
教学后记	

第六章　学校团体心理辅导的效果与评估

众所周知，心理学发展过程中出现了不同的心理学流派，几大心理学流派，无论是在理论上还是基础上看起来都完全不同，但有关咨询与辅导效果的研究却又一致表明，不同流派的咨询效果并没有显著性差异。看起来完全不同的假设和体系，为什么会产生同样的效果呢？其中的一个解释就是找到了心理问题发生的内在机制及在咨询过程中起作用的共同因素，正是这些共同因素导致了最终的咨询与辅导效果，咨询心理学中把这些共同因素称为疗效因子。那么，这些疗效因子是如何起作用的呢？尤其是在团体中？作为一个学习者，同时作为一个研究者，只有搞清楚什么原因使团体成员发生改变，什么因素使团体心理辅导在育人上保证效果，团体领导者与团体成员才能够对团体心理辅导充满信心。我们知道，真正地改变一个人是非常困难的一件事。它是通过人类各种体验的复杂的相互作用而产生的，这种相互作用也就是前面提到的疗效因子。正是这种疗效因子使团体辅导发挥了它神奇的功能。那么这些疗效因子到底有哪些，要想搞明白这些因子，首先我们得搞清楚，我们的心理问题或者心理症状是怎么来的。

第一节　心理问题产生的内在机制

很多咨询师在咨询室里会有这样的困惑，有些来访者跟咨询师做咨询，做了很长时间甚至一两年，然后这个来访者就很彷徨，他就会想："我现在在干嘛呢？我们这样聊天一直聊下去到底有什么意义？而且我还交那么多钱。"咨询师有时候也很彷徨："我每天都在陪聊，到底有没有帮助到他们？他们的人生有没有变化？这种变化是有方向的吗？它是有用的吗？"面对这些问题，我们就会问，心理咨询到底有没有用？又是如何起作用的。

一、"心病"的形成

弗洛伊德和布洛伊尔在《癔症研究》中指出，心病是那些必须默认的伤害。如果一个人的伤害不能够用语言表达出来，那么他就会变成一种身体的症状。如果能清晰地表达出来，那就不会是心理问题。我们日常生活中也会看到，很多外向的同学很少有这方面的问题，而内向的同学可能出问题的概率比较高。尤其是我们小时候不知道怎么表达，很多心理问题其实是小时候留下来的阴影。而且这些是我们自己也不知道的。

因此，咨询就是帮助来访者看到他自己，看到表面行为背后的真实自己。很多有心理问题的人比较冷漠孤僻，不跟人互动，生活在自己的世界里。而在心理咨询中通过创设温暖的氛围，让来访者看到自己冷漠背后的一些不能随便告诉别人的情感。当来访者被别人看到这些或者自己看到这些并表达出来的时候，这个人就会有变化，就已经有了疗愈的作用。

二、心理咨询的作用

（一）帮助来访者被看到

心理咨询的意义在于帮助来访者看到那些被隐藏起来的恐惧、害怕等情绪，看到来访者行为背后的情感。但需要注意的是“看破不说破”，咨询师对来访者的情感给予回应，但不要去分析来访者，这样有助于来访者更好地理解自己。

（二）匮乏的情感得到满足

人类共同的需求是希望自己的诉求被听到、被看到。心理咨询的第二个作用就是使匮乏的情感得到满足，这就需要心理咨询师提供一些情感支持，也就是让来访者没有表达的情感充分表达，在现实生活中没有办法满足的情感让他在这里表达出来，而团体咨询中最容易得到这样的满足，比个体咨询条件更方便。

弗洛伊德曾说过，当言语能够表达情感的时候，他的症状就会消除。如果一个咨询师在咨询室里是不带情感地回应，那咨询几乎不起任何作用，几乎不能产生疗愈的效果。所以情感在咨询室中是非常重要的。当来访者带着强烈的情感来表达当时的体验，如害怕、发抖，而咨询师也能够带着情感去回应，那么咨询就会起作用，症状就会消除，就能达到疗愈的功能。适度地满足来访者的情感，让来访者得到矫正性体验，从而澄清和理解自己。

（三）获得矫正性体验

咨询的第三个作用是除宣泄以外，还要产生一些矫正性体验。同样的情境，以前体验到的是负面的情绪，如害怕、恐惧，而在咨询室里体验到的是积极的体验、温暖和关怀，从而使他软着落。当恐惧、焦虑的情绪软着落时，就会改写来访者互动的模式，与人沟通时，开始用一种更加灵活的应对方式来应对世界，所以这时候就为他打开了一扇新世界的大门，从而增加了他行为的弹性，改变也就开始了，改变会在悄无声息中发生，从而自己把自己的枷锁打开。

（四）改变来访者的想象世界

来访者为什么会害怕，因为他的想象世界充满了恐惧，当来访者想象世界不安全时，就无法和现实世界真正地互动，所以咨询师就是在改变他的想象世界，当来访者的想象世界美好时，就可以很好地与人互动。

（五）激活生活动机

第四个目标就是改变行为，激活生命活力。例如，以前不敢去人多的地方，现在敢去了；以前不敢做的一些事情，现在也敢做了。咨询师会看到他闪光的地方、精彩的地方，而且让他自己也看到，在咨询室里没有像他以前预设的那些评价出现时，他就不再害怕，也就改写了自己的体验，从而试着在行为上发生改变，如果这种改变都能迁移到社会现实中，他的生活就会发生很大的改变，咨询的效果也就出来了。

有时候会看到改变有点慢，行为上没有太大的改变，似乎咨询的功能没有最大化，但其实他的内心已经开始松动，开始跟以往的顽固思想对话，开始反思自己的所想所思所做，内心已经发生了很多很多变化，这个过程需要咨询师耐心等待。

三、心理咨询的无用之处

（一）不解决实际问题

但凡直接解决实际问题的都不是心理咨询，心理咨询始终是以内部动机和情感为中介来影响和改变来访者的现实生活，改变来访者的主观世界，而不是客观世界，所以咨询师从底层影响人，从下丘脑、海马体的地方及内分泌等来影响人，不只是影响人的大脑皮层，还包括身体、环境等整个系统，不只是在观念上改变人。如果仅仅从一个人的观念上来改变，其实是很不系统的。现实中刻意地、指令性地叫人放松，反而更不放松，所以，让人产生一种矫正性体验，不是教他产生矫正性体验，而是给他营造一种氛围，让他变成温暖的人，而不是教他去温暖。

（二）咨询师不能包办代替来访者做决定

咨询师不要太聪明，总是比来访者快一步点出问题的本质所在，那么来访者就会觉得自己很无能，很自卑，他会依赖咨询师，不会用自己的力量来改变自己。这样的咨询也是失败的。所以咨询师要变得无用一些，尤其不要包办、代替来访者做决定。咨询师永远对来访者是好奇的，听他在讲什么，而不是解剖他、分析他。

四、咨询中有用与无用的统一

咨询是否有用？当然有，但有用的是后台，无用的是前台。后台中咨询师能够看到来访者内心纠结的来龙去脉、他的人格地图，然后把它要放在心里，用温暖、共情的方式理解他、接纳他，让他自己静下来，让他逐渐领悟到问题的根源，给他反思的机会、改变的时间，而不要讲出来、分析他。

无用是指心理咨询呈现出来的不是直接的答案或解决问题的具体方法，从这一点上看似乎是一个没用的工作。

咨询师只是提供支持，只是让来访者看到他自己，给他情感反馈，提供矫正性体验，然后带着他，让他去分析自己，给他充分的安全感和自由的空间，让他自由地去做一些改变，这样才能将有用与无用很好地结合在一起。

第二节　团体心理辅导的疗效因子

上一节分析了心理疾病是怎么回事，心理咨询师应该怎么做。这样做是不是就一定能起到效果？是什么因素在起效果？在个体咨询与团体咨询与辅导中有什么区别？这一节探讨团体心理辅导起效果的因素有哪些。心理学中把这些因素叫作疗效因子，即团体辅导的有效性因素。

一、疗效因子的概念

咨询中的疗效因子是作为咨询师或者团体领导者在学习团体辅导时必须要了解和掌握的内容。

疗效因子是在辅导过程中对辅导效果起重要作用的因素，这些因素根据辅导需要可以找到相应的理论基础，而咨询师或团体领导者根据这些理论基础制定出相应的措施和策略，使团体辅导产生效果，在不同的来访者和不同成员及不同的情景下都能最大化的那些因素就称为疗效因子。

团体辅导的有效性因素就是指在团体辅导的过程中，有助于团体成员在心理上、生理上、行为上、症状上改善的一切因素。由此可见，有效性因素其实是一个很宽泛的概念，能够帮助成员，有助于成员向健康的、正向的方向改变的所有因素，都可以叫有效性因素。团体疗效因子实质上是探讨团体辅导和辅导发生疗效的机制问题，咨询技巧不是最重要的，技巧只是手段和工具，为什么这样做才是最重要的。

欧文•亚隆认为团体治疗与个体咨询相比，有着其独特的效能，在团体中，团体成员会意识到，自己不是孤独的、相隔离的、备受心理问题困扰的个体，他们会发现，还有很多人也同样承受着痛苦和需要帮助；团体成员会发现，在倾听和理解他人的同时，可以找到应对自己问题的资源和方法；在团体治疗的互动中，治疗师可以通过互动看到来访者的问题，而不是单单通过来访者本人的口头报告。团体领导者的真诚反馈，可以使来访者更快更直接地明晰自己的行为、社会交往方式的特点，从而为自己内心的彻底改变提供直接的证据。亚隆认为治疗性的改变是一个非常复杂的过程，而且随着人类各种体验的复杂的相互作用而产生，可以将这种相互作用称为“疗效因子”。

二、团体心理辅导中的疗效因子

（一）希望重塑（instillation of hope，灌注理想）

希望的重塑和维持对任何心理辅导来说都是至关重要的。希望不仅能够让团体成员坚持咨询或辅导，以使其他疗效因子有起效的可能，而且团体成员对辅导的信心本身就具有辅导效果。几项研究证明，辅导前对获助的高度期待与积极的辅导结果间具有显著的相关性。最近脑功能成像研究表明，服用安慰剂的作用不是药物本身的作用，而是对大脑直接的心理暗示作用。团体辅导必须尽一切努力来增加团体成员对团体辅导疗效的信心。

重塑希望包括两方面，一方面是让团体成员对自己的生活有了新的希望，树立新的人生信条。另一方面让团体成员看到辅导效果的希望，看到类似问题的人通过团体辅导得到了治愈，从而对自己也充满了信心，要给到团体成员这个心理暗示。

辅导团体必定含有应对不同程度受损的个体。因此，每个成员必定会不断地接触团体中情况有所改善的其他人——经常是和自己有相似问题的个体。领导者经常听到团体成员在团体辅导结束时说，看到其他人的进步对他们来说是多么重要，因为情况的好转是对团体成员互相的见证。因此，成员对心理辅导方法的信心本身就有治疗效果，即相信“相信的力量”。

（二）普遍性（universality）

一些成员进入辅导时忧心忡忡，认为他们的不幸是独特的，只有他们有着某种恐怖或者不能被人接受的问题、想法、冲动和幻想。当然，这样的想法有一定的道理。但这些成员极端的社会孤立使他们的独特感被放大。他们的人际困难使之无法与人深交，深入的亲密关系无法形成。从而内心走入了荆棘丛中，无法与人正常地沟通。在日常生活中他们既无法感受他人的体验，也无法享受经由信任别人而最终得到被信任和被接纳的机会。在辅导过程中，特别是在早期阶段，当听到其他成员暴露类似的担心时，成员的共鸣油然而生，犹如“回归人群”的感觉，不再感受到孤单。

每个人的行为或思想从来不会完全有别于他人。辅导中团体成员会暴露一些像恐惧、焦虑、抑郁、自杀甚至是一些无可救药的幻想等行为。强烈的禁忌之所以被严格设定，就是因为那正是人性中最深层次的冲动。

成员中常见的问题是深信自己能力不足，即感觉如果他人真正认清自己，他们将会发现自己的无能，并看穿自己的虚张声势。

还有是人际间强烈的疏离感，许多人表示他们不会也不能真心地去关心或爱一个人。有心理困惑的人最为关注的是他们的价值感及他们与其他人建立关系的能力。而在团体当中，成员间共同的经历促使他们相互间进行真诚而有力的开放性交流，这是仅靠治疗师难以达到的奇特效果。

普遍性像其他的疗效因子一样不是单独发挥作用的。当病人感受到自己和别人的相似之处并且与人分享自己最深层的忧虑时，伴随而来的宣泄及来自他人的完全接纳（团体凝聚力）都会使他们获益颇多。这是一种深深的共鸣而不是简单的反馈。这个因子在个体辅导中叫一般化的意义。

（三）传递信息（imparting information）

团体领导者提供的教导式指导，包括领导者对精神健康、精神疾病和一般精神动力学知识的指导，以及辅导师或其他团体成员给出的忠告、建议或直接指导等。

心理教育是团体辅导的最早的形式。许多其他自助团体非常强调信息的传递。在有些团体中，以一些简单的基本原理来解释心理疾病，并且让成员默记下来。例如，神经症症状虽然苦恼但没有危险性；紧张会强化和维持症状，所以应该加以避免；自由意志是神经症病人脱离苦海的良方。

来自团体成员的直接忠告，常常会出现在团体早期阶段。例如，有成员直接忠告另外的成员，“我认为你应该……”或者“你应该做的是……”或者“你为什么不……”是常见的形式。给予忠告间接地达到了一个目的，重要的是忠告的过程，而不是忠告的内容，因为它暗示并传递了成员间相互的兴趣和关心。这种直接忠告产生积极效果的很少，常常是不良人际关系的重要线索。当然，其他不是以人际互动为焦点的团体，则对直接建议和指导进行具体而有效的利用。

（四）利他主义（altruism）

团体成员也能从给予的行为本身有所获益。成员通过付出而获得，从“给予—接受”的关系中受惠。正如：“赠人玫瑰，手留余香。”人们需要被需要的感受也是人类最本能的需求。

在利他行为中，还有另一个更微妙的益处，想去堵住自我的洪流：病态自我关注的心理效应；谴责和怨恨自我的心理效应。通过在团体中分享自己的感受，接纳自己的不足，以及自我的分享对别人带来帮助，让成员体现付出的价值，从而使自尊提高、自我力量增强。这种通过自我的接纳、自我肯定，从而提升自我的同时，消融了对自我的特别关注，从而找到超越自我、超越人生的快乐。

（五）原先家庭的矫正性重现

有些成员会带着从原先家庭中感受到非常不满意的经验来到团体。而在辅导团体中许多方面都类似于家庭：有权威 / 父母的角色、同辈的兄弟姐妹、较深的人际暴露、强烈的情感和亲密感，也包括敌对的、竞争的情感。一旦成员能克服最初的不安，成员迟早会以曾经与父母双亲及兄弟姐妹互动的方式在团体中互动起来。而如果在团体中通过领导者与导师的积极营造，能够让成员在团体中体验到不同于原生家庭中最初的体验时，成员会把滞留在大脑中僵化不变的那个画面重新用团体中这种温馨积极的画面所代替，使创伤时候留下来的心理印痕揉除掉，原先具有的能量流动开，团体中提供的这种矫正性体验，鼓励成员寻求建立新的关系和尝试新的行为，创伤得到治愈。

在团体互动中能够真实印证成员在现实生活中的一些互动类型，如极度地依赖领导者，赋予领导者不切实际的全知与全能；或盲目地反对领导者，认为他们阻碍或控制着成员；或对领导者持警惕态度，认为他们试图剥夺成员的独特性；或试着分化辅导师，如同当初挑起双亲之间的不和；或和其他成员激烈竞争，努力争取团体的注意和领导者的关心；或在其他成员之间寻求联盟，企图颠覆领导者的领导；或完全将个人利益置于脑后，无私地满足领导者和其他成员的需要。当成员主动意识到这类互动模式时，他们的改变与成长变为可能。

抑制个人成长的因素不应该成为现在许多家庭结构中僵化、不可改变的特征。反之，固着的角色需要不断地被探索和挑战，并不断地鼓励寻求建立新关系和尝试新的行为。

（六）宣泄（Catharsis）

当人们认识到疾病是由情感的压抑造成的，许多辅导和心理健康的手段便试图帮助成员释放他们压抑的感情。宣泄是指将心中紧张的情绪释放，团体中的成员通过口头或非口头的方式表达他们的感受，从而缓解他们的痛苦。宣泄还可以指特有的团体氛围形成的情绪场，在这种场中，小组成员将自己对过去 / 现在经验的强烈感受进行表达，能够说出困扰“我”的事，而不是压抑下来，即通过对未了事件的唤起，从而最终完成这件事，使这种创伤彻底翻篇；小组成员也可以对自己获得的顿悟、自由之感加以表达。小组成员也可以哭啼、呐喊或写作等不同的形式通过表达他们的想法、恐惧和感受等。

宣泄并不能解释全部。开放的情绪表达对团体辅导的过程极为重要。强烈的情绪表达也会提升凝聚力：成员若对另一成员表达强烈情绪，同时又诚恳地审视这些情绪，将有助于双方形成亲近的联盟。表露正向的情感与正向的疗效有关。负向情感的表露则只有在真心愿意了解自己与其他团员时，才具有辅导性。

（七）人际学习（interpersonal learning）

每个人都有一个生存的空间，这个空间的大小直接决定着一个人在生活中的舒适程度，它是一种自我感的重要来源，即使对于濒死者、流浪者，其实也和有权势者一样，都在追求人与人之间的相互需要。Sullivan 认为，人格的形成可看作个体与生活中重要他人相互作用的产物。现实生活中，人际关系扭曲的人，当个体同他人产生联系时，常常不是以他人的现实属性为基础，而是受到早年关系的影响而形成的扭曲关系为基础，完全或主要以自己与早年经历有关的想象来互动，这样就容易产生有害的扭曲。人际扭曲趋向于在自我中相对稳固，但有害的扭曲也是可以矫正的，主要通过一致性确认。

（八）行为模仿

小组成员在发现组内存在榜样后，有意向团体中比其适应良好的人学习，包括团体领导者的榜样行为，并且在目睹小组成员勇于表露自己所不为人知的一面又因此而得到支持和理解后，这种经验使其也愿意做同样尝试；组员通过认同，继而采用另一位团体成员的行为模式或交往风格；或者赞赏并模仿辅导者，这样使自己的行为有了明确的方向，知道接下来该如何去做。这种积极的因素促使个人更深入地认清自己并给个人带来改变的动力。

动机与实际对别人的影响中间存在巨大的差异，模仿行为有如昙花一现，它能使个体尝试新行为，从而增加适应性行为，但重要的是要在接下来的生活中长久地坚持，以至于这些模仿的行为自然而然地变成自己的行为模式，这是需要团体的力量去督促。事实上，成员在辅导中完全靠“尝试”的方式，一点一滴地学习他人的行为，继而放弃以往不良的行为，这是很普遍的现象，关键是坚持的力量。

（九）提高社交技巧

提高社交技巧是所有辅导团体的共同疗效因子。在团体互动过程中，改善小组成员的交往技巧，通过坦诚回馈，从回馈中获得了解自己的机会。学会社交技巧，回应他人、解决冲突、较少批判、较多适当的体验和表达共情，通过付出，感觉对团体成员及其他人更加信任；了解到自己与别人的交流沟通方式；团体给个体提供与其他人接触的机会。通常经过较长时间团体辅导的成员会得到高度成熟的社交技巧：他们融会贯通；他们学会如何有效地回应他人；他们知道解决冲突的办法；他们较少地主观评价，更善于准确地体验和表达共情。这些技巧对成员将来的社会互动有很大的帮助。

（十）团体凝聚力

在团体辅导中，团体关系也扮演着非常重要的角色。它不仅包括成员与团体心理领导者之间的关系，还包括小组其他人员互相之间的关系，同时还包括成员与整个小组的关系。最重要的是有这样一个团体在，有一群人听我倾诉，他们不会遗弃我。团体中有这么多关心、爱恨情仇、离愁别绪，而我是其中的一部分……

凝聚力是指成员们在小组中感觉温暖、舒心，有归属感、不愿意离开的感受，能体会到团体的价值感，并感觉到自身的价值，以及被其他成员无条件地接受与支持的良好体验。这种感觉归属于儿时同伴团体、少年同党、兄弟会、姊妹会及适当的社会团体，有着不可小觑的重要性。

团体凝聚力不仅本身就是一种强有效的辅导力量，而且更重要的是，它是其他疗效因子运转良好的必要的先决条件。在接纳及理解的环境里，来访者会更愿意表达自己、探索自己，渐渐能觉察到以前不能觉察的自我部分，并加以整合，从而达到良好的效果。

事实上，在个别心理辅导中，当我们说辅导关系如何如何重要时，这并不意味着仅仅的爱或充满爱意的接受就足够了。而一种理想的团体关系，可以为展开必要的冒险、倾诉、探索自身及人际关系创造条件。这对团体辅导也是适用的，凝聚力对其他团体辅导因素发挥作用是必要的。

（十一）存在意识因子

“存在因子”是存在主义治疗取向提出的对治疗起重要作用的一个因子。

存在主义取向是一种动力取向。所谓“动力”取向是指治疗中利用人格深层结构中包含互相冲突力量的治疗法，这些力量存在于不同的意识层次，其中有些是在意识之外的。这些人类最大的内在冲突，乃是与生俱来的，正是对这种无法回避的、不可逾越的冲突的接纳与理解帮助成员突破防线，改变他们的生活态度，成为催化自身建设性变化的治疗机遇，或改变个体对人际相处的生活态度，甚至是对这个世界的看法，从而起到疗效的作用。

存在主义取向认为人类最大的冲突，是关于存在的最终意义：包括死亡、孤独、自由及虚无。焦虑源自这些领域里的基本冲突：我们希望继续生存，但又知道死亡乃无可避免；我们苛求依恃及有序，但面对的却是无所依恃；每个人都期望与人接触、被保护、融入整体，但却体验到人我之间无可跨越的鸿沟；我们毕生追求意义，但却生在没有意义的世界里。这些冲突反映了生存的某些痛苦真相：生命的局限性，无论是时间、精力还是健康，都是不能被无限拥有的，这是不可改变的事实；而且我们能从别人那里得到的指导和支持也是有限的，虽然人可以与别人亲近，但在超过某个限度之后，人仍是孑然一身，生存带来的基本孤独是必须正视而无法逃避的。了解到这些，很多成员就会更坦然、更勇敢地面对自己的极限和死亡，更好地正视现在，不为小事所羁绊。我们能做的就是珍惜现在拥有的，勇敢地面对人类共同的命运。同时，在治疗关系中，存在也指同在，同路人，同是天涯沦落人，指陪伴在成员左右的意思，是黑暗中的一条小船，虽然无法泊港，然而看见其他船只在同样水域航行的灯光，就感到你无比地慰藉。

存在意识因子共有 5 个条目：一是了解到生命有时候是不公平的。二是了解到生命中某些痛苦和死亡终究是无法逃避的。三是了解到无论我和别人多亲近，我仍须独自面对人生。四是面对生死，我更能诚实地生活而不被细枝末节的小事羁绊。五是认识到无论从别人那里得到多少指导及支持，我终究必须为自己的生活方式负起责任。

该理论取向强调，孤独有两种：一是存在的、原始的孤独（这类孤独是挥之不去，无计可施的，只可能被了解，并坦然接纳，视它为存在中不可缺少的一部分）；二是社会性的孤独，是无法“与人共处”的孤独。

社会性的孤独在团体辅导中常会遇到，也易于处理。基本的孤独则较少遇到，也常被日常生活的纷繁所掩盖。人们常把此二者混为一谈，并想要去解决个人的基本孤独。

面对无法避免的冲突，人只有从内心去了解世界，了解人类，存在主义强调人对于死亡、自由、孤独及人生目的的意识。了解这些意识对人行为的影响。

生命中有些痛苦和死亡终究是无法逃避的，面对生死，“我”更能诚实生活而不被细枝末节的小事羁绊。但需要注意的是，不能把人类基本的偶然性所导致的无能感，误为是社会性的自卑所带来的无能感。

三、团体疗效的差异说以及疗效因子的整合

这些疗效因子的区分是人为的，虽然将它们单独讨论，但它们是互相依赖的，它们既不独立存在，也不单独起作用。任何特定的体验对有些成员是重要的，或者有益的，对其他成员则可能微不足道，甚至是有害的。团体风格的不同设置、不同人群、不同特点、不同领导者带领的团体，其有效性因素是不同的。即使是同一个团体、在不同的阶段、起作用的有效性因素也不相同。且团体中疗效因子的相对重要性也会随着团体的发展阶段而变化。因此，不能说这些疗效因子中哪个更重要，哪个不重要，每个疗效因子是互相关联、互相依赖，是需要整合的。

四、疗效因子起作用的内在机制

在团体心理咨询中，其实真假善恶并不重要，重要的是对团体成员有什么意义，他是怎么理解和认识这件事情的，这件事情给团体成员带来的主观感受是什么。厘清这些问题是对成员产生改变的关键因素。事实上，真相到底是什么，其实在成员那里并不是非常重要的，真的又能怎么样？

主观即真实，别人当时是什么样子的无所谓，每个人都是黑盒子，最重要的是别人在我们这儿留下了什么印象才是真正重要的。心理辅导改变的就是当时那个情景在成员大脑当中留下来的画面感，改变那个留下来的东西，让他能正常地流动开，这才算是把这个情节打开了。当然，对于这个情节画面感的重新流动，不同的心理流派所采取的方式是不一样的，心理学各大流派用了很多不一样的技术，用来让那个画面重新流动起来。这就是心理咨询中各个流派的咨询理论、咨询模式、咨询策略与咨询技术等做的工作。

第三节　团体心理辅导的评估

任何一种教育模式都必须接受效果评估，否则教育将流于形式，起不到任何作用。所以为了避免教育的盲目性，建立一套科学有效的教育效果评估系统势在必行。在团体心理辅导中，如何评估这些因素是否起到了一定的效果，主要从以下几个方面进行考量：即理念上的感悟、情绪上的调节、技能上的掌握、行动上的改变。要达到这些效果，肯定是长期团体心理辅导的结果，但就某一次的活动，我们可以用质性的也可以用量化的方法来评估。例如，活动完成后，让同学们谈感受，这是

一种最直接的质性评估方法。

一、评估的概念

评估就是对服务或方案进行资料收集的行动，对资料进行分析和评价，有助于了解服务或方案实施的状况，以便改进和完善。

团体心理辅导评估则是指通过不同的方法，搜集有关团体目标达成的程度、成员在团体内的表现、团体特征、成员对团体活动的满意程度等资料，帮助团体领导者及团体成员了解团体心理咨询的成效。因此，一个好的评估体系要回答三个问题，一是评估什么，即评估的依据；二是用什么来评估，即评估的标准；三是怎么评估，即评估的方法问题。

二、评估的目的

（1）通过评估以有效监控咨询方案的执行状况，辨明问题和及时修正。

（2）通过评估检验咨询目标达成状况。

（3）通过评估以改进今后同类咨询方案的设计、训练策略。

（4）通过评估协助团体领导者了解和改进领导技能，提升专业水平。

三、评估的类型

一个比较完整的团体评估至少应该包括对团体计划、团体过程、团体效果等方面的评估。特别是团体心理辅导前后的评估不仅必要而且重要。如果团体心理辅导缺乏评估，对团体领导者而言，就无法客观而公正地了解团体效能，也无法改进或提高自己的专业表现。团体心理咨询的评估可以在团体进行前、过程中及结束后实施。团体进行前的评估注重团体目标的评估、成员特性及起点行为的评估。团体发展过程中的评估则在于领导者对团体动力的察觉、团体目标与进度的掌握、成员参与行为的分析，甚至包括特殊事件的处理效果、成员观察，等等。团体结束后的评估涉及团体成效的评估、领导效能的评估及成员行为发展变化的评估。

团体心理咨询评估的类型可以根据不同的标准分为不同的类型，具体划分为：

根据评估的时间可以分为诊断性评估、形成性评估（过程性评价）、总结性评价和团体结束后的追踪评估。

1. 诊断性评价

诊断性评价又称起始评估，就是在教学活动开始之前进行的教育心理评价。它的主要任务是评价学生进入新的教学活动前所具有的前提条件如何，包括对学生能力、个性特点、各种优点和缺点、各种心理或行为问题类型等的识别。在团体心理咨询中的诊断性评估则是了解团体成员的整体情况，成员的年龄、职业、比较集中面对的问题等。

2. 形成性评估（过程性评价）

形成性评估又称过程性评估，是在课程进行过程中实施的评估。其目的是收集有关学生学习与教师教学活动的信息，从而为课程的调整提供及时的反馈信息。在团体心理辅导中，形成性评估主要是掌握团体动力的走向、团体的过程和阶段、团体中技术的应用、团体的氛围、偶发事件及其处理，以及在团体过程中对成员的操纵行为、成员的反应行为、协助行为以及情绪行为等。

3. 总结性评价

总结性评价又称终结性评价，通常是在一门课程结束或一个教学方案结束时所进行的结果评定，包括评定学生的进步和评定教学方案的有效性。在团体心理辅导中主要是总结团体成员的成长、团体成员的感受、团体成员满意度的测量等。例如可以用问卷进行测量。

学生满意度评定量表

亲爱的同学：今天，我们的课程将近尾声了，我们很想了解你对这门课程的感受和意见，作为我们改进课程的参考。请就下列每个陈述符合你的想法或感受的程度，在适当的号码上打圈表示出来。

极不符合 1　2　3　4　5　6　7 极符合

1. 我能在这个课程中向别人表达我的看法。

1 2 3 4 5 6 7

2. 我喜欢这门课程。

1 2 3 4 5 6 7

3. 我觉得通过这门课的活动学会了关怀别人。

1 2 3 4 5 6 7

4. 我对自己越来越了解了。

1 2 3 4 5 6 7

5. 参加这样的活动使我对自己越来越有信心。

1 2 3 4 5 6 7

4. 追踪评估

追踪评估是指成员在团体中获益到的、所学到的在实际生活中应用情况的评估。可以利用追踪测验、追踪访谈、追踪行为及追踪聚会等方式。在团体心理辅导中可以通过一段时间后，在日常生活或者人际交往中的改善程度来进行评估。

除根据评估的时间来进行划分外，还可以根据评估的对象分为对团体领导者的评估和对团体成员的评估；根据评估的方法可以分为客观评估、主观评估；根据评估的工具可以分为影像评估、问卷评估和自我报告；根据评估的形式可以分为口头评估和书面评估；根据评估的侧重点可以分为过程评估和结果评估等。

四、评估的执行者

团体评估可以由不同的人来进行，角色不同，视角会有差异。

1. 团体督导者

团体督导者可以通过现场过程、事后观看录像带，或阅读团体领导者的团体单元记录表等找出需要进一步讨论的内容和议题，与领导者进行讨论。

2. 团体领导者

团体领导者也可以对团体进行评估，以改进带领技术。团体领导者的评估可以是领导者自评也可以是评估领导过程与团体成员。

3. 团体观察员

团体观察员主要是在团体进行时针对团体成员的行为表现、针对领导者的领导技巧与过程及针对团体效能的观察进行评估。

4. 团体成员

团体成员主要是就自己参加团体的感受、获得的成长、取得的进步及在团体中受到的伤害等都可以做一定的评估。

5. 团体成员相关的重要他人

通过一定时间和次数的团体之后，团体成员是否发生了改变，成长有多大，进步有多少，生活在他周围的人能够切身感受到。通过周围人的评价，我们可以看到参与团体心理辅导的效果，进而对团体辅导进行评估。

五、评估方法

团体心理咨询效果评估方法有多种多样，按照评估的不同时间，可将评估分为团体前的评估，比如团体前的实验设计、心理测量方法等；团体中的评估可分为行为观察、自我改变程度评估、录音录像的评估；团体心理咨询结束时评估内容：目的是否达到？反应是否良好？工作方法是否正确？团体合作是否充分？有无可改善之处？具体的方法可介绍如下：

1. 行为量化法

要求团体成员自己观察某些行为出现的次数并做记录，或请成员之间与成员有关的人观察记录，以评估成员的行为是否有改善。如为脾气急躁的人开设的人际关系改善团体辅导中，领导者希望通过一些团体活动减少成员发脾气的次数，学习以温和的方法与他人相处。为此领导者设计一份行为观察表，让成员记录他们在团体外与人交往时发脾气的次数，然后进行评估，有针对性地指导。既可以记录外显行为，也可以记录成员的情绪和思维。如团体成员出席团体聚会的次数、流失成员登记等。记录方法可以用表格的形式或者图示。

行为量化法的优势是具体、可操作，记录过程也是成员自我监督的过程，有助于行为改变；不足之处在于费时，准确度难以把握。

2．标准化的心理测验

在团体评估中，运用信度和效度较高的心理测试量表，可以反映出团体成员行为情绪的变化，以评估团体咨询的效果。

3．自编调查问卷

团体领导者设计一系列有针对性的问题，让团体成员填写，收集团体成员对团体咨询过程、内容、成员关系、团体气氛、目标的达成、领导者的态度及工作方式等方面的意见。

问卷内的问题既可以是开放式的，也可以是封闭式的。自行设计的问卷虽然不一定科学化，但它的好处在于能让成员自由发表想法和感受，因此能搜集到一些其他方法难以获得的、宝贵的第一手资料。

团体成员自我评估表

利用下面的句子，以 1 到 5 的尺度等级估量你自己参与团体的状况。1 代表“我绝不是这样”，5 代表“我总是这样”。

（1）在团体里，我是一个积极投入的成员。1 2 3 4 5

（2）我认为自己愿意在团体里尝试新的行为。1 2 3 4 5

六、选择团体评估方法的原则

（1）方法适合团体方案目标。

（2）是咨询师熟悉了解并掌握的方法。

（3）适用于评估对象等条件。

（4）简易、适用、客观。

例如，评估一个改善学生课堂行为的班级团体辅导方案。在实施前，让各科教师在该班上课时记录一周内学生发生行为问题的次数，然后每周继续进行，直至方案实施结束。将每周教师的记录进行统计；制作成一个曲线记录图，便可以看到该团体方案对学生课堂行为影响的状况。

七、团体评估应注意的事项

团体评估必须考虑评估的客观性、验证性、科学性及实用性，以获得真正的评估结果与有效的评估资料。

（1）评估需得到有关单位的同意。

（2）应该以可观察的行为作为评估依据。

（3）评估目的在于促进专业效能和自我成长，不应作为考试的替代。

（4）即使是失败的结果同样具有参考价值。

（5）参与者有权参与评估体系的设计。

（6）评估系统需要持续接受评估和修正改进。

八、评估标准

评估标准有四级：

1. 反应标准（一级评估）

用于对表面效果的测评，通过对学生的情绪、注意力、赞同或不满等对每一个应用模式的教师和学生对团体效果做出评估，结合所有人员的总体反应可以得出对效果的基本评价。

2. 学习标准（二级评估）

在这样的模式中学习到了什么？内容方法是否合适、有效？每一学习过程是否满足和达到了所提出的要求。

3. 工作行为标准（三级评估）

分析是否带来了教师、学生行为上的改变。此模式的目的是提高能力，而能力是通过行为表现出来的。因此，评价模式的效果就要看教师和学生在工作行为上和学习行为上发生的可观察变化及应用前后的变化程度。

4. 组织成果标准（四级评估）

模式的最终评估应该是以团体成员的成长为标准。也就是说，生活、学习行为的改变带来的是整个团体成员的成长、整体素质的提高。因此，可以直接对参与团体的成员进行道德素质、心理素质、情绪管理能力及人际交往能力进行测量、分析和判断，确定团体的效果。

九、评估时机及其方法

一级评估在团体中进行，且一级评估多采用团体效果问卷调查、与参与人面谈、团体进行时观察等方法进行。

二级评估在团体中、团体结束时进行，且二级评估采用的方法有：团体中测量、团体效果调查问卷，参与成员心得报告等。

三级评估在团体开始三个月之后的工作中进行。即几个月后，以局部调查或访问的方式，访问团体成员、家长和相关管理者根据团体后各方面的具体表现，积极性有无提高，工作学习的动力足不足，工作素质有无提高、工作态度有无变化等进行评估。

四级评估则在团体辅导后半年、一年甚至更长的时间后从日常生活中进行评估，如可以利用自我提升成长日记法。

下面我们就以一个具体案例的评估进行说明。

我们对参加一学期 18 次团体心理辅导的应用心理学专业大三年级学生的一个成功案例为主来说明如何进行评估。

主要评估该成员产生疗效时是哪些影响因素发生了作用。

该生化名王飞，他在高考结束以后，非常地痛苦、麻木，甚至怀疑自己，丧失了斗志，丧失了感动和爱的能力，高考把他的自信和热情降到了冰点，他拖着一副极尽空洞的躯壳，迈进了大学，并参与了这个团体心理辅导课程。王飞一开始参加团体时萎靡不振，目光呆滞，没有活力，而且他家庭非常贫困，他非常担忧自己的经济状况，本人又很自卑，害怕别人评价他，总是很沉闷，不怎么和人交流，在整个群体当中，心理健康水平是相对偏低的。但他在上过 3 次团体后就开始变得认真投入、积极参与，经过了 18 次课，他获得很多，结识了很多朋友。对他进行跟踪评估，团体开始、结束，团体三个月以后，团体结束半年以后可以看到他在总体上改变非常大，成长很快，包括他的主观幸福感、心理健康水平，都和开始前有明显的改变，抑郁降低了，自尊提升了。对这个同学做了一些访谈，问他个人觉得自己有哪些成长，通过团体有什么收获，他提到了自己很多方面的改变。他现在斗志昂扬，快乐地向前奔跑，虽然还有一些可以改进的地方，如意志品质，他觉得自己意志品质还需要加强。但是可以清晰地看到他前后的改变，他说参加团体以后，他最大的改变在两点上，一是情感方面的，愿意更多地去表达自己和接纳别人，这在之前，他是一个非常内向，从不愿意表达自己的人，他觉得这是他最大的变化；二是机会，他说："不管是争取还是自然的，现在我愿意尝试各种让自己改变的可能性。"以前有想法，没有机会，没有动力，没有实践，但是通过这学期的团体辅导，他觉得自己更加愿意在今后的生活中主动地去寻求那种机会让自己在各方面都有所成长，这也是团体给他带来的重大改变。

第四节　学校团体心理辅导的优势与效果

团体心理咨询是在团体情景下提供心理帮助与心理指导的一种心理教育形式。在学校开展有着天然的优势，一方面学校有自然的班级作为一个团体，不需要再专门组织，这是一个非常便利的条件；另一方面，学校中班级成员年龄相当，心理发展阶段相同，面对的心理矛盾与困惑也相似。因此，团体心理辅导是目前学校心理教育中最理想的形式，对学校心理健康教育的具体落实提供了绝好的模式，其发展前景广阔无比。

一、团体心理辅导在学校的应用

当前，在学校开展心理教育已被纳入学校教育的大德育体系，学校应该怎样在日常教学中渗透和开展心理教育、指导与咨询，使学生健康成长，这是一项复杂而又艰巨的工作，不少心理学家和教育工作者对此做了大量的尝试，进行了研究和探索。根据研究成果和实践经验发现，以往的个体心理咨询与辅导、心理健康教育课与讲座、板报宣传与心理健康测量等知识普及式的传统心理教育途径，由于受人数及效能的限制，还不完全适应当代学生的需求。而在解决学生心理困扰和发挥个人潜能、增强适应能力的实践过程中发现，团体心理辅导比传统的其他心理教育方式更有成效。近年来，心理健康教育以面向全体学生发展与教育为主的模式成为共识，团体心理辅导受到人们越来越多人的青睐。

团体心理辅导中成员之间通过共同的主题讨论、导师引导、大家体验并分享，最终解决成员的心理困惑，达到共同成长的效果。在团体辅导中，通常由一位或两位团体领导者主持，多个成员参加。团体的规模因辅导目标的不同而不等，在学校，一般是以班级的形式来组织。在辅导过程中，通过团体成员一次或多次活动，相互交流，共同体验。在分享中，使个人自然“融化”于团体，并从更多元的角度认识自身的问题，分析问题存在的症结，最终找到解决问题的方法。在分享中，使成员产生和别人一样的体验，从而不再感到孤独、无助和另类，宣泄消极情绪，缓解心理压力，在分析和解决问题的过程中，成员获得一种安全的归属感，最终一起成长。

二、学校开展团体心理辅导的优势与效果

团体心理辅导最大的优势就是在团体中可以创设一种微型的环境，使成员在这个宽松的环境中，深刻体验自己当下走过的内心情感，审视现实生活中的挫折，宣泄压抑情绪，在体验中获得归属感、安全感和自信心。而在学校开展团体心理辅导，进行心理教育，有着特殊的优势，具体表现在：

（一）教育和预防性团体比较适合于团体心理辅导的模式

各级各类学校中的心理教育大多属于教育和预防性的心理教育，学生中真正有心理障碍和心理疾病的人并不是很多。他们所面临的大部分问题是一些发展性问题，如自我认同、情绪调节、和谐人际关系建立等，成长和发展是他们的共同目标。所以，他们所组成的团体属于教育和预防性团体，是针对心理发育和心理成长的任务，主要体现在人格没有健全、个性没有完全形成、情感比较脆弱等，是最适合团体心理辅导的方式。通过吸收心理健康知识，获得积极的心灵体验。而且教育和预防性团体对领导者要求较低，这正好适应我国现阶段学校心理教育起步较晚、心理教育工作者专业知识薄弱、实践经验不足的现状，并且从团体心理辅导的功能上来看，发展、预防等教育功能比治疗功能更应该得到重视。

（二）学校的组织管理形式适合于进行团体心理辅导的模式

在各类学校中，学生的管理主要以班级管理为主，学生的学习生活和集体生活也都是以班级形式参加的，所以学校中很容易形成团体。更何况，除班级外，还可以比较容易组成各种社团及兴趣小组等小群体。这样，在学校中开展团体心理辅导

有着丰富自然的环境，并且有着相似的发展课题与成长困扰。这样组成的团体，成员之间互动起来更加顺畅，在分享时也更容易共鸣，思想的碰撞与交汇比一般团体更快更及时，体验也会更加地深刻，当然效果也会更好。

（三）在学校开展团体心理辅导便利且经济有效，既缓解专业心理工作人员不足的矛盾，又可以帮助学校加强班级管理及各种社团的建设

个体咨询需要的是一对一的咨询情境，每次咨询时间至少 50 分钟，4 个小时最多能帮助到 3 ～ 4 个人。而在学校进行的团体心理辅导，由一个导师同时面对多个成员，90 分钟就可以帮助到几十甚至几百个人，像这样参加人数多、规模大、效果好，又为更多的需求者提供了专业的服务，这样将有利于扩大心理教育在学生中的影响。所以，团体心理辅导是一种经济而有效的学校心理教育模式。并且团体由多个成员构成，用团体的方式帮助个人，提供了多向的沟通渠道，每个成员在团体中不仅可以接受团体导师的帮助，而且可以通过学习观察及接受其他成员的帮助，同时也可以帮助他人。所以，成员之间的沟通是多维而广泛的。

（四）在学校开展团体心理辅导有助于缓解学生的病耻感压力

现在社会各界普遍重视心理教育，尤其是学校。心理课程和心理讲座及心理辅导已成为常规化的心理教育，使一些学生能够意识到自己身上的心理问题，但迫于传统观念的影响，大多数学生还是怕别人误认为自己有心理疾病或心理障碍的病耻感观念而不愿意走进心理咨询中心进行个别咨询。而进行团体心理辅导，可以避免学生面对群体压力，并在和团体成员的积极互动中，主动有效地解决自身的一些心理困惑。

（五）在学校开展团体心理辅导有助于得到朋辈的理解和支持，促进学生之间的人际交往

一般情况下，同龄人之间有着相似的发展主题，经常面对着相同的心理问题。因此，更容易沟通一些。而各个学校相同年级甚至相同班级的学生基本上属于同龄人。在进行团体心理辅导时，面对同一个主题、同一类困惑，虽然大家的经历有所差别，但感受会有相同之处，共情更容易一些。尤其是在分享的时候，成员更容易从朋辈、同伴中获得支持与肯定。在创设的社交环境中，互相理解；在充满信任的团体氛围中，相互支持；在交流沟通中，反思与调整自己的行为，重新建立人际关系等，并将咨询中取得的成果积极主动地迁移到日常情境中，从而化解矛盾，改善人际关系，获得共同成长。根据研究表明：朋辈心理互助是一种实施方便、推广性强、见效快的学校心理教育的一种新形式，它有利于充分满足人们的心理需要和培养学生乐于助人的品格，有利于助人、自助目标的实现和提高学生的心理素质，提高学校心理健康教育的实效。

（六）团体心理辅导为成员提供改变的场域和尝试新行为的机会

团体心理辅导是行动的向导，在实施的过程中，成员可以考验和实施领悟到的新行为。实际上，团体心理辅导可以为成员提供社会交往的模拟环境，能使成员在安全、信任的气氛中尝试去学习或改变不适应的行为，逐步使自己的情感体验和心灵受到震撼而产生团体动力，并帮助成员选择目标，尝试他们想要做出的改变，形成行动计划并具体实施，以实现改变的目的并得到验证和巩固，温暖、和谐而轻松的团体氛围是提供新行为锻炼的绝好场所。

（七）学校团体心理辅导在强度和威胁性方面比个别咨询偏弱

团体辅导与个别咨询在强度、规模上都不相同。在一对一的个别咨询中，来访者有时会被咨询员的表现而震慑，由于没有来自其他人的支持，会感到咨询员难以分担他们个人的忧虑。而团体心理辅导则是在团体中帮助个人自我发现、自我指导和自我发展。通过团体的力量来互相帮助、互相支持，互相成长，在克服情绪、行为上的困难过程中，最终发现个人潜能，解决自身问题。

（八）学校团体心理辅导中可利用的资源丰富

在个体咨询中，整个咨询过程就是来访者与咨询员的活动。而团体心理咨询中会有更多的人在同一时间段接受服务，这样既省时省力，经济有效，同时还可以利用更多的资源。任何治疗师的理论及经验都是有限的，能够提供的帮助及示范行为和榜样力量也是有限的，但是团体辅导能够提供更多的资源或观点，成员可以同时学习模仿多个成员的适应行为，从多个角度洞察自己，从而收到更大的效益。

（九）团体心理辅导面对的是正常的、在某些方面有待于完善的人群，这有别于个体心理咨询

团体心理辅导，其成员不是那些思想不正常、有心理障碍和心理疾病的人群，而是正常的、在某些方面有待于完善和发展的人群，这有别于个体心理咨询。辅导的目的也不以治疗为主，而以改善、适应、促进成长为主。一般通过建立信任关系与安全感、澄清问题、反馈评价等咨询技术来帮助学生更深入地探寻自我、肯定自我、悦纳自我，并且强调助人自助、保密、尊重等原则。当然，团体心理辅导在实施过程中还可以发现某些有轻微心理问题的个体，从而转诊为个别心理咨询。总之，团体心理辅导可用来满足各种普通群体的需要，是当代发展较快的心理成长方式之一。

三、团体心理辅导在学校心理教育发展中的前景

团体心理辅导既是一种有效的心理咨询，也是一种有效的教育活动。团体心理辅导具有教育、发展、预防及咨询四大功能，这四大功能相互联系，相互渗透，在实施过程中共同起作用。我国团体心理辅导虽然起步较晚，直至 20 世纪 80 年代才引进这种形式，但近年来发展比较迅速，已有一些研究成果在各类型的团体中得到了运用，并取得了令人满意的结果。特别是在学校，团体心理辅导对于改善学生心理健康水平、提高学生心理素质、构建和谐校园具有显著作用。团体心理辅导和个

别心理咨询相结合能促使学校心理教育更加富有成效。同时，团体心理辅导的最大特点在于培养人的信任感和归属感。在辅导过程中，学生通过对本团体中成员的信任，扩展到对周围人的信任；由对团体的归属感扩展到对学校、家庭、社会及国家的认同感和归属感。这就使得团体心理辅导的目标总是朝着积极向上的、具有建设性的方向发展。

总而言之，尽管团体心理辅导在我国各类学校发展的时间还不是很长，但它作为学校心理教育的重要途径和有力支柱之一。作为心理健康教育主要形式的团体心理辅导，通过精心设计、长期开展，为学生提高心理素质、解决心理问题，完善人格具有重要的潜在价值。团体心理辅导在我国各级各类学校的心理教育体系中将有更为广阔的发展空间。

中编

技术篇

第七章　团体心理咨询的阶段性技术

关于团体咨询与辅导中的技术，我国台湾徐西森老师有一段描述讲得很清楚，“团体领导者为了达成团体的目标，发展团体动力，促进团体成员互动，提升学习的效率，适时地采用某些方法、态度、策略或手段，都可以视为‘技术’。”也就是说，凡是有助于形成团体动力，运作团体发展的一切领导行为都可以称为“领导技术”。也就是说团体的技术这个概念其实是很宽泛的，包括策略、方法、技巧、练习等。

第一节　团体心理咨询的技术

一、技术的概括

在团体中，有人把技术叫作游戏、团体活动，是在团体心理咨询与辅导活动中，创设情境以及要成员完成的活动内容或体验。通过这些技术，达到鼓励成员参与到团体中，引起成员对团体的兴趣，达成决策以及解决问题，刺激思考增加团体的场动力等。其实，在团体中把活动叫作技术而不叫游戏，是因为游戏给人更多娱乐、玩耍的感觉，很不正规，没有教学的意蕴，但实际上，心理技术是有一定教育和治疗功能的，是运用科学的心理知识和相关心理学教育学理论转换成可以操作的流程，最终在成员参与、体验的过程中去实现心理教育和心理咨询与治疗目标的最大化，是教育技术学在心理辅导中的具体应用，是一个比较正规的专业术语，而不是老百姓理解的游戏。而在日常的团体活动中，团体技术的游戏化已经比较严重。因此，在团体咨询与辅导中要避免叫游戏，要用专业的术语“心理技术”来代替比较口语化的“游戏”的叫法。

二、团体心理咨询与辅导的技术分类

团体心理咨询技术是维持和发展团体并有效地促进成员改变的技术的总称，根据团体技术的不同划分标准，把团体技术分为团体咨询的基本技术、领导者的技术、团体阶段性技术和团体的专门技术等，本章就其中几个技术进行详细阐述。

团体基本技术涉及个人层面、人际层面、团体层面及各咨询流派的具体技术

等，其大部分是个体心理咨询师需要掌握的技术，在这里不再赘述，本章主要讲团体的技术。

三、领导者的技术

在团体咨询与辅导中，领导者的技术主要涉及六大技术，分别为：

（一）关注技术

关注技术强调领导者对团体的成员要无条件地接纳尊重，关心成员的人格，用爱心、耐心、亲切、温暖等这些态度去和成员建立信任的关系，这种态度非常重要。尤其是在团体中遇到一些比较特殊的成员，作为领导者要有耐心、爱心，更重要的是好奇心去了解他的内心，而不是排斥，用负面的情绪回应成员。即使有成员对其表现出不喜欢和否定，作为领导者也要表现出自己应有的宽容和接纳的意愿，无论成员怎么样，领导者都要非常尊重，而且用极大的耐心去关注他。最终让成员放下芥蒂，打开心扉，突破防御机制，逐渐回归团体。

（二）反馈技术

在团体当中，反馈特别重要，反馈是领导者作为成员的一面镜子，把他看到的，感受到的成员的那种状态真实地告诉当事人，让成员有所觉察和反思。当然要反馈，首先领导者就需要认真聆听，用心聆听，领导者的反馈才能回应到当事人核心问题所在，才能让他真正有所触动，让他对自己有更多的觉察，通过反馈让当事人更真实地照到自己，反思自己。

（三）认知改变

众所周知，团体心理辅导与咨询在改变人的心理基本功能中，包括了认知功能、情绪功能，还有行为功能。在团体中发现一些成员，因为认知上的偏差导致情绪上的困扰。因此，运用一些认知改变的策略，如使用暗示、面质、说服、教导等技术，也可以找到一些非理性的认知，通过辩论的方式消除成员的非理性认知，从而改变其情绪与行为。

（四）行为改变

团体心理咨询还常常使用一些可操作的行为改变技术，帮助当事人学习、巩固那些良好的行为，从而改变那些对自己带来一些负面影响的不适应行为，如可以学习怎样去赞美别人。在优点轰炸中，当一个人被很多人欣赏的时候，他就会发现自己的优点，甚至是自己都不曾觉察的优点，“良言一句三冬暖”，使他在其乐融融的氛围中提升自己的能量。同时，在与人相处中，用心地去理解别人，发现别人内在的而不是表面的优点，否则夸奖别人的时候就会很肤浅，这是这种技术的使用，使成员改变了自己的交往方式，从而整体得到很好的成长。

（五）示范

在团体中领导者很重要，因为他本身就是成员学习的榜样，他的健康、坦诚、直率、公平、不防卫的特质都是对成员的一个示范。当每个成员都感觉到自己在团体当中是被重视的、被关怀的、被肯定的、被欣赏的，说明领导者做到了很好的示范。因此，领导者要时刻注意自己的言行，要以平等、热情、公正、尊重的态度自觉为成员提供行为示范。

（六）自我管理

心理咨询最终的目的是助人自助，而不是替别人做决定，所以团体中非常重要的一个技术就是要激发成员改变的动机，培养成员自我管理的能力，引导成员主动参与团体，学习自我观察、自我发现、自我尝试、自我探讨、自我控制、自我评价、自我指导等，以使成员获得更好的能力来解决自己的问题。事实上，每一个有困扰、有问题的人，同时也是能够解决问题的人。

第二节　团体心理咨询的阶段技术

一般来讲，团结是有发展过程的，所以，团体的技术也会根据不同的阶段有不同的策略，不同的方法。团体咨询的实施一般划分为5个阶段，在不同的阶段团体的特点不同，团体的功能也各异，领导者发挥的功能也不一样，因此，团体技术的使用也大相径庭。如果从团体心理咨询的不同阶段来看，团体咨询的技术包括准备阶段的技术、初始阶段的技术、过渡阶段的技术、工作阶段的技术、结束阶段的技术五个方面。

一、团体准备阶段技术

首先要有目标，积极有效的团体目标应该是具体的、明确的、可行的、切合实际的，同时是可评估的。目标建立后，应该让团体成员充分了解，准确把握，使团体心理咨询沿着一个共同的方向发展。

（1）让成员准备从团体中获得最大收获。

①注意自己的感受，主动积极地参与并发表意见。

②倾听关心别人，尽可能给予别人以回馈。

③可以合理、肯定而不具有攻击性地表达情绪。

④时常检查团体的行为是否能促进团体的目标。

⑤团体的发展是每一个成员的责任。

（2）建立与强化团体契约和规范。

①形成口头或书面的契约和规范，且这种契约最好通过集体讨论的方式给定。

②内容上要包括团体的时间、成员的态度、团体应遵守的保密原则等。

（3）团体方案或者计划书的设计。

（4）团体成员的招募、广告的设计等。

二、团体初始阶段技术

该阶段的主要任务是尽快地、轻松地、有效地使团体成员相识，使团体成员拉近距离，减轻焦虑和不安，增进成员的彼此了解，建立信任感。这是团体进行下去的前提条件。开始互不相识的人因为参加团体而走到一起，都想知道别人的背景、问题。这时，成员会通过一些语言与非语言的交流形式开始互相交往、沟通，成员在几乎没有结构的情形下自由活动，随意走动去接触和认识别人。但这种交往常常是谨慎的、试探性的，轻易不会暴露自己，而是尽量寻找与别人的相似之处和共同语言。随着活动的逐渐深入，成员之间的关系也开始由表及里，由浅入深，变得愿意表达情感，开放自己，对团体的目标表示认同，团体的凝聚力和信任感慢慢形成。例如不同形式的自我介绍、互相介绍、信任之旅、信任跌倒、信任圈等。

在这一阶段，有些成员常担心自己的言行会不会被他人接受而小心翼翼。有的成员会故意表现出令人不快的言行，试试团体里气氛是否安全，考验团体是否能接受他所有的行为和情绪。有时候，团体还可能会出现一阵沉默、尴尬的气氛，这是成员在思索问题、寻找方向的表现。在这个阶段，领导者也要学会处理成员负面情绪的技术，如处理焦虑、害怕的情绪，处理防卫或阻抗情绪等。领导者要主动带头示范自己的感受，不能责备成员不投入团体。引导成员要用适合的行为方式或直接或委婉地面质。

例如，阻抗可能会表现出各种特点，如每次都迟到，或者在团体当中不说话，或者攻击别人，都有可能。怎么去处理这些问题是团体初创阶段团体领导者应该掌握的技术。例如，特殊成员的处理，在团体中遇上一个特别爱说的成员，一个人要说好长好长时间，团体就这么点时间，他一个人占了很长时间，时间长了，成员都会有意见。大家的时间都被他占去了，可能他说的话不一定对团体有建设性的帮助，那怎么让他停下来？你还不能制止他，否定他，在团体中肯定不能这样，否则会让他感觉到被责备、被批评、被否定。一般来讲，这里面就有技巧。首先要特别肯定她地说："特别谢谢你对团体的贡献，我看到每一次你都愿意主动积极地去表达自己的想法，愿意去和别人沟通，积极地投入和参与团体，老师很欣赏你，你对团体的贡献也很大。但是不好意思，团体的时间真的很有限，我想你和我一样，也很想听听别人是怎么想的，怎么说的，我们也听听其他成员的意见，你看这样可以吗？"其实，咨询就是一门说话的艺术。

三、团体过渡阶段技术

这一阶段团体的主要任务是提供鼓励与挑战，使成员能面对并且有效地解决他们的冲突和消极情绪，以及因焦虑而产生的抗拒，使团体进步到彼此有效地建立关系的阶段。团体发展到过渡阶段时，团体中会出现各种不同形态的抗拒心理，团体成员的焦虑程度和自我防卫都很强。此时，成员的矛盾心理比较普遍，一方面担心自己不被他人接纳，为追求安全而把自己包裹起来。在团体中，成员也不会对当前的感受作出描述，通常只会将过去的经历作为讲述的话题，谈话中也不会涉及团体中的人。另一方面又想冒险说出自己心中的话而跃跃欲试。对于团体指导者，成员也会仔细审视是否值得信赖，甚至公开挑战，以试探指导者能否适当处理问题。团体成员开始讲到自己在团体中消极的情绪时，负面取向的感受往往首先指向指导者，然后是其他的成员。这些行动背后的原因是个人感到焦虑和受威胁，故做出防御。同时，以此测试团体的安全度。这时，团体指导者必须冷静沉着面对，主动、真诚而积极地关心每一个成员，协助他们了解自我防御的行为方式及处理冲突的情境，鼓励成员谈论与此时此地有关的事情，协助他们成为团体中独立自主的一分子。

在这一阶段要注意防卫与接纳气氛的形成，团体过程中气氛是一个连续变化的过程，从强烈的防卫到完全地对别人支援、接纳他人。防卫的气氛是团体沟通的障碍，而接纳的气氛是团体咨询有效的保证。当团体成员进入一个陌生的环境，往往会有很多焦虑、害怕和疑惑，甚至出现抗拒。他会担心自己能否接纳别人，会不会被他人审判，会不会受到伤害，能不能真正得到帮助，别人怎么看我，等等。因此自我防卫的心理很强，而接纳自己和接纳他人的心理较弱。而防卫与接纳的气氛不是什么神秘的现象，它是某些行为的后果，也是产生某些行为的原因。例如，以坦诚的、没有批评的态度去聆听别人，就会造成接纳的、支持的气氛。因此，团体开始时，领导者必须用自己的专业知识和领导技巧创造适当的气氛，从而引发成员积极的回应行为，从而逐渐减少防卫气氛，增强接纳气氛。

四、团体工作阶段技术

这一阶段是团体咨询的关键时期，其主要任务是在充满信任、理解、真诚的团体气氛下鼓励成员探索个人的态度、感受、价值与行为，深化对自我的认识。团体发展到这个阶段，团体凝聚力和信任感已达到很高的程度。成员充满了安全感、归属感，互相接纳，互诉衷肠，开放自我，也真诚地关心他人。成员也开始表达与其他成员相处的即时感受。除了正面的外，也包括负面的。不过，虽然会有负面的表达，但不会很极端，更不会带有攻击性，纯属是一些个人的反应和感受。结果大家因此而共同摸索和发展出一种珍贵的信任，坦诚相待，互相支持，彼此关心。对他人也有了解和体谅，并尝试用自己的方法来为他人提供帮助。并且成员已安心地放下个人的防御与伪装，开始逐渐对自己有更大的探索，抛掉种种的伪装面具，开始接纳和确认自己，还可能通过面质，协助别人澄清和处理矛盾，并积极面对问题，创设出有建设性意义的、诚实和开放的深挚关系，大家在充满关爱的真诚氛围中，彼此支持和鼓励对方，从自我的探索与他人的反馈中尝试改变自己的生活，尝试新的行为，并得到其他成员的支持、鼓励。此时的指导者也必须开放自我，分享其他成员的感受，并设法使成员在团体进行过程中集中注意力，朝向团体目标和个人目标，做有益的改变。

在这个阶段会有很多的技术和方法，如用动作、雕塑表达成员的心情，或者家庭关系，也可以通过家庭作业的分享、行为的训练、执笔练习、艺术表达等多种方法。例如，引导参与的技术，即团体领导者依照团体成员个人的需要去引导他们，提供足够的背景资料，刺激成员思考、沟通，以确定解决问题的行动；解决问题的技术，即正确评估自己的能力与环境的变化，积极地做出符合自己人生目标和价值观的选择、决定，减轻由于在生活中遇到问题而产生的心理压力，使身心有效地适应社会，达到生活的目的；及时介入的技术以及家庭作业或行动练习等。

五、团体结束阶段技术

这一阶段团体的主要任务是使成员能够面对即将分离的事实，并协助成员整理归纳在团体中学到的东西。鼓舞信心，将所学的东西应用于日常生活中，使改变与成长继续。在这个阶段，由于分离在即，一些成员心中充满离愁，同时想利用最后的机会表露自己希望、害怕的情绪，以及对别人的感受。领导者要把握好这个机会，安抚成员心中的离愁别恨，为分别做好心理准备，并认真总结整个团体过程，协助成员作出个人评估，鼓励成员充满信心地去面对生活，特别是将团体所学迁移到实际生活中。

另外，团体中有一些专门性技术也是需要掌握的，本书将在下面的章节中介绍几种在学校团体心理咨询与辅导中常常用到的几类特殊技术。

第八章 表达性绘画心理咨询与辅导技术

绘画艺术治疗是团体技术中最常用的方法之一，是表达性艺术治疗的一种。来访者透过绘画，利用非语言工具，将其混乱的心、不解的情导入清晰的状态，是将潜意识内压抑的情感与冲突呈现出来，而且在绘画的过程中得到抒解与满足，从而达到诊断与治疗的目的。具体方法是让来访者在有限的空间（纸张）呈现完整的表现，还可以客观地观看自己的作品，在咨询师的陪伴下，发现问题，解决问题。

第一节 绘画艺术治疗理论与技术

一幅图画胜过千言万语，因为图画传递的信息比语言更丰富、更直接。读图是最简单、最直白了解人们内心世界的方法。团体辅导采用绘画艺术治疗，就是让团体成员在纸上自由发挥自己潜意识思想，绘画可以是有主题的，也可以是随意画，想到什么画什么，再通过咨询师的问话，来访者的讲述，实现表达性艺术治疗的交互。

一、分析背景下的绘画艺术治疗技术

绘画艺术治疗技术在使用过程中有两种背景：一种是以分析为背景，另一种是以表达为背景。前者重在分析，后者重在表达。

经典的绘画艺术治疗的绘画主题有树木画、房屋画和人物画，以及它们的组合形式和各自的具体形式，如家庭和学校动态图、果树画、自画像，异性像、雨中人等。绘画分析治疗是一种非常灵活方便的方法，它既能用于个体，又能用于团体。它可以作为对社会人群心理健康的普查筛选工具，筛选出需要进行心理卫生干预的人员；还可以用于精神卫生工作相关的门诊临床及心理问题和心理疾病住院患者的心理诊断手段，为心理咨询、心理治疗提供相关的人格方面的信息；也可以作为调节夫妻关系、亲子关系、治疗和矫正不良青少年的手段之一，利用它的艺术性促进心理障碍、心理疾病患者的康复。绘画分析治疗适用于不善言谈的求助者或疾病情况，如自闭症、失聪、迟钝、妄想等；绘画分析治疗还适用于对言语治疗有阻抗的

人或情况，如对谈话疗法有抵触情绪，而其他方法均无疗效的来访者；适用于怀疑自己口语能力，以及害怕咨询师，不愿与咨询师进行言语交流的来访者；也适用于对抑郁症状、饮食障碍、物质滥用、性虐待受害者等的治疗。

分析性绘画心理治疗能够有效地弥补传统咨询疗法上的一些不足，是一种行之有效的心理咨询与治疗的方法。绘画分析治疗作为一种测验工具，其所依据的原理是弗洛伊德的精神分析理论，他的假设是认为绘画作品能够投射出个体的智力、行为、情感、人格、社会化等一系列心理特征。它简单易行，科学而又实用，还能引起儿童兴趣，能被其愉快接受，受到人们的重视和广泛的应用。随着应用的不断推广和研究的不断深入，画人测验经常用来评估其情绪特征和人格特征，已经广泛地应用于各个领域。如企业在选拔人员时，通过房树人测验，对员工的人格特质和气质类型能有一定的了解，从而根据选聘职位要求选择适合的员工。如果被测试者把树画得很小，说明其对自己不自信；如果自画像没有画嘴或把嘴涂黑，则说明他可能在交流上有问题。绘画中的这些信息可以为员工的选拔和职位的安排提供很好的参考，绘画测验还可以作为评估个体和团体心理健康水平的工具，并对潜在的心理危机进行评估和干预。

二、表达背景下的绘画艺术治疗技术

表达性艺术治疗主要用于探索，根据探索目标的不同可以对自我、情绪、关系进行探索，其中关系包括家庭关系、工作关系和生活关系。主题形式可以分为自由绘画和主题绘画，主题绘画包括经典主题房树人、人物画、雨中人等测试性绘画；非经典主题绘画包括心情画、情绪画、风景构成法、交互绘画故事疗法、九宫格、安全岛、多维添加画、生命线等自我探索，也可以延伸更多主题的治疗性绘画。引导方式可以是放松引导或加上主题文字引导，再加上唤回引导，还可以伴有音乐引导。绘画表达的对象很多，包括人事物、情绪、时间、空间。参与绘画的人可以是来访者自己画，也可以是咨询师和来访者交替绘画，还可以是团体绘画以及传递绘画。

在实施绘画的过程当中要观察来访者的绘画过程，先画了什么，重点涂抹了什么，特别又添加了些什么，带有情绪起伏的部分是哪里，没有画出来的部分又是哪里。然后通过来访者的整体描述，让其感觉这张画给自己的整体感觉是什么。如果让来访者给这张画起个名字，这个名字是什么。这是整体的描述，然后全面探索画面中存在的某一个元素，它是什么？象征着什么？它让你联想到了什么？它和你的生活有什么联系？当你看到这个部分，你的感觉是什么？如果这个部分会说话，它会告诉你什么？

要深入探索，重点表达。让来访者专注地看着自己画，让其分享最吸引自己的部分是哪里？感觉最舒服的部分是哪里？看着这部分有什么感觉？如果这个部分会说话，它会告诉自己什么？如果来访者说不出来，咨询师可以让其触碰自己的画，进行画面的具体化。最后进行转化整合：通过今天的探索和自我对话，你有什么收获？对你的生活有什么样的启示？通过绘画与提问相结合的方式，了解来访的情况，获得相关信息，构建彼此的关系，同时，引发思考，开启谈话的空间，然后有针对性地回到自我的内在空间，体验自我对这个事件的反应和感觉，探索的过程要有递进性和节奏感。

绘画艺术表达性心理治疗以来访者为中心，以提问为主，提问的原则是邀请性的而非审问性的。在支持性、开放性的同时又是接纳的、肯定的，以深沉觉察为目标。提问的方式通常采用开放式、半开放式或封闭式。具体化技术可以采用拟人化、奇迹化和矛盾意象。提问的内容主要是来访者自己看到的，如你看到了什么？听到了什么？感受到了什么？让你联想到了什么？

表达性绘画艺术治疗的心理学理论基础是精神分析学取向的艺术治疗、人本主义取向的艺术治疗（如现象美学疗法、格式塔美术疗法、以人为中心的美术疗法、存在主义美术疗法）、认知行为取向艺术治疗、发展心理取向的艺术治疗及积极心理学、后现代主义的新发展。重点的心理学基础是分析心理学、积极心理学理念、叙事治疗。咨询师通过来访者的自由联想和自我投射进行心理探索。如心情画，咨询师让来访者画出最近的心情。问：“这是什么？这种色彩带给你怎样的感觉？让你联想到生活中的哪些方面？如果现在它想说话，它会跟你说些什么？”

第二节　绘画技术原理

一、意识与潜意识

绘画作为情感表达的工具，能够运用非语言的象征方式表达出潜意识中隐藏的内容，反映出人们潜意识层面的信息。将潜意识的内容意识化，患者不会感觉受到攻击。阻抗比较小，容易被来访者接受。有利于真实信息的收集。

二、潜意识冰山

人的潜意识是很庞大的，能量也是很大的，就像一座冰山。人们通常只能看到浮在水面上的部分，冰山的一角是意识，而绝大部分不为人知的在水的下面，这一部分就是潜意识。

心理学大部分研究的内容是存在于潜意识里的，如何把潜意识中的信息解读出来，是绘画治疗乃至整个心理学中最重要的研究方向。潜意识冰山下的神秘力量，看似无法控制，却又不由自主地左右着我们。

绘画治疗运用白描、水彩、撕贴、剪贴、表格等方式，通过线条、色彩、构图、人物、景物关系等分析来展现我们的内心世界，解释内在原因。将人生经历、情感、情绪、性格特征、梦境等深深烙印在人的潜意识里，非常丰富却又无法真实触摸到的那些体验，通过绘画技术疏导出来，并且层层深入，让意识层面的自己去探索、发现潜意识层面的情感和意义，从而实现心境和人生的统一和完整。

三、潜意识意识化

“潜意识意识化”是经典精神分析的精髓，是奥地利精神科医生、精神分析鼻祖弗洛伊德创立的。精神分析的治疗过程就是要实现“潜意识意识化”。弗洛伊德把人的心理过程分为三个层次即意识、前意识和潜意识。意识是直接感知的有关的心理部分；前意识是介于意识和潜意识之间并能召回的心理部分；潜意识是包括个人的原始冲动和各种本能，以及这种本能所产生的欲望，而被风俗习惯和道德压抑到意识阈界下不知道的心理部分。

弗洛伊德在他的《神经症通论》中写道：“潜意识一旦进入意识，症状会立即消失。”弗洛伊德发现，潜意识里隐藏着人们曾经受压抑的渴望满足的冲动。由于这种冲动以一种神秘的，不被当事人觉知的力量推动着人们的行为或者以症状的方式活跃着，这些被压抑的冲动和不被超我所允许的渴望构成了潜意识。当这些内容被当事人意识到，症状也就消失了，而这种神秘的力量也失去了力量。当潜藏在潜意识里的东西重见光明的时候，用症状表达的那些无法言说的痛苦和内心的渴望被当事人说了，被看见了，并和症状联系在一起，症状也就失去了代替当事人表达的意义，而那些长期的困扰就会转成为有意义的反应。这就是弗洛伊德所说的，潜意识意识化症状随之消失。

第三节　绘画艺术治疗技术的特征与种类

一、绘画艺术治疗技术的特征

（一）艺术性

绘画是潜意识的表达，应用的是投射技术，绘画的语言丰富，内涵清晰，作为情感表达的工具，能够反映人们内在的潜意识层面的信息，是将潜意识内容意识化的过程，人们对绘画的防御心理比较低，在不知不觉中，会把内心深层次的动机、情绪焦虑、冲突、价值观和愿望等投射在绘画作品中，甚至可以将其记忆中被隐藏的压抑的部分很快地释放出来，并且通过主题绘画重建过去，所以绘画传递的信息远比语言表达丰富得多，表现力更强，而且在绘画的过程中，能够进一步厘清自己的思路，把无形的东西有形化，把抽象的东西具象化。

（二）表达性

绘画与诗歌、舞蹈一样，都具有表达性，而表达即疗愈。绘画通过在有限空间内将潜意识意识化。来访者任何一个涂鸦、画幅的大小、颜色的轻重、空间的配置、颜色、构图等都有着显著的代表意义。绘画具有感受情绪准确，发现问题客观的特点，是非语言的人类沟通方式，对于能够很好地掌握此技术的咨询师来说，能够全面、细微、深刻地感受来访者的情绪状态并及时给予其情感支持和抚慰，为当事人营造一个安全的环境，并通过呈现、转换、整合、评估等一系列治疗过程，使来访者的情感得到升华、被接纳等，从而使其得到康复。

（三）疗愈性

绘画治疗不受来访者语言、年龄、认知能力及绘画技巧的限制，治疗的实施不受地点、环境的限制，可以灵活采用单独或集体的方式进行。绘画治疗可以使来访者通过正当的、安全的氛围以象征、想象的方式在潜意识实现各种能量，如焦虑情绪的有效释放，使其心灵得到升华。

绘画技术能够很好地减少阻抗，调整当事人的状态和情绪，如愤怒、恐惧、嫉妒、紧张、忧郁、疯狂、自卑等，为来访者的情绪解决打下基础，使当事人远离焦虑等各种负面情绪。

绘画技术对促进个体自我成长的意义深远，可以很好地促进来访者统合各种关系，如婚姻或恋爱的关系，婚恋与事业、与自我成长之间的关系，促使个体情商的发展，更好地把握和体会和谐关系。绘画治疗的测验，可以多次使用而不影响诊断的准确性，处理情绪障碍和创伤性情感体验效果明显。

二、绘画技术的种类

（一）经典主题绘画即测试性技术

绘画在早期多被用作人格和智力测试的工具，如人物画测试、房树人、雨中人等，都是投射法的应用测试。在18世纪末和19世纪初，心理学家认为，可以通过精神病人的素描和油画作品观察到他们的心理状态。心理专家还经常运用房树人测试、家庭动力绘画测试和画人测试等来诊断抑郁症。经过多年的临床经验，心理专家指出，画面非常小的绘画作品和缺少细节都是用来判断成人抑郁症的指标。

1．房树人

房树人的绘画，从某种意义上说，画出的人就代表绘画者本人，而画纸则代表了环境。心理学专家认为，从绘画中不但可以得到有关绘画者本人的重要信息，而且可以得到其对他人的知觉。绘画不但反应其内部的心理状态，而且反应绘画者本人的主体经验。

房树人组合图，就是将房子、树和人画在一张纸上。房树人测试既可作为考察智力的辅助工具，又可用来考察人格的完整度，还可以考察绘画者对待家庭、亲情的态度和看法，绘画者本人对待自我成长的看法及某些自我无法表达的信息。

2．雨中人

雨中人绘画主要用于评估个体的压力情境、应对模式，其中雨（雷电）象征着外界压力，而伞则象征压力应对的资源和方式。通过绘画者在雨中的表现，了解其在压力情况下是否会调动资源应对压力，应对的方式是否有效，其情绪状态如何，计划性如何。在这种压力情境下，画者会使用何种防御机制，是迎接挑战还是退缩。

有种人是在大雨中没有用任何可遮蔽的地方或雨具来保护自己。可以看出，这种人在遇到压力时，通常会感到无助、无力，具有一定的依赖性，既对环境不满意，又没有离开环境的行动，所以，常常是环境的牺牲品。

（二）非经典主题绘画即治疗性技术

1．风景画

风景画是以自然景观、村庄、城市等为题材的绘画。心理绘画中，风景画可以表现出画者的抽象思维或对周边环境的关注，也可以呈现出绘画者的心情或情绪状态。风景画即风景构成法，风景构成法是让画者在一张纸上按顺序依次画出以下十个项目，分别是：河流、山、稻田、路、房屋、树木、人、花、动物、石头。还可以随意添加其他内容，也可以用彩笔、蜡笔、油画棒进行涂色，如果画中出现了人物，要尽量写实，不要画火柴人或动漫画人。画完之后，在画的背面给整幅画起个名字以及对风景和人物活动进行描述。

在风景画的解读上，主要是讲风景中各个项目，如河流、山等的象征意义。但是要注意，不要局限于解释所形成的定式，最重要的是要从实践性出发。通过问来访者一些具体的画面信息，或者是我们看到的绘画者的意愿、意图、情感、意志以及身体性等各种因素来看其状态。

风景画的解读可以按照以下三个步骤来进行。第一步，感受画面整体。从整体入手，通过看画面的大小、位置、线条特征、用笔力度、涂抹的痕迹、空间感的协调性来感受画的状态；第二步，解析各部分的基本特征。对画中的各个景物、人物、附属物等具体方面进行细致地分析和了解；第三步，对画面整体进行分析整合。采用综合归纳相互验证的解析，探索来访者的空间抽象思维以及其情绪状态、个性特点和对周围环境的感知。

2．情绪画

情绪是当外界对个体刺激时，个体主观的、有意识的体验和感受，具有心理和生理上的反应。我们无法直接观测其内在的感受，但是我们可以通过其外显的行为或生理的变化进行推断。意识状态是情绪体验的必要条件，情绪是身体对行为成功的可能性甚至必然性，在生理反应上包括喜、怒、忧、思、悲、恐、惊七种。身体动作上的表现越明显就说明情绪反应越强烈，如喜会开怀大笑，怒会怒发冲冠，忧会忧心忡忡，悲会悲痛欲绝，这些都是情绪在身体动作上的体现。

情绪没有好坏之分，一般只分为积极情绪和消极情绪。但是由情绪激发的行为则有好坏之分。因为情绪是心理能量在身体上的反应和体现，情绪有两个出口，一个是向外攻击，表现为对人事物的愤怒，另一个是向内攻击，攻击人最虚弱的部位。各种情绪攻击的身体部位不同。如女性的情绪往往会攻击其乳腺和子宫而产生心身疾病。所以，情绪要加以管理，主要的方法就是疏导，并且合理化之后的信念和行为。

我们说，表达即疗愈，通过绘画艺术表达，让情绪以适当的方式在适当的情境中进行适当的表达，进行健康的情绪管理。方法是让个体通过绘画的创作过程，利用非语言工具，将其混乱的心、不解的感受导入清晰、有序的状态，将潜意识内压抑的情感和冲突呈现出来，把抽象的东西具体化，为治疗师提供足够多的真实信息用以分析，并且在绘画的过程中使个体的情绪得到疏解和满足，达到治疗和疗愈的目的。

团体中，在团体成员和导师的表达、呈现、转换、整合、评估的过程中，负面情绪得到允许、接纳、蒸发、升华，压力得到疏解、释放，实现心灵的自我成长。

团体中情绪画的做法一般分为五步：

（1）画一些点或者线，这些笔触都可能是我们内心情绪的表达，平静还是焦虑，高兴还是悲伤，都可用点和线转化成可视的图像。在视觉刺激中，色彩又是最能直接影响人情绪的，不同的色彩会引起不同的情绪反应，如红色让人兴奋，蓝色让人沉着，紫色让人产生遐想，灰色令人压抑。用色彩来表达自己的情绪，酣畅淋漓。用色彩来装饰自己的情绪画，既能抒发自己的情感，又能美化我们的生活。

（2）用笔蘸墨汁大片地洒在纸上，画出物体形象，把墨汁泼上去。我们借助这种绘画的技法表达、呈现我们的情绪。

（3）泼墨的时候，用心感受自己内在情绪的颜色和形状，想涂什么就涂什么，让自己的情绪随着泼墨在纸上自由地流动。

（4）分享绘画时的感受，如在作画的过程中自己的情绪和思考。

（5）在作品的基础上讲述一个与情绪有关的故事，也可以让其他人根据你的作品来讲述一个情绪故事，以实现表达性艺术治疗的交互。

3．九宫格

1956年，米勒提出“魔法数字7±2是人类进行信息处理的极限”，“9”切合了我们的记忆极限，也是九宫格实现了一次性将我们脑海中的所有画面、记忆都呈现出来的目的。九宫格技术中，团体成员在导师的带领下，自由联想，选取记忆中自己认为对自己有影响的事物，一一呈现在九宫格中，唤醒潜意识中关于主题的记忆，通过导师对绘画作品的分析，做出恰当的评估，进行有效的心理辅导，实现心灵成长。

九宫格采用的是自由联想的技法，将画纸分为九格，正中间的格子为中心，以螺旋状的顺序一格一格地画。可以是自由画，也可以是主题画；可以由来访者一个人独立完成，也可以由治疗师与来访者共同交互完成，完成后根据图画编故事。在作画的过程中，让来访者体验情绪情感的流动。画完后，让来访者用一个词给每格画起个名字，然后写一段话，同时，体验这幅画当中故事的情节和情感。其特性是自然地集结多元且复杂的心像，达到信息收集和整理的效果，还可以看到联想的动向，了解阻抗模式、因画面小信息多而产生的集约效果。

九宫格画通常从以下几个方面进行分析：作者的笔压大小；画面的大小；表现精神的画有几幅，表现物质的画有几幅，精神和物质各占多大比例；哪些是表现过去的，哪些是表现现在的，哪些是表现未来的，过去现在和未来占多大比例；九幅画中突出表现的是真正性情感、负性情感还是中性情感；这些画中是否有自我像；画者最珍惜的是哪一幅，最满意的是哪一幅，最希望重新体验的是哪一幅等。根据来访者的情况，选取最想表达的一幅画进行分析和表达，除了画者在绘画时的心路历程，还要尽可能地挖掘、拓展其脑海中的意象，最后对意象进行统合，可以询问会画者“看整体能想到用什么来概括这些图的主题”，或者再根据投射出来的具体生活事件做进一步的咨询和处理。

4. 曼陀罗

曼陀罗，梵语 Mandala，是圆或者中心的意思。古代人类对圆的崇拜，最早体现在对太阳和月亮的崇敬，认为它们具有神秘的力量，能够控制潮汐和生命。如果要是从人类自身的经验谈起，人类从胚胎起就在子宫里，子宫象征着一个孕育生命的圆。在西藏的密宗里，曼陀罗象征修行密法、观想的地域，被视为是佛陀觉悟的境地，是宇宙万物居住世界的缩图。

心理学家荣格（C.G.Jung）发现，当一个人在绘制曼陀罗时，具有暗示其潜能和独特性的力量，可以整合内在的意识和潜意识，从而将其转化为艺术治疗的理论与方法。

荣格说：“圆的象征指向生命最重要的一个向度，生命的终极圆满。”曼陀罗的来源不是一种文化，一个个体，而是人类集体潜意识中普遍具有的。在精神分析理论中，曼陀罗是“自性”的象征，自性的特点就是统一、完整、自足和谐。

通过曼陀罗的绘制，可以与潜意识进行沟通；可以静心；可以疏导不良的情绪；可以治愈抑郁症；可以学习活在当下；可以提升人的创造力；可以激活内在能量。更重要的是，它可以让我们释放内心的小孩，单纯、快乐地创造和玩耍。曼陀罗绘画是一种非常有效的身心灵整合、内外整合的疗愈工具。

最早曼陀罗绘制时是需要仪式的。选一个沙滩，大家一起绘制，在太阳落山时再冲刷掉，仪式感很强。现在绘制曼陀罗没有太多的规则，重要的是跟自己的感觉在一起，根据感觉选颜色、呈现图案，要忠于自己。不管是一个人独自绘画，还是在团体中集体绘制，它都可以带绘画者走入更深层的灵性探索，帮助绘制者更专注地去思考。

在曼陀罗的绘制过程中需要不断地去领悟和感受，可以不停地问自己这些线条带给我的感受是什么？我的情绪怎么样？这些色彩给我什么样的感受？我画的时候是什么心情？画的核心是什么？向外扩散的又是什么？也可以进行对话，比如说这个图案，你想告诉我什么呢？最终达到自我的领悟和心灵的成长。

如果长期坚持用曼陀罗绘画的方式做个人成长，那么通往内心之路，通往潜意识之路，通往自性之路会非常地轻松和愉快。

集体曼陀罗绘制时，可以先进行5分钟的正念冥想，在轻松的音乐声中想象自己置身于一个大花园中，想象自己是一株什么花，有着怎样的颜色，希望它是怎样的状态。当团队成员想好之后，请大家在圆中，依据自己的意象把这朵花画出来并涂上自己喜欢的颜色。在绘画的过程中仔细体会此时此刻自己的心情，内心流过怎样的感受。最后，为这幅曼陀罗起一个自己喜欢的名字，然后进行分享。

曼陀罗的绘制过程，个体进行了自我表达，释放了内在情绪，唤醒了沉睡的记忆，达到了成长的目的。

5. 交互画

交互画通常的方法有：

（1）投射法。来访者用铅笔或者是彩笔在A4纸上任意画线条，咨询师问："这些线条对于你来说是一些什么样的形状呢？从这些线条中，你可以看到什么形状的意象？如果看出来了就把它画出来。"等待来访者绘制图形形状，画好后开始与其对话。

（2）由咨询师先画线条，再由来访者投射去完成它。双方的交替要迅速，至于绘画的完成程度不是很重要。实际上，在交互的过程中，来访者的问题就逐渐呈现出来了。有时候会出现转移的意向，有时候会出现攻击性或挑战性的心像。交互画可以稍微减轻来访者在导入时的阻抗，也可以判断其转移或攻击性的一部分，这种方法不仅适用于导入初期，也可以用在其他阶段，引起自由心像的联想。

（3）统合上述的方法，用改造后的交互画叙述故事，有时可以让来访者把一张纸分成几块（6～8块），交互乱绘、投射，最后用绘成的图画编成故事。

交互画也是一种综合性治疗技术，治疗过程中主要用到了投射性技术、交互画及叙事等技术。由于其防御性小，阻抗也较小，故而被广泛应用在青少年的心理成长和治疗中。

6. 随意画

随意画是来访者根据当下的所思所想，没有任何规范约束，随意而画出的图画。它是一种简单的画图程序，比学院派的绘画更具创造力和表现力。莫奈说："你不要关心那是不是一棵树，你只要知道那是什么颜色和颜色的形状就行了。”随意画是表现天性的自由发挥，最有利于传导情绪。咨询师通过来访者这种形式的自由绘画，可以看出其最主要的情结、被压抑最深的情绪及最需要解决的问题等。

随意画是邀请来访者画出当其拿到画纸时头脑中闪现出来的第一个画面，可以是人物、动物、风景或其他任何的画面。如果画面中出现人物，尽量不要画火柴人或动漫人，绘画的时间通常是 15 分钟，绘画的过程中可以涂改。画完之后，在画纸的背面给这幅画起一个名字及对画面的内容和自己的感受进行描述，时间限制在 5 分钟。

对随意画的解读，一般按照以下三个步骤来进行：

第一，感受画面的整体。从整体性入手，即画面的大小、位置、线条特征、用笔的力度、涂抹痕迹、画面意义的解释等方面来感受来访者此时的情绪状态。

第二，解析各部分基本特征。对画面中的意象状态、意象具体特征、人物、附属物等具体方面进行详细的分析和探讨。

第三，画面的整体分析统合。综合归纳相互验证地解析、探究来访者的空间抽象思维以及来访者的情绪状态、个性特点和对周围环境的感知能力。

三、绘画艺术治疗的注意事项

1. 耐心解答来访者提出的问题和困惑

例如，来访者问：“画一棵什么样的树呢？是想象中的，还是自然界的？画一个什么样的人呢？”咨询师可以这样回答：“随您，想怎么画就怎么画，您觉得该怎么画就怎么画。”如果来访者用“我画得不好”“我不会画”等这样的话来阻抗，那么，咨询师就要主动说“这不是一个关于绘画艺术的测试，你不要担心绘画技巧，不需要考虑自己画得好还是不好，你想怎样画就怎样画”来鼓励其完成绘画。

2. 要有比较，综合进行分析

个体咨询中，咨询师要在来访者画完一幅画面谈十分钟左右后，要求来访者再画一幅主题相同但与第一幅不同的画。由于在画第一幅画时，来访者有一定的防御意识，第二幅画则是消除了阻抗后画的，所以咨询师综合两幅图进行分析会更准确。团体绘画也可以用这样的方法对团体成员进行再次测试。

3. 要对来访者绘画时的情况进行观察和记录

观察来访者在绘画过程中的情绪状态，同时进行记录。比如，从指导语结束到来访者开始绘画的时间；一幅画画完所需要的时间；画房树人的顺序；绘画过程中自言自语的解释等，这都是进行分析与治疗的重要信息。

4. 要结合多方面的观察和了解再进行心理诊断

在绘画治疗的过程当中，还要结合其他的疗法，如人本主义、行为主义和认知疗法。

5. 初学者一定要了解绘画作品中的象征意义

咨询师只有对这些象征意义有了一定的理解和掌握，并且完全读懂绘画分析的相关手册，才能对来访者的绘画进行心理评价和分析。

第四节　绘画艺术治疗在团体中的应用

一、团体背景下的绘画心理技术

绘画是用非语言表达个体内心世界和自我的一种很好的方法，尤其是创造性的绘画更能真实地表达自我，通过作品投射出个体独特的人格特质和想法。团体绘画心理辅导的操作流程包括了建立互信的关系，绘画艺术活动分享、评估与改变等几个环节。

在团体辅导中，运用绘画技术可根据不同的目标和主题，如涂鸦画、家庭树、接龙画及学校动态图，画出自己的愿望和未来等，以促进个人成长或团队的合作，促进人际情感关系，促进个体适应环境的能力。绘画技术在团体成员间实现的是一种非语言形式的交流，它创造性地促进了团体中的人际互动，使团体成员达成一致共识，尽快实现互相影响，共同成长的目的。

绘画心理技术在团体活动中具有以下几个层面的内容，一是绘画创作的过程。绘画作为一种艺术创作形式可以表达人们内心的情绪情感，在创作的过程中梳理和疗愈自己；二是绘画作品所呈现的是个体潜意识里面的内容，是觉察个体内在的一种很好的工具，用来澄清个体的思想和情感；三是分享和表达。通过个体的分享和表达，对自己的内心进行第二次整合、创作和投射；四是倾听。当团体成员以一种积极、认真、真诚、不带评判的态度倾听个体对自己绘画作品的分享时，既给予了绘画者温暖和支持的力量，又让听者多了一个看待世界的角度。

二、绘画心理技术在团体辅导中的注意事项

（1）团体辅导老师要根据团体的性质确定绘画的主题。

（2）在绘画前要进行团体约定：认真绘画、真诚分享、彼此尊重、耐心倾听。绘画的过程中，要保持安静，避免互相参考。

（3）注意对团辅前后的绘画进行比较，特别是治疗性团体活动，绘画心理技术只是团体活动中的一种测试和协助的方式，要与其他技术有效结合，达到团体疗愈的目的。

第九章　催眠技术

催眠以不同的形式存在于人类的社会生产、生活中。从广义的角度看，不论具体形式如何，任何影响或创建信念系统来改变人类行为的做法都属于催眠模式。一种催眠模式的有效性可以通过以下三个元素的强度来衡量和预测。

第一节　催眠概述

一、催眠的概念

（1）权威性。这是首要的元素，以便被催眠者能够接受所呈现的信息。

（2）理论体系。任何催眠模式都是一套基于某种学说或者自成体系的理论，这套理论体系是影响他人信念的基础。

（3）内在体验。外在信息必须引起内在感受。通过外部信息的暗示创造内在感觉，高暗示感受性是对外部信息产生的内在体验。催眠师通过创建大量的信息单元创造出内部感受，触发内部体验，并且将内部体验与理论体系联系起来。

综上所述，我们可以看出催眠的定义是：意识批判因子被绕过或受到抑制的情况下，建立可接受的选择性思维并产生内在感受的过程。简单的一句话，催眠状态就是特别专注，头脑中只有单一意念时的状态。

二、催眠的历史沿革

催眠术有着古老的过去和短暂的历史。它孕育于东方，却诞生自西方，在神秘的气氛中发展，并不断遭到误解，长期笼罩在神秘的色彩中，被宗教所利用。其发展沿革可分为内容与水平不同的三个阶段，具有阶段性和连续性。其原因一方面受社会政治经济和文化因素的影响，另一方面受人类自身认识发展规律的影响。

（一）神学时期

神学时期催眠术的主要目的是为宗教活动服务或者是修身养性，再或者是为治疗疾病。据心理学家考证，催眠术最初发源在中国、埃及和印度。中国古代一些江湖术士经常借助催眠术的力量，使人们产生幻觉或进入自动书写状态。如游阴曹地府、扶乩等。在西方由于受当时科学技术水平的限制，人们对自然现象都是用“神”

或“魔”来解释。催眠术被神职人员所利用。如古罗马僧侣在祭日之时，在神像面前进行自我催眠，呈现失神状态即催眠状态为教徒问诊。

（二）流体学时期

15 世纪后期，人们对催眠术的理解从神力的影响转变为天体、星相对人体内体液的影响，开始注意到物与物之间的关系上，开创了流体学说理论。

占星术是流体力学的典型代表之一，其理论基础为天星影响人体，即星与星之间是通过磁气来相互影响的，对人也是如此。与此同时，催眠术已被逐渐用于疾病诊断，特别是在心理创伤治疗方面效果很好。18 世纪，麦斯麦系统对催眠术进行研究并提出了动物磁气流体学说。他通过采用将磁气桶内的磁场通过铜线引入人体内，同时着黑色催眠服，手执磁棒，低声念着单词重复的催眠语使受术者集体进入催眠状态，再进行各种暗示，然后再唤醒。他认为是磁体的流动影响了人体内磁气的流动而起到了疗效，所以又称为动物磁气学说。当时这种疗效非常显著。由于他受到医学界同行的嫉妒和排斥，麦斯麦不得不弃医返乡，抑郁而死。

（三）科学时期（也称心理生理时期）

18 世纪后期，随着社会的进步和科技的不断发展，催眠术重新引起了人们的重视，有研究者认为催眠状态是由心理的暗示作用、神经系统疲劳等原因产生的。尤其是一位叫布雷德的英国催眠师经过反复观察和多次实验，发现催眠是由视神经疲劳后引起的睡眠。他引用希腊语 hypnus（睡眠）的字意，创造出英文单词 Hypnotism（催眠术），从此人们将麦氏麦术改为催眠术，并一直沿用至今。后来弗洛伊德采用自由联想方法代替了催眠术，但是在这个方法当中仍然能看到催眠术的影子。由于催眠术在医学领域有它特殊的使用价值，所以至今仍为人们所使用。

（四）催眠术的新发展

19 世纪后期以来，催眠术被认为是一种有效的心理治疗手段，科学家对其进行了深入研究，使其得到了长足发展。期间，法国建立了两个催眠研究中心，提出催眠术是由心理暗示造成的，其本质是暗示性增高状态。在美国，约有 2 万的内科催眠师和心理催眠师接受过催眠术的训练。

在我国对催眠术真正进行系统推广和应用是在 20 世纪初，作为一门实验技术科学的催眠是由学者鲍芳洲博士在 1917 年正式传入的。建国以后，随着心理学研究的不断深入，催眠术作为心理治疗与人的潜能开发技术，受到了心理学界、医学界、体育界的重视并获得了新生，进入实际应用阶段。

随着对催眠术研究和应用的广泛开展，人们把催眠术使用在了医学、教育、科学、军事、司法和个人生活等领域，在戒烟、戒酒、减肥、美容等方面也都有神奇的效果。由此可见，随着催眠术应用范围的不断扩展，催眠术迎来了新的发展时期。

目前，催眠术被列为心理咨询技术的一大流派被发展和推广，《催眠术——理论与临床》被列为全国高等医学院校应用心理教学参考丛书。催眠术必将迎来更加美好的未来。

第二节 催眠的治疗原理

一、人的生理机制

大家知道人的神经系统包括中枢神经系统和周围神经系统。而周围神经系统又包括自主神经系统。自主神经系统也称植物神经系统，它由交感神经系统和副交感神经系统组成。当外界的压力源如疫情激活交感神经系统时就会形成交感反应，人就会产生焦虑情绪；如果压力源激活的是副交感神经系统，那么就会形成副交感神经反应，也就是放松反应，人就会产生抑郁情绪。

压力源指的是什么呢？压力源也就是我们接受到的信息单元，这信息单元有四个来源：一是环境，包括天气、温度、光线明暗、周围的声音、各种负面消息；二是身体，也就是身体的运动，消化运动和各种不适；三是意识，即受到外界刺激产生的想法、念头、逻辑分析和判断等；四是潜意识，也是最具有影响力的信息单元的来源。它们都会向我们的大脑传递信息单元。

这些信息单元持续涌入大脑，于是交感神经开始紧张，肾上腺素开始分泌。来自身体的信息单元继续进入大脑，而此时意识上不明白发生了什么，试图通过逻辑分析和合理化的解释来平复自己。意识的参与造成了更多的信息单元进入大脑，大脑被过载。个体进入一种超负荷的状态，交感神经系统被激活，人进入一种“战斗—逃跑”反应状态，催眠就发生了。

“战斗—逃跑”反应是人类经过长期进化形成的一种自我保护机制，是一种原始本能反应。在原始阶段，人类为了隐蔽自己不被发现，开始控制自己的行为，由此发展出最初的抑制机制：覆盖下体，控制大小便，群居等，以便获得保护。随着人类的不断进化和社会的不断发展，在工作和生活中人们提升了处理信息和问题的能力，最初的抑制机制进化成更先进的意识系统。对于人们来说，已知的、熟悉的事物代表无危险的信息单元，对于潜意识来说通常是快乐的，相反则是痛苦的。

由于潜意识遵循“逃避痛苦追求快乐”的原则，对于未知的、不熟悉的事物来说，潜意识是痛苦的，更倾向于触发人的“战斗—逃跑”反应。随着经验的积累和意识的不断发展，人类对于原始的“战斗—逃跑”反应有了更强的控制力和耐受力，攻击性被抑制，发展出替代性行为，即焦虑。面对无法战胜的威胁而产生的逃跑反应被抑制，发展出替代性行为，即退缩，长期的退缩被认为是抑郁的外显行为。

二、催眠治疗的基本流程

以 HMI 美式催眠为例，催眠治疗的基本流程如下：

1．暗示感受性测试

可采用手指分开或手臂升降来测试。通过采用其中的一种方法来测试来访者的暗示感受性，分辨其暗示感受性属于躯体型（包括梦游型）还是情绪型（包括智力型）。再根据不同的感受类型选择不同的暗示语。前者使用直接暗示语，即直接下指令；后者使用间接暗示语，即需来访者潜意识进行分析。如在手指分开测试中，对来访者的右手使用的是直接下指令即“手指在分开，手指间分开的距离越来越大”，对其左手则使用间接下指令即在其中指指尖直接点三下。对直接暗示有感觉并且右手手指分开的程度大于左手分开的程度即为躯体型暗示感受性，反之，则为情绪型暗示感受性，左右手都有反应，且手指分开的程度基本相同，则为梦游型暗示感受性；如果左右手几乎没反应，则为智力型暗示感受性。区分出暗示感受性之后，在催眠治疗中选择相应的暗示语。

2．催眠导入

在实际的催眠过程中，从测试开始就已经是在进行催眠了。手指分开既是一种测试技术也是一种导入技术，在测试结束后，自然过渡到催眠导入阶段。催眠师继续给来访者进行暗示。直到轻触其眉心并打响指说“睡着”之后，催眠导入完成。导入方法主要有：手指分开导入、手臂升降导入和手臂抬起导入、目光凝视导入和自动复读导入法等。

3．深化

在催眠治疗中，为了有效增加来访者的催眠深度，催眠师必须使用多个技术，并且结束的方式都可以以触眉心、打响指、加催眠后暗示的方式结束或转入下一个催眠深化技术。深化技术有很多种，如 5—0 加深技术、传统渐进式放松、湿毛巾落手法、轻触法、手臂下降、下楼梯等技术。

这里我们介绍一个最简单、最常用的 5—0 深化技术。催眠师在前期暗示感受性测试完成，导入催眠后，开始深化。催眠指导语为：现在，我会从 5 向下数到 0，当我每数一个数字，你都会让自己的身体加倍地放松。当我数到 0 的时候，你就会进入更深更深的催眠状态，同时允许自己的身体完全地放松。然后，催眠师只需要从 5 向下数数字再加上“加倍地放松”“走得更深”等暗示语一直数到 0，触眉心，打响指，说“睡着！”做催眠后暗示跟进。

催眠暗示语是：在经你允许的情况下，我为你做催眠，只要我说“睡着”这两个字，你都会迅速且平静地进入更深更深的催眠状态，同时允许自己的身体完全地放松。指导语的每句话可以重复两三遍，只有多重复几遍，潜意识才能听得懂，听得明白。

4．治疗

针对性的治疗都是在目标催眠深度达到后给出的暗示。对一部分情绪型来访者，需要在二次导入深化之后，根据来访者的目标给出针对性的暗示。

暗示分为直接暗示和间接暗示。直接暗示就是以直接而明确的方式处理来访者眼前的问题。间接暗示是在不直接告诉来访者或不直接要求他们去做某事的情况下，让来访者做出反应的沟通方式。间接暗示包括隐喻，使用双关语，布置家庭作业，角色示范以及伪装暗示和嵌入式暗示等。

5．唤醒

每次催眠治疗之后必须进行唤醒，让来访者慢慢走出催眠状态，逐渐恢复清醒。最常用的唤醒方式是0—5的技术。即催眠师从0数到5，暗示来访者：当我每数一个数字你就会更加清醒，当我数到5时，你会完全清醒，完全睁开眼睛，回到当下此时此刻你所在的环境中。

在整个催眠结束，对来访者进行唤醒，交谈10多分钟后，再次以简短的催眠方式进行二次导入和唤醒。目的是满足情绪型来访者的延迟原则，帮助来访者实现交感神经系统和副交感神经系统的平衡性。二次唤醒之后，让来访者活动活动身体，喝杯热水，休息30分钟左右，等其完全恢复正常感受后再离开。

第三节　催眠的应用

随着人们对催眠术的重视和推广，催眠术应用的范围越来越广泛。例如，催眠可用于治疗学习焦虑，专注力不集中，记忆力减退，当众发言紧张，当众手震颤，危机管理，哀伤辅导，临终关怀等。还通过催眠让来访者与过去的自己进行对话，与自己的某个器官（子宫、心脏、胃等）对话，与自己的疾病（癌症、疼痛、硬皮症等）对话，让来访者的内在智慧指引自己日后的生活。

一、应用领域

在医疗方面，催眠用于癌症患者的康复，同时还可以通过自我催眠进行疼痛管理；催眠用于教育。父母是孩子最重要的催眠师。父母给孩子讲的童话故事，对孩子鼓励的话语、植入的信念等都能提升其自尊自信、提高沟通社交技能、提升自我效能感和自我接纳度、自我管理和注意力训练等；催眠可以用于体育训练和比赛，帮助运动员和教练做“心理训练”；用于公安司法系统。对警员内部进行管理和训练，提升他们对犯罪嫌疑人的行为分析、审讯、侦破等能力；用于压力管理。通过催眠进行放松，缓解压力造成的身心疲劳。

二、催眠的注意事项

（1）选择安静、舒适、温馨的环境，有利于来访者放松心情。催眠时间一般为1小时左右一次，作为治疗性的催眠最起码需要五次，第一次是适应性治疗，从第二次起为真正的治疗开始。每十次为一个疗程。

（2）首次接受催眠时，要告知来访者催眠的概念，什么是催眠，什么不是催眠，解除来访者对催眠的神秘感和恐惧情绪。

（3）了解来访者的既往病史，以便在催眠过程中做到特别关注。

（4）尊重人格、道德、法律、不做不正当的施术。

（5）催眠治疗的功效大，但不能取代正式的医院治疗，需要在医院治疗的基础上结合催眠治疗。

（6）注意催眠的语气，有父式和母式之分，不同情况下要选择相应的语气，并且催眠指令要至少重复3次甚至更多。

（7）来访者接受治疗前要排空大小便，不要吃太多太饱；消除杂念，保持心态平和；绝对禁止饮酒，尽量不要服用人参、激素等；保持规律的生活；向催眠师如实反应治疗后的体验和变化。

（8）注意保密原则，对来访者的个人资料要实行保密，保密例外情况除外。

下编

应用篇

第十章　学前阶段爱国主义教育团体心理辅导

爱国主义教育的研究有着重要的理论价值。爱国主义教育体系包括学前儿童的爱国主义教育、思想政治教育、学前儿童社会教育等重要范畴。同时，学前儿童的爱国主义理论研究丰富了我国经济社会的爱国主义思想教育，对我国的爱国主义文化教育有着一定的推动作用。

学前儿童的爱国主义教育有一定的现实意义和实践意义，但对于现阶段的发展来说还存在一定的问题与缺陷。目前，学校教育没有完善而又系统的爱国主义教育课程体系，我们只能通过体验式团体辅导活动来帮助学前儿童进行爱国主义教育。

《幼儿园爱国主义》中的张宗麟说："爱国主义教育不仅可以在幼儿园进行，而且应该从幼儿园开始，还必须做到教师对爱国主义有正确的认识。"在李广润《怎样对幼儿进行爱国主义教育》一文中很好地阐述了对幼儿进行爱国主义教育的必要性，也阐述了我们国家应该如何对幼儿教师进行爱国主义思想教育；在张好涛《论幼儿园爱国主义教育的有效实施》一文中强调了当前对幼儿进行爱国主义教育能够帮助其增强对祖国的认同感；在刘彩霞《对幼儿进行爱国主义教育的尝试》中提到对幼儿进行爱国主义教育，不仅是让幼儿了解、掌握什么是祖国，什么是爱社会主义，而且要根据不同幼儿的认知、情感、发展变化规律有计划、有针对性地开展爱国主义思想教育，通过提高幼儿可接受的途径、方法去影响幼儿、教育培养幼儿，使幼儿萌发爱祖国的情感；黄佳佳确认对学龄前儿童进行爱国主义教育的重要性；倪薪渊提到对幼儿教师进行一个良好的爱国主义思想教育；虞静提到对幼儿进行爱国主义教育是非常必要的；在张晓英和杨华《对幼儿进行爱国主义教育的尝试》一文中提到幼儿的年龄越小影响就越强烈。

第一节　学前阶段幼儿的心理特征

儿童心理发展是一个过程，它是完整、连续的并且有自身规律的。整个过程中有不同的阶段，不同阶段有着不同的特点，表现为心理发展的年龄特征和总体趋势。儿童心理发展的特征：在不同的阶段表现出的一般的、典型的、本质的心理特征。

一、三个关键问题

在儿童心理过程、个性和社会性的年龄发展过程中，总是有着年龄的特点。我们先从年龄阶段、年龄阶段划分、年龄特征的稳定性和可变性来更好地了解年龄特征。

1．年龄阶段

用生活时间标志心理发展的不同阶段，同样年龄也是生理成熟、生活经验的时间标志。作为影响心理发展的客观因素的生物因素和社会因素，在生活时间中，对儿童的心理发展起着作用。

2．年龄阶段的划分

我国教育制度界定的年龄阶段是两个时期即学前期和学龄期。

3．稳定性与可变性

在一定的社会、生活条件下，心理发展的阶段顺序，每个阶段变化的速度；不同文化条件下，儿童心理发展的共同性。

儿童心理年龄特征既有稳定性又有可变性。稳定性更多的是体现着生物性的影响，可变性则体现着环境、教育的影响。儿童心理的变化是有一定阶段顺序，并且有着发展的共性与个别性的。

二、发展的特点

1．连续性

发展是呈连续性的，是量化的，并且是微弱的。如婴幼儿语言的发展，先从一个字，再到一词，然后是一句话。

2．阶段性

在环境、社会不断向个体提出新要求的基础上，否定原有的水平，并且产生新的需要。这种矛盾性使得心理发展有着阶段性。

3．发展的定向性

儿童心理发展，总体上是不断进步提升的，这种积极向上的趋势表现在：从简单到复杂，不断进步；各个阶段顺序、方向不可逆转，从婴儿期到幼儿期不会颠倒，从婴儿期也不能直接到老年。

4．不平衡性

不同阶段发展速度最快的如婴儿期和青春期；心理发展的不同方面发展速度不同，如注意能力要比思维发展得快；不同的儿童发展速度不同。有的儿童看上去要比同龄儿童更成熟一些。

5．发展的差异性

不同的儿童具有不同的优势。有的儿童擅长动手，有的擅长语言表演，有的擅长人际交往。

学前儿童的爱国主义教育与其他阶段不同，首先是对象的特殊性。学前儿童心理活动体系处于奠基阶段，这一时期是个性形成的最好阶段，在这三年中，心理的发展较快，每年都有新的特征发展。道德的发展，相对于其他阶段来说有较大的可塑性；其次是教育的特殊性。学前儿童正好是语言与思维的发展初期，在理解和学习能力方面都存在着不足，这就要求我们要对其进行直观的教育；最后是教育规则和教育过程的特殊性。学前儿童教育过程和教育规则限制着他们接受爱国主义教育。这三种特殊性体现了学前儿童在爱国主义教育目标、特点等方面与其他教育团体不同的地方。

综上所述，我们应该对学前儿童使用合适的教育载体，通过正当的教育形式，在与其积极、向上的交流中，结合社会教育、家庭教育，对学前儿童进行有计划、有目标的爱国主义教育，培养他们正确的爱国主义思想与健康、高尚、理性的爱国行为，形成对祖国深厚的感情。

三、学龄前儿童的心理特征

这个时期的学龄前儿童专注力时间相对较短，对感兴趣的事物注意力比较集中，但是持续的时间不是很长，所以这个时期要注意培养儿童的注意力，家长不能因为儿童好动顽皮，以为孩子长大就好了，而为幼儿找借口。父母认为孩子对周围环境充满好奇，探索欲望强，所以才好动，容易分心，忽略了对孩子专注力的培养训练。幼儿的思维发展迅速，抽象逻辑思维开始萌芽，这一时期的幼儿爱问为什么，对世界充满好奇。他们的活动不仅停留在身体上的运动，还表现为智力活动的积极性。他们爱动脑筋，爱思考。2 岁左右的幼儿的思维仍然是具体的，但是明显出现抽象逻辑思维的萌芽，2 岁幼儿的逻辑推理能力发展刚起步，对于需要进行深入推理的事情，幼儿分析还是力所不能及，他们的推断往往会发生错误。

幼儿想象力丰富，创造力正在崛起。这个年龄段的幼儿想象以再造想象为主，创造力正在发展，想象主题容易发生变化，并常常伴有夸张的色彩，在他们的世界里，太阳不一定是红的。

学龄前幼儿语言表达能力明显提高，而且在交流中也不以自己为中心，可以和老师、同学进行交流，创造力欲望强烈；幼儿有一双灵巧的手，小手的肌肉开始发达，操作物体的能力和动作能力大大加强，他们越来越喜欢那种变性、拼插性的玩具。通过玩具的组合拆分，锻炼幼儿的动手能力和想象能力；吐字清晰，口语化，表达能力强，能够完整地复述故事，看图讲故事。同时，幼儿还掌握了一部分抽象概括类的名词，比如植物、动物、太阳系等。另外，这个时期需要培养幼儿的早期阅读习惯，提升幼儿的早期自主阅读能力，通过阅读让幼儿终身受益。

四、学前阶段幼儿爱国主义团体辅导的目标

（1）知道自己是中国人，通过活动能增加对祖国的了解，增进对祖国的热爱。

（2）通过分组竞赛形式，开发思维的敏捷性，提高幼儿的协作意识。

（3）通过一系列主题教育活动，让学前幼儿认识祖国、热爱祖国，培养他们对祖国浓厚的赤子感情，牢牢记住：我是中国人，我深深地热爱自己的祖国，祖国永远在我的心中。

（4）升华情感，为祖国做贡献。引导孩子养成良好的学习、生活习惯，做文明中国人；好好学习，增强本领，为建设祖国打好基础。

五、学前阶段幼儿爱国主义团体辅导的课程形式

课程形式可以利用“我们的节日”，如“七一建党节”“八一建军节”“十一国庆节”及其他有纪念意义的节日进行团体辅导，辅导形式可以是：举行“国旗下的讲话”演讲活动，“升国旗”仪式，“认识国旗”活动，“我爱祖国妈妈”绘画活动等。

六、学前阶段幼儿爱国主义团体辅导课程的设计原则

1. 循序渐进原则

学前儿童的爱国主义教育要按照由具体到抽象，由近及远，由小到大的逻辑进行，引导他们从身边的事做起，从爱父母、长辈、老师和小伙伴儿做起；从爱集体、爱家乡、爱劳动、爱护公共财物等方面来培养他们，使他们萌发爱国意识和爱国情感。

2. 情感培养原则

爱国主义教育不仅是单纯的知识教育，更多的是情感教育。根据学龄前儿童的认知发展水平和心理特点，注意兴趣引导，选择适合他们学习并产生情感教育的内容和活动形式，有计划、有步骤地培养他们爱的能力，逐渐产生爱国情愫和情怀。

3. 家园共育原则

爱国主义教育需要家庭和幼儿园共同合作，才能产生更大更好的功效。家庭是孩子成长的环境，父母的言传身教潜移默化地影响着孩子的情感和行为。只有家校共育，才能使儿童情感统一，才能将爱国主义的种子深植于儿童内心。

4. 便于内化原则

学前儿童自身的认知水平和理解能力决定了他们的知觉水平，这时的他们逻辑思维能力还没有完全建立，因此，爱国主义教育形式和内容的选择，要充分考虑儿童的视野和范围，便于他们更好地理解和内化。

七、学前阶段幼儿爱国主义团体辅导课程的基本结构

1. 建立联结

学前儿童的教育情感大于逻辑，身教大于言传。所以，爱国主义教育团体辅导活动首先要建立良好的联结。可以通过热身活动，如“丢手绢”游戏，让孩子们在游戏的过程中明白拾金不昧的品质，捡到东西要找失主。在活动中既教育了孩子，还把场热了起来，同时还增强了同学之间的友谊。

2. 陈述事实

在活动的主体部分，老师采用“我来做，你来看”的方法示范给儿童看，比如在“国旗下的演讲”主题活动中，老师要讲解国旗的有关知识，播放天安门广场升国旗仪式，让孩子们进行升国旗活动，给他们讲解升国旗时的爱国情感，把这种爱国主义情感通过看、听、做的过程慢慢内化于心。

3. 分享感受

活动中带领老师首先要分享自己的感受，在老师的带动下同学们依次在小组内进行分享，然后推选代表在团体中进行分享，同龄孩子的情感激荡，影响着他们朝着相同的、积极正向的方向成长。

4. 探讨方法

通过观看升国旗及带领老师对国旗的讲解，帮助幼儿培养爱国情感。与幼儿共同探讨爱国的方法，帮助幼儿达到思想和行动上的统一。

5. 总结提升

最后带领老师进行活动总结，整理幼儿的爱国行为，帮助幼儿进行情感升华，总结提升幼儿的爱国情感。

6. 建立新联结

通过歌曲《我和我的祖国》，让幼儿明白爱国的形式是非常多的，爱中国共产党、爱祖国、爱人民、爱社会主义、爱祖国的大好河山、爱家乡都是爱国主义的表现。让幼儿对爱国主义产生新的理解。

八、学前阶段幼儿爱国主义团体辅导活动的工具箱

由于学前幼儿的认知和理解能力尚在发展中，根据幼儿的认知特点，开发和选用一些能够被幼儿接受的心理技术，潜移默化地用到幼儿的爱国主义教育中。

在《论爱国主义教育》一书中，徐特立就明确提出了爱国主义的学习与教育要从幼儿园抓起。我国还有其他学者也表明，从幼儿时期抓爱国主义教育是必须的，爱国主义是关乎国家命运与前途的，只有代代相传，凝聚全国人民的意志才能把我们的国家建设地更强。

我国也有研究者借鉴国外知名的儿童心理学家的理论解释学前儿童的道德发

展和社会性发展。可见众多学者已经为学前儿童爱国主义教育的发展找到了理论支撑，况且阿德勒理论也在讲童年对人一生的影响，从小进行爱国主义教育，使幼儿有了认同感、归属感和安全感，对幼儿的发展起着重要的作用。对幼儿的爱国主义教育通常可以采用以下几种方法：

1．升国旗

通过开展“升国旗”仪式，帮助幼儿了解祖国妈妈的生日，激发幼儿对祖国妈妈的情感，在升国旗的同时奏响国歌《义勇军进行曲》，老师示范，全体起立，向着国旗行注目礼，用这些行为表示我们对祖国的热爱和尊重。

国旗升起后，开展国旗下讲话——“认识国旗”，让幼儿知道我们的国旗是五星红旗，我们的国歌是《义勇军进行曲》，我们是中国人，把这些关于国家的知识根植于幼儿内心，让他们萌发热爱祖国的情感。

2．讲故事

领导者通过绘声绘色地讲故事，给孩子们营造一个“境”，使他们很快就会进入这个境。领导者用叙事的方法给幼儿讲小哥哥小姐姐爱国的故事，激发幼儿的兴趣，激起他们的崇敬之情，比如《放牛娃王二小》《小兵张嘎》《刘胡兰的故事》《一封鸡毛信》等革命战争时期儿童爱国、爱党，为党办实事的故事。

通过这样一些故事的植入，甚至是心理剧的演出，增强幼儿的代入感让幼儿体验爱国思想的神圣和行为的可贵，同时向幼儿提问：“王二小勇敢不勇敢？我们要不要向他们学习？如果是你，你会怎样？”通过互动，强化幼儿的爱国意识，培养他们思想独立、内心强大的爱国情怀。

3．看动漫

带领幼儿观看融合爱国主义教育内容和素材的动漫电视。如讲述中华民族悠久历史，中华民族优秀传统文化教育，国家安全教育，民族团结教育等的电视节目。通过领导者潜移默化的教育，陶冶幼儿的身心，丰富他们对祖国的认识，所谓“知之深”，才能“爱之切”。把爱国主义的种子种在孩子们的心里，通过切身体验，认知的不断成熟，爱国就会成为他们的真实行动。

4．参观爱国主义教育基地

带领幼儿参观各类纪念馆、博物馆、战争纪念设施、文物古迹和风景名胜地。让他们真实地感受历史，在接触自然，接触古人留给我们的财富中逐渐升华爱国情怀。通过瞻仰、参观、展览，激发幼儿对祖国壮丽河山和悠久历史文化的热爱，激发他们保家卫国的意识。

5．开展主题绘画活动

开展绘画艺术表达方式，让幼儿通过绘画和黏贴画的方法，在纸上画出国旗、天安门、节日气球、礼花等，表达对祖国、家乡的热爱，感受祖国生日的节日气氛，增进爱国情感。

总之，从小对孩子进行爱国主义教育，让他们感知家乡的变化，感知祖国的强盛，爱身边的人，喜欢自己生长的环境，用可知、可观、可感的事物熏陶他们，让他们热爱家乡，热爱祖国，热爱人民，从小就成长为一个爱国者。

第二节　学前阶段“爱国情”体验式爱国主义教育

团体心理辅导课例设计

一、课程背景

爱国主义的重点是热爱自己的祖国和人民，具有民族自尊和自信以及为保卫祖国和在一个独立国家实现繁荣和富强而进行的无私的斗争。在中华民族发展的几千年中，民族感情一直是强大的，也是我国人民生存的强大动力。不管树木长得多根深蒂固，无论学生在哪里，祖国和人民都必须处于中心位置。从爱国主义出发，我们就不难联系到热爱祖国、坚强意志、服务国家、服务人民是爱国的具体表现。今天我们要从培养意志方面进行爱国主义的团辅活动。

二、理论基础

1．团体动力学理论

动力思想是勒温场动力理论的基本思想，“存在于生活空间中的事物或因素都必然对个体当时的行为都有着实际的影响。”这是勒温的现时原则。生活的空间以对人的行为发生实际影响者为存在标准，并表现着整体所具有的格式塔，即其中任何一部分的变化都必将引起其他部分的变化。场的意义充分体现在生活空间中，体现在团体活动中。这就是勒温场动力理论学说的基本内容。

2．社会学习理论

班杜拉理论讲，人的行为学习是通过观察和模仿他人的行为进行的。在安全温暖的团体中，个体的行为可以得到改善。在团体辅导中设计观察和模仿的活动环节，如进行动作模仿和角色扮演等，有利于学员学到新的行为。

三、团体辅导课程方案设计

我们要为幼儿提供良好的环境，让幼儿能够切身感受到，比如每个星期都举行升国旗活动；给幼儿呈现国旗的图片或者给幼儿每人分发小国旗并且给幼儿讲述国旗的象征意义；给幼儿讲述雷锋等先进人物的故事，通过小小的故事来影响幼儿；父母也要在日常生活中多带孩子去有纪念意义的地方，并给孩子讲述关于这些建筑的故事，从而在无形中影响孩子；还可以与孩子一起玩拼图游戏，让孩子了解中国的地图，知道自己的首都与家乡；还可以观看爱国主义的电视、电影，增强幼儿的爱国情感，平时涉及得越多，孩子的情感就越强烈。以下为“幼儿爱国主义团体辅导”的设置方案：

（一）团体辅导设置（表 10–1）

表 10–1　“我的祖国”团体辅导设置

课程主题	激发爱国情感		
课程目标	通过认识祖国的符号，讲解象征意义，帮助学生建立起祖国的概念，建立学生与祖国的联结，培养他们的爱国情感		
课程时长	40 分钟	课程场地	有可移动桌椅的学校团体活动室
成员	学前班学生 20 人	课程形式	班级团体辅导
主要方法	游戏互动歌曲欣赏	团体带领	主训 +4 位助教、班主任
课程规则	主动参与，积极表达，倾听他人，暂停评价		
活动备品	每人一面五星红旗，每组一张海报纸（每组 5 人）		

（二）团体辅导计划与安排（见表 10–2）

表 10–2　“我的祖国”团体辅导计划与安排

阶段	目的	活动内容	时间
启动阶段	放松身心，活跃气氛，互助合作，形成小组	团队启动：团队领导者介绍自我及团队，说明团体目标、活动设置及规则	5 分钟
工作阶段	协助学生梳理象征祖国的符号和意义，建立与祖国的联结	1．认识国旗，主题《认识我的祖国》 2．欣赏歌曲，主题《我爱我的祖国》	25 分钟
结束阶段	促进学生对祖国的认知，培养他们的爱国情感	1．同心圆，每个人说出一个代表祖国的象征符号，结束小组活动 2．邀请班主任来到学生中间，说说自己的感受、想法和期待 3．在班主任的带领下大家手拉手，身体摇起来，一起倾听歌曲《我和我的祖国》	10 分钟

四、团体辅导方案实施

（一）启动阶段

课程启动，规则先行。

活动目的：活跃气氛，确定小组，让幼儿融入活动。

活动实施：活动开始前，在活动的教室里播放《歌唱祖国》的背景音乐，给小朋友们以潜意识引导。课程开始，团体领导者介绍自己和团队，说明来的原因与期待、课程目的与设置及活动的团体约定。

（二）工作阶段

活动目的：带领老师引入主题，让幼儿了解与主题相关的理论知识，在体验的基础上进行分享、讨论，强化幼儿对主题的认知。

活动实施：带领老师给每名幼儿发一面小五星红旗，讲解五星红旗的有关知识和故事，让幼儿直观地认识五星红旗，知道关于五星红旗代表的意义以及感人故事；播放天安门广场升国旗仪式，进一步加深幼儿对五星红旗的情感；播放 MV《我爱我的祖国》，加深幼儿对五星红旗的热爱。

（三）结束阶段

活动目的：增强学前幼儿对祖国的认识，与祖国产生联结，培养他们的爱国情感。

活动实施：让每个幼儿说出一种代表祖国的象征符号，可以重复；带领老师把祖国比喻成母亲，让幼儿与祖国产生情感联结；在《我和我的祖国》歌声中带领老师升华主题，培养幼儿的爱国情感。

第十一章　小学阶段爱国主义教育团体心理辅导

小学生的心理特点包括感知、注意、记忆、想象、思维、情感、意志、性格等，小学生的自信心在不断进化，自我评估能力也在不断增强，需要有针对性地引导、教育和纠正。随着年龄和知识的增长，他们不再完全依靠老师的评价来评价自己，而是能够将自己的行为与他人的行为进行比较，并独立地进行评价。因此，在小学阶段进行有效的教育，使小学生形成良好的品格是非常重要的。小学生大多积极向上，这与他们的好奇心、自尊心和竞争精神密不可分。爱国情怀，要从小培养，梁启超曾说过："少年强则国强，少年智则国智，少年雄于地球，则国雄于地球。"青少年是我们祖国未来的接班人。

第一节　小学阶段学生的心理特征及团体心理辅导方案设计

一、小学阶段的方案设计

活动主题为"观展览、育国心"。

活动目标为激发小学生的爱国主义热情，培养他们的爱国心。通过观看视频"改革开放 40 周年大型展览"，让学生们感受祖国的美好和强大，激发他们"身为中国人我骄傲"的自豪感，从而放眼当下，确立正确的学习目标，形成正确的学习态度，并形成好好学习，长大为祖国做贡献的班风。引导小学生从现在做起，从每一天做起，把"文明其精神野蛮其体魄争光为祖国"作为校园集体意识和自觉行动。

二、专业宝典

在团体辅导中，经常使用结构式练习。结构式练习的运用意味着团体过程中有某些特定的程序，通过程序式的练习，可以加强团体的互动或加强团体的暖身。常用的结构式练习有很多，如纸笔练习、身体运动、接触练习等。在对小学阶段设计的方案中，我们主要采用绘画练习和纸笔练习。

绘画练习：通过观察学生作品内容（如颜色的使用），分析学生对祖国的情感，引导学生形成对祖国的积极情感和认识，培育学生的爱国心。

纸笔练习：将学生分成几组（每组5～8人），每人分一张A4纸，根据所看爱国主义教育视频内容，在纸上写出自己对所看内容的感想与感受。

如何才能更好地吸引学生积极参与，促进他们的互动和成长，这就需要有意识地塑造或安排他们练习、模仿，以达到更好的教育效果，促进团体的进一步成长。团体辅导中的锻炼可以提高团体的活力和兴趣，起到激发团队成员的情绪和参与讨论的积极性，减少其心理防御，为管理者提供有用信息，聚焦和改变焦点，鼓励成员在实践和体验中学习新的实践，创造兴趣和放松等作用。

每次的练习要有其特定的目标和效果，每次练习的目标要根据目标群体、发展阶段、身心健康和成员的需求制定。成组实践的选择和应用与成组技术密切相关。在发展团体咨询中，特别是在青少年研究中要特别重视练习这一环节。练习可以是当场进行，也可以布置成作业的形式进行。在小学生的团体心理辅导中练习是非常重要的一环，也是将理念进行内化的过程。

例如，在小学生的爱国主义教育团体辅导中，指导老师要通过各种行为教育小学生爱国要从小做起，做好自己，做文明之人。从不乱扔垃圾，过马路要看红绿灯，要走人行横道，不说脏话等这些小事做起，同时需要他们身边的每个同学也要做起，并带动周围的人一起建立良好的社会风气、社会环境。爱国无小事，从身边的点点滴滴做起。

第二节　小学阶段“育国心”体验式爱国主义教育

团体心理辅导课例设计

一、课程背景

著名儿童教育家洛克说：“儿童应该受到良好的教育，这是一般做父母的责任，也是他们关心的事，而且国家的幸福和繁荣也靠儿童具有良好的教育。”“如若施以良好的教育，则将来会成为良好的国民，若施以恶劣的教育，那么将来就会成为恶劣的青年了。”这是我国儿童教育家、思想家及心理学家陈鹤琴所说的，他非常重视儿童的爱国主义和其他内在品德的教育。

根据小学这一阶段儿童的心理特征和情感特征，我们可以把参观祖国改革开放以来所取得的成就展览作为这一时期儿童爱国主义教育的内容之一。通过观看展览，让儿童从时间和空间上直观感受到祖国发生的巨大变化，从而产生“我是中国人”的自豪感，进而培育他们的爱国心。

2018年是我国改革开放40周年，改革开放以来的40年祖国发生了翻天覆地的变化。改革开放是在中国共产党领导下进行的伟大变革，其广度、深度、难度、之大，持续时间之长，影响之深远，在世界历史上是罕见的。通过让学生们观看改革开放成就展，了解我国历史巨大变迁，以使他们产生自豪感，激发他们的爱国热情，从而树立爱国心。

一个人活着不仅是为了自己的理想目标，而且要为了祖国的繁荣富强，为了人类的和平发展。这种爱国、爱和平的思想要发展成为其健康人格的一部分。

在小学阶段我们要让学生们明白：中华民族是一个勤劳、善良、有担当的民族；作为一个中国人，我们非常自豪；作为一个中国人，我们必须把自己的一生与祖国的伟大事业联系起来；我们要牢记，少先队胸前飘扬的红领巾是由无数先烈的鲜血染红的，是他们抛头颅洒热血，建立了中华人民共和国；是一代一代的中国人，为了祖国的繁荣富强而努力奋斗的结果。他们为我们树立了热爱祖国的鲜活榜样，我们要向他们学习，从小培育爱国心，长大为国做贡献。

二、理论基础

1．团体动力学理论

勒温场理论认为，团体是一个动力整体，人的心理和行为是一种场的现象，人与场相互作用，场变人变，场的温馨、民主、相互支持和推动使人变得积极向上、情感一致。团体领导者通过场动力的引领，建立起良好的团体氛围和团体凝聚力，有效支持成员的改变和成长。

2．团体沟通理论

美国著名的心理学家巴维拉斯等提出团体内的正式沟通、全通道沟通的原则、方法，为团体辅导如何行动、建立良好行为提供了具体的指导方法和技巧。运用全沟通的大组讨论和两两双向沟通讨论等活动，对认知和行为的改变会有很好的效果。

三、团体辅导课程方案设计

我们要为小学生提供适合其心理成长的爱国主义教育团体辅导，辅导形式多种多样，较之学前教育我们可以让小学生有更多的思考和语言表达。同样是每周举行升国旗、奏唱国歌、给他们讲述国旗的象征意义，讲述邓稼先、申纪兰、袁隆平等共和国勋章获得者的故事等活动，如果再加入小学生的思考，通过他们的感悟、认识、分享以及带领老师的引导，可以很好地培育小学生的爱国心。

在现实生活中，如何培育小学生的爱国心呢？在学校，小学生以学习知识，积累知识，增长智慧为基本任务，同时以塑造良好的人格、锻炼健康的身体，培育良好的思想道德品质，培养真正的人才为目标，为他们未来走向社会，实现祖国的伟大复兴梦做好充分的准备。

期间，每一个正确的行动都是在培育他们的爱国心。比如参与植树造林，参与学雷锋志愿服务活动，践行各种德智体美劳活动，帮助同学、热爱集体、见义勇为等都是在培育他们的爱国心，都是他们热爱祖国，热爱人民，热爱社会主义的具体表现。以下为“小学生爱国主义团体辅导”的设置方案：

（一）团体辅导设置（表 11-1）

表 11-1 “观展览育国心”团体辅导设置

课程主题	“观展览育国心”		
课程目标	通过观看国家博物馆关于《伟大的变革》展览视频，让学生们了解祖国改革开放 40 年来所取得的伟大成就，激发他们的爱国热情；通过叙事表达“祖国在我心”让小学生头脑风暴出祖国的象征，培育他们的爱国心		
课程时长	60 分钟	课程场地	有可移动桌椅的学校团体活动室
成员	32 名小学生	课程形式	班级团体辅导
主要方法	观看视频叙事表达	团体带领	主训 +4 位助教（内含班主任）
课程规则	主动参与，积极表达，倾听他人，暂停评价		
分组情况	每组 8 人		

（二）团体辅导计划与安排（表 11-2）

表 11-2 “观展览育国心”团体辅导计划与安排

阶段	目的	活动内容	时间
启动阶段	放松身心，活跃气氛，互助合作，形成小组	团队启动：团队领导者介绍自我及团队，说明团体目标、活动设置及规则 热身活动：家乡美	10 分钟
工作阶段	观看视频以及叙事情感表达，激发爱国热情，培育爱国心	看视频，了解祖国发生的翻天覆地的变化，主题《伟大的变革》 每组组长在全班分享观后感，每人在小组内分享观后感 通过《祖国在我心》的叙事情感表达，让学生说出祖国的象征，充分表达自己对祖国的热爱，培育其爱国心	40 分钟
结束阶段	内化爱国心	围成大圈手拉手共同聆听张明敏的歌曲《我的中国心》共情歌者，唤醒他们的爱国心。歌声中每人用一句话分享本次团体辅导的收获	10 分钟

四、团体辅导方案实施

（一）启动阶段

1．课程启动，规则先行

带领老师宣布团体辅导的约定：互相尊重、暂停评判、认真参与、真诚分享、留下故事、带走情感。带领老师带领学生进行宣读并说出宣读人的姓名，以强化学生对团辅约定的遵守和履行保密原则。

2．活动目的

增进相互了解，活跃气氛，确定小组，给学生营造融入活动的氛围。

3．活动实施

活动开始前，在教室播放《我和我的祖国》背景音乐，让小学生的潜意识与祖国建立连接。课程开始时，团体领导者介绍本人及其团队，说明课程目标、各阶段活动的目的、设置活动的团体约定。热身活动：家乡美。让每组的组员说出自己家乡的特色、美食、美景和知名人物，以增强学生对家乡文化的认知和认同。

（二）工作阶段

1．活动目的

带领老师引入主题，让小学生了解与主题相关的理论知识，在体验的基础上进行分享、讨论，厘清小学生对主题的认知。

2．活动实施

带领老师播放国家博物馆展演的《伟大的变革》视频，让小学生观看祖国在短短 40 年内发生的沧海巨变和老一辈无产阶级革命家赤城的爱国故事；通过观看视频让小学生分享自己在观看过程中“听到了什么、看到了什么，想到了什么”，加深小学生对视频内容的熟悉程度；通过“祖国在我心”叙事情感表达环节，加深他们的爱国情感，培养他们的爱国心。

（三）结束阶段

1．活动目的

通过聆听张明敏歌曲《我的中国心》，让学生们，与歌者的爱国情感产生强烈的共鸣，进一步强化祖国的象征，培育学生们的爱国心。

2．活动实施

首先，带领老师播放张明敏的歌曲《我的中国心》，让学生们闭上眼睛认真聆听。其次，分享自己从歌曲中听到的歌者的情感。带领老师讲解歌词中祖国的象征，讲解歌者炙热的爱国情感以及传递给听者的爱国责任。最后，在《我的中国心》的歌曲声中，每人用一句话来分享本次团辅的收获。

第十二章　中学阶段爱国主义教育团体心理辅导

王锦宁在《爱国主义教育对初中生成长的意义》中说“每一位初中生都是中国人，每一位初中生都应该热爱自己的祖国，因此班主任需要通过爱国主义教育对初中生实施教育，引导帮助学生在成长过程中深刻理解爱国主义，建立爱国情操，成为一名热爱祖国的社会建设者。”

在《浅谈对中学生的爱国主义教育》中葛建军讲道：“中学生已进入世界观、人生观开始形成的重要时期，他们逐渐地摆脱了童年的幼稚，学会了用自己的眼睛和头脑去观察社会，思考人生。尤其是处在改革开放时期的中学生，放眼看世界，纵横论国事，思想活跃，执着寻求人生的真谛。”学生们在初中阶段正是树立正确的三观（即“人生观”“价值观”“世界观”）的黄金阶段，所以教师应该抓住这段黄金时期及时引导学生，对他们进行爱国主义教育，让学生们深刻领悟爱国主义的根本要义，让学生们懂得何为爱国、为何爱国、如何爱国，帮助学生搭建宏观系统的爱国主义理论框架。

同样，在《对中学生开展爱国主义教育的必要性及途径》中，蒋喜军认为“爱国主义是我们永恒的思想主题。中华民族是有爱国主义光荣传统的伟大民族，爱国主义是推动我国社会历史发展前进的巨大力量。如果没有爱国主义这一面伟大的精神旗帜，就不可能有现在蒸蒸日上的新中国，实现中华民族伟大复兴的中国梦就会变成一句空话”。中学生处于人生阶段的上升期，是未来国家发展的中坚力量，也是中华民族伟大复兴“接力赛”的接班人，所以对中学生进行爱国主义教育有着非凡的意义。

第一节　中学阶段学生的心理特征及团体心理辅导方案设计

中学生的心理发展是一个过程，它具有完整性、连续性和规律性。整个发展过程可以分为不同的阶段，而不同的阶段又有着不同的特点。这些特点主要表现为心理发展的年龄特征和总体趋势。

一、三个关键要点

在青少年发展过程中不可忽视年龄是心理变化的主要影响因素。我们只有从中学生心理发展的关键点切入才能更好地深入到思想教育的根本问题。

1. 结合中学生的心理特点进行教育

在对中学生进行教育时，我们应该根据他们这个年龄阶段的心理特点选择相应的教育方法。通常采用渐进式教育法打开中学生的内心，让学生们发自内心地对所授内容产生认同感，与此同时增强自身的价值感。作为后续教育的切入点，我们必须根据学生的心理特点相应地提供科学的教育方法，在顺应其心理特点的基础上因势利导，帮助学生们更好地吸收知识。

2. 做学生的朋友，走进他们的内心

中学阶段的学生最大的特点就是朋辈关系比任何一个年龄段都要紧密。因此，在选择与学生建立朋友关系的基础上教授知识将更有利于帮助学生们的成长。

3. 加强与家长的沟通和交流

当代教育背景下，教师同家长的沟通与交流虽然说比以前有所进步，但是交流频次与学生课间、课后的信息匹配度仍然需要进一步提高。

我们在了解中学生心理发展特征时，只有把以上三点作为前提条件，才能更有利于进一步做好中学生心理健康教育工作，也只有充分认识到以上三个关键点，后续工作才能有条不紊地展开。首先老师要结合中学生的心理特点并用与这个阶段相匹配的教育方法引导学生；其次老师要努力做学生的朋友，与学生进行平等交流，了解其真正需求，走进学生的内心；最后在前两点基础上，老师要加强与家长的沟通与交流，不仅要了解学生课内的基本情况，还要看到其课外的表现，以更好地调整教育模式与方法。

二、中学生的心理发展特点

1. 过渡性

过渡性是指中学生从幼稚期向成熟期的过渡。一方面，表现为中学生身心发展同时具有儿童期和成熟期两种特点，此时的中学生心理发展处于半幼稚、半成熟状态；另一方面，表现为中学生人格差异从不稳定到比较稳定，特别是在由对成人的依赖到相对独立方面。因为青少年期处于一个人从童年向成年转变的关键时期，各种心理特征逐渐接近成人。

2. 闭锁性

一个学生从小学生成长为中学生最为明显的过渡性标志就是“闭锁性”，所谓闭锁性是指人的心理活动具有某种含蓄、内隐的特点，它的着眼点在于人的外部行为表现与内部心理活动之间的一致性。

3．社会性

中学生在这个阶段会发生社会地位的微妙变化。随着他们社会活动的不断增加以及对社会生活越来越多的参与和关注，这个时期与幼年时期的表现是明显不同的。社会环境对青少年社会化的影响也越来越明显，他们的社会责任感也显著提升。

4．动荡性

由于受经验、见识等条件的限制，中学生的心理常常表现出不稳定的特点。他们很热情，却又有极大的波动性，激情常常占主导地位。所以，这个阶段的心理发展特征决定了对他们应采用不同于其他阶段的爱国主义教育方式。

首先从中学生心理发展的特点方面（以意识引导为主，知识教授为辅），其次从中学生教育方面（直接＋间接），最后从教育途径方面（历史＋道德＋体育）来加以引导。

中学生的爱国主义教育与其他阶段不同。首先是对象的特殊性：中学生心理活动体系处于奠基阶段，这一时期是个性形成的阶段。在这三年中，心理发展较快，每年都有新的特征发展。相对于其他阶段来说，道德的发展具有较大的可塑性。其次是教育的特殊性：中学阶段是他们人格形成的关键阶段，正确的教育和影响能够使他们形成积极、正向的人格大厦。最后是教育规则和教育过程的特殊性：中学生的教育过程和教育目的性使他们的爱国主义教育体验受到了局限。这三个特殊性显示了中学生爱国主义教育目标、特点和方式等与其他教育团体存在着不同之处。

综上所述，我们应该对中学生使用合适的教育载体，通过适当的教育形式，在与其积极、向上的交流中，结合社会教育、家庭教育，对中学生进行有计划、有目标的爱国主义教育，培养他们正确的爱国主义思想与健康、高尚、理性的爱国行为，形成对祖国深厚的情感。

三、中学生的心理特征

中学生学习的独立性和自觉性的发展速度较快。中学阶段是一个人智力发展的关键时期。中学生很活跃，使用有意义记忆的能力越来越强。他们的感知更有目的性、更系统、更细致、更深刻，他们可以发现事物的细节、本质和因果关系，并能注意知识的内在联系。

此外，中学生也表现出强烈的选择性。他们认为与其进步和就业密切相关的科目和内容往往能够认真对待，而认为与他们的未来关系不大的科目和内容往往会被忽视或者不愿意学习。而且，他们能够主动完成重、难度的学习任务，学会处理好学习与娱乐的关系，自觉安排复习时间，学习的独立性和自觉性发展较快。

四、社会责任感和世界观开始形成

中学阶段是人的世界观形成的重要时期。由于身心发展已接近成人，中学生的学习表现出更广泛、更强烈的社会工作积极性和责任感。中学生已经能够掌握比较全面的管理系统和科学技术知识，积累了一定的社会生活和实践经验，他们对许多关注的问题需要进行一些理性的思考，但这类思考往往比较肤浅而且还带有一定的片面性。

中学生对个人理想和人类共同命运表现出良好的见解和高度关注，但理想仍缺乏现实内容，对某些价值观的理解还不够全面。

五、自我意识增强，成人意识出现

自我意识是一个人对自己的认知。自我意识的发展是中学生人格走向成熟和稳定的重要表现。他们可以对自己和他人做出更深刻的评价，开始学会从各个角度更全面地评价他人和自己。

六、中学生爱国主义团体辅导的课程形式

课程形式可以通过观看视频，参观爱国主义教育基地和大讨论以及规划未来等形式进行，让学生们通过观看视频、图片，体会先辈们的满腔爱国热情。由于电影的代入感很强，能很好地感染学生的情绪情感，帮助学生树立爱国主义价值观，激发他们自觉承担建设祖国的责任感。

七、中学生爱国主义团体辅导课程的设计原则

1．*循序渐进原则*

中学生的爱国主义教育要按照由具体到抽象，由近及远，由小到大的逻辑进行，引导他们从身边的事做起，从爱父母、长辈、老师和同学做起；从培养爱集体、爱母校、爱家乡、爱劳动、爱护公共财物的思想做起，强化他们的爱国意识和爱国情感。

2．*情感培养原则*

爱国主义教育不仅是单纯的知识教育，更多的是情感体验和情感教育。根据中学生的心理特点，选择适合他们学习并产生情感教育的内容和活动形式，有计划、有步骤地搭建他们与祖国的情感连接，激发他们强烈的爱国情感，并自觉自愿地付诸行动，从而树立强国志向。

3．*家校共育原则*

爱国主义教育需要家庭和学校共同合作，以产生更好的功效。家庭是孩子成长的环境，父母的言传身教潜移默化地影响着孩子的情感和行为。只有家校共育，才

能使学生情感统一，才能将爱国主义的种子深植于学生内心。

4. 便于内化原则

中学生自身的认知水平、理解能力、逻辑思维能力正处在形成过程，人格发展还不稳定，因此，爱国主义教育的形式和内容的选择要充分考虑中学生的这些发展特征，选择适合他们年龄和心理特征的方式方法，便于他们更好的内化吸收。

第二节　中学阶段“强国志”体验式爱国主义教育

团体心理辅导课例设计

一、课程背景

作为中国人，我们应该热爱自己的祖国。如果一个人不爱自己的国家，就像是一个失去灵魂的人，没有归属感。捍卫祖国的核心利益，是一场道义的较量，一场正义与否的交锋。全球化的今天，我们应让世界看到，和平崛起的中国，政府治理在进步，国民素质在提升。理性爱国、奋力强国、精心治国，才能真正捍卫国家和民族的尊严。

从心理学角度分析爱国者现实自我、理想自我和假想自我。现实自我是当下自己的行为和思维方式；理想自我是指对事业或生活目标的追求，应该理解为道德自我。这是一个人对自己所生活的文化或宗教的道德要求的认可和尊重。不同的文化或宗教有着不同的道德要求，而这种差异往往是由一个国家或民族的形式决定的。这是爱国主义存在的理论基础，任何国家和民族都不例外。一个人如果其真实自我与理想自我不相容，就会陷入深深的挫折感而深感悲痛。爱国，就是意味着一个人国家民族的同一性确立。

德国心理学家埃里克森曾经长期被同一性问题所困扰。他是私生子，他的生父是丹麦人，母亲却嫁给了一个犹太人，他曾经一直以为自己是犹太人，却因长相不同而不被犹太社团所接受；“二战”时，他又为应该忠诚于文化认同的德国还是忠诚于血缘认同的丹麦而纠结。

什么是人格同一性？简单来说，男人认为自己男性化、女人认为自己女性化就是人格性别同一性。当一个人出现了威胁自己性别同一性自我概念的信息时就会产生焦虑。

斯金纳的强化理论认为，为了达到某种特定的目的，人类或动物会采取一定的措施对环境采取行动，如果这种行为的后果对自己有利，这种行为将在未来重演。

当中学生产生强烈的为祖国富强而奋斗的理想信念并且产生了积极结果时，他们就会不断重复这种有利的行为。本章我们就从培育中学生“强国志”方面进行爱国主义教育团体辅导。

二、理论基础

1. 团体行为认知理论

认知改变行为，通过对祖国一百年来历史的认知，感受到祖国遭受的屈辱，认识到捍卫祖国的尊严，把祖国建设得更加美好是每个中华儿女的责任和义务，以此为切入点展开“强国志”教育。

2. 团体辅导的理论

通过团体成员之间的分享交流、支持鼓励，以及同伴效应，增强他们的爱国情感，并促进彼此产生积极正向的爱国行动。

三、团体辅导课程方案设计

有专家指出：学校是促进学生心理健康最适宜的场所。学校可以教给学生解决问题的方法，并通过对特殊问题的干预、心理咨询和团体心理辅导转变学生的行为。作为中学教育，尤其是爱国主义教育，我们采用团体辅导形式的好处是可以通过体验、互动和浸润的方式增强学生们潜意识的感受性，为其潜意识赋能，把潜意识意识化，促进行为的改变。

（一）团体辅导设置（表 12-1）

表 12-1　“我和我的祖国”团体辅导设置

课程主题	培育强国志		
课程目标	通过观看 11 分钟的《大国抉择》微视频及进行绘画艺术体验“我为祖国做贡献”的活动，再辅以头脑风暴出各种爱国行为，培养学生们为祖国的强盛而努力奋斗的强国志向		
课程时长	120 分钟	课程场地	有可移动桌椅的学校团体活动室
成员	40 名中学生	课程形式	班级团体辅导
主要方法	观看视频绘画艺术	团体带领	主训 +5 位助教（内含班主任）
课程规则	主动参与，积极表达，认真倾听，善于思考		
活动备品	每人一张 A4 纸和彩色笔（每组 8 人）		

（二）团体辅导计划与安排（表 12-2）

表 12-2 “我和我的祖国”团体辅导计划与安排

阶段	目的	活动内容	时间
启动阶段	放松身心，活跃气氛，互助合作，形成小组	团队启动：团队领导者介绍自我及团队，说明团体目标、活动设置及规则 热身活动：小鸡变凤凰	20 分钟
工作阶段	通过观看《大国抉择》微视频以及绘画体验《我为祖国做贡献》环节，树立好好学习，长大为国奋斗的强国志向	看视频学党史，主题《大国抉择》 每组组长在团体内分享观后感，人人在小组内分享观后感； 通过《我为祖国做贡献》绘画艺术体验，确立远大理想，从而立足当下努力学习，为建设伟大祖国而增强本领	80 分钟
结束阶段	通过文章朗读，内化强国志向	播放徐涛朗诵的舒婷的诗《祖国啊我的祖国》，升华情感，激发强国动力；每人用一句话分享本次团体辅导的收获	20 分钟

四、团体辅导方案实施

（一）启动阶段

1. 课程启动，规则先行

带领老师先做自我介绍及团队介绍，然后进行团体规则约定，解除学生们内心的不安全感，让学生以轻松的心情参与活动。

2. 活动目的

增进彼此了解，活跃气氛，建立小组，为学生营造融入活动的心情和氛围。

3. 活动实施

活动前，在教室播放《我和我的祖国》音乐，用音乐把爱国的情感投注到学生的潜意识之中，使之与祖国产生连接。课程开始阶段，完成团体领导者及其团队的介绍、课程目标、课程目的、设置及活动约定。

（二）工作阶段

1. 活动目的

活动引入主题，学生们通过对主题相关理论知识的了解，在体验的过程中进行分享、讨论，加强学生对主题的认知。

2. 活动实施

带领老师播放 11 分钟的《大国抉择》微视频，带领学生们了解近年来在中国大地上发生的故事及爱国、爱党、爱人民的故事；通过观看视频让学生们分享自己的所思、所想和所感，增进学生们对视频内容的理解和吸收，通过带领老师的讲解，进一步强化学生的爱国热情，培育他们的“强国志”；通过绘画艺术体验“我为祖国做贡献”环节，通过学生的头脑风暴树立明确的理想目标，确立学生长大后为祖国贡献自己智慧和力量的志向。

（三）结束阶段

1．活动目的

通过诗歌的诵读，内化学生的强国情感。通过分享感悟，梳理学生们的成长和收获，进一步强化他们的“强国志”。

2．活动实施

播放徐涛朗诵的舒婷的诗《祖国啊我的祖国》，带领老师与大家一起朗诵。通过诵读，内化他们的强国志向，增强他们的强国责任感，最后，每人再用一句话来分享本次团辅的收获和成长。

第十三章　大学阶段爱国主义教育团体心理辅导

2019年11月12日，中共中央、国务院下发了《新时代爱国主义教育实施纲要》并发出通知，要求各地各部门结合实际认真贯彻落实。党的十八大以来，党中央高度重视爱国主义教育，并且提出“新时代爱国主义教育要面向全体人民、聚焦青少年”，大力弘扬民族精神和时代精神，培育担当民族振兴大任的时代新人，高举爱国主义伟大旗帜，使爱国主义成为全国人民的坚定信念、精神力量以及自觉行动。

通知指出：新时期爱国主义教育要注重以人为本，要关注青少年爱国主义教育的整个进程。爱国主义教育要进讲堂、进教材、进头脑，要与一般高校的哲学、社会科学的相关专业联结起来，提升爱国主义教育的内容，让青少年浸泡在爱国主义教育氛围中，不知不觉地受到爱国主义教育的熏陶。

通知还指出：加强爱国主义教育，高校应增强校训、校歌和校史的爱国主义教育意义。挖掘本校的核心精神、理念和红色革命史，并且积极开展各种弘扬革命精神的活动，以此来拓宽大学生的视野，丰富大学生的体验，提升他们的精神品质。

第一节　大学阶段学生的心理特征及团体心理辅导方案设计

根据埃里克森的心理—社会八阶段发展理论图（表13-1），我们可以看出大学生的心理发展特点。在这一阶段，他们的心理发展相对成熟。刚过了青春期，经历了基本信任对不信任、自主对怀疑、主动对内疚、勤奋对自卑、自我认同与角色困惑的冲突，并达到亲密对孤独的阶段。

大学阶段，个体在良好稳定的自我认同的基础上，积极地与他人建立深刻长久的亲密关系。如果他们缺乏社交能力，他们就会感到孤独。当人际关系中的亲密超过孤独时，危机就解决了。同时，他们也已经形成了逆向思维和抽象思维，能够对抽象事物产生自己的理解，对情感也能有很好的感触力与共情能力。所以，在这一阶段，提升学生自主理解抽象知识的能力，更能帮助他们加深对知识的学习和理解。具体来说，这一阶段的大学生有哪些特点呢？

1．自我意识突出

进入大学，由于心理的不断成熟和周围环境的影响，大学生发现原先所认识的自我是由家长、老师和同学塑造出来的，不是真正的自我，因而强烈地要求重新塑造并确立真正的自我。在自我评价能力和自我控制水平方面比中学生有所提高，但发展水平参差不齐。

2．情感激烈复杂

随着知识的积累和对自我要求的不断提高，大学生变得比较内涵、敏感、自尊心强，喜欢自我表现，更希望得到完美的自我形象。他们的集体主义情感、爱国主义情感、义务感和荣誉感都不同程度地向深度和广度发展。

表 13-1　埃里克森的心理—社会八阶段发展理论

阶段	年龄（岁）	心理—社会矛盾	积极解决矛盾形成的品质	矛盾解决失败形成的品质
婴儿期	0 ～ 1.5	信任感—不信任感	对人信任、对外界有安全感	恐惧、对外界害怕和不信任
童年期	1.5 ～ 4	自主感—羞愧与怀疑感	能按社会要求表现目的性行为，发展自主能力	缺乏信心，畏首畏尾，感到羞愧、怀疑自己的能力
学前期	4 ～ 6	自主感—内疚感	主动，表现出积极性和进取心	畏惧、退缩，产生内疚感和失败感
学龄期	6 ～ 12	勤奋感—自卑感	勤奋，掌握求学、做事、待人的各种基本能力	缺乏生活的基本能力，充满自卑和无价值感
青春期	12 ～ 18	自我同一性—同一性混乱	有明确的自我观念，达到自我内部与外部环境的协调	对于自我与他人的角色混乱，充满不确定感
成年早期	18 ～ 30	亲密感—孤独感	建立友情和爱情，发展爱的能力	与社会疏离，孤独寂寞
壮年期	30 ～ 65	创造力感—自我专注	热爱家庭，关心社会，追求事业成功	只顾及自我和“小家”，缺乏社会责任
老年期	≥ 65	自我整合感—失望感	回顾一生。感到生活有意义	悔恨旧事、消极失望

3．意志力增强

大学生的独立意识和自觉性在不断地增强，对自己行为的目的性和对社会价值的考量有了较为深刻的认识。他们在自控力和坚韧性方面有较大的差异。自律、勇敢的积极品质发展仍不稳定，需要通过做事来不断地成熟和发展健康的情感和坚韧的积极品质。

4．性格基本形成

随着大学生认知水平的提高、社交能力的不断提升，他们的个性倾向日趋成熟，自我评价、自我教育、自我控制能力在不断地发展，在性格、意志、情绪、理智方面表现出稳定的状态，并且能够自觉地培养良好的性格。

第二节　大学阶段“爱国行”体验式爱国主义教育

团体心理辅导课例设计

一、课程背景

为了落实党中央、国务院关于《新时代爱国主义教育实施纲要》的文件精神，我们在高校更加重视大学生的“爱国情”“育国心”“强国志”“报国行”爱国主义教育的实施和培养。我们知道：“爱国情”是“爱国行”产生的必要条件，只有大学生群体产生了强烈的爱国情结，并将这种情感内化，才能使他们从行动上产生自觉要求，从而严格要求自己更好地以实际行动来有效地实现爱国主义这一伟大主题。

基于山西有着丰富的传统文化和红色革命资源这一现实，能更好地促进山西高校对大学生进行体验式爱国主义教育。爱国主义自古以来就流淌在中华民族血脉之中，去不掉，打不破，灭不了，是中国人民和中华民族维护民族独立和民族尊严的强大精神动力。这句话深刻揭示了在中华民族几千年绵延发展的历史长河中，爱国主义始终是激昂的主旋律，是激励各族人民自强不息的强大力量，更是中华优秀文化的重要精神基因。

山西有着悠久的历史文化，凝聚了中华文化的精髓，蕴含着丰富的爱国主义教育资源。山西无论是伏羲女娲、三皇五帝还是晋商行天下；无论是介子推割肉，舜帝孝感动天，还是武圣人忠义传世，每一种文化都脉络清晰，框架完整，积淀出中华民族最深层的精神追求，代表着山西独特的精神标识。为华夏五千年积累了丰富的文明成果，也蕴涵着厚重的爱国主义教育资源。把山西文化融入我省大学生爱国主义教育中，以文化引领价值，涵养品格，凝聚人心，强化认同，成为我省在文化大省建设道路上的新引擎，也是对高校大学生爱国主义教育实践中的“专业引领”和“精神追求”。

二、山西传统文化在大学生爱国主义教育中的重要意义

众所周知，三千年文明看陕西，五千年文化看山西，具有悠久文明历史的山西，有着太多令人向往的山水风光、文化遗产。尤其是山西人民自古以来就是爱国爱民的光荣典范。历史上山西人民的爱国壮举和山西传统文化中蕴含的爱国主义思想，为开展爱国主义教育提供了宝贵的素材和鲜活的资源。而大学始终是优秀文化传承的重要载体和思想创新的重要源泉。尤其是在传承和弘扬地方优秀传统文化中，培育青少年爱国情感，厚植大学生爱国情怀，塑造青年一代爱国主义素养毋庸

置疑就成为高等院校人才培养中的重点内容。因此，将山西传统文化融入高校爱国主义教育中，无论是对地方文化的传承和弘扬还是对爱国主义教育质量的提升都有着十分重要的现实意义和重大的历史价值。尤其是山西传统文化有着鲜明的特点，在高校的爱国主义教育中融入山西传统文化，不仅是地方优秀文化丰富、传承和发展的有效方式，更是让爱国主义教育由理论走向实践，自觉入脑入心，成为当代青少年在实现中华民族伟大复兴的中国梦实践道路上强大的内在驱动力。

（一）山西传统文化中，优秀人物众多，可以丰盈爱国主义教育内容

山西传统文化中，无论是悠久的历史文化还是近现代不屈不挠的红色文化都凸显出灵动鲜活的非凡智慧，成为高校爱国主义教育生动而丰富的教育内容。以“黄河文化”为基础，就山西河东文化中追随的华夏文明之源来源，有尧都平阳、舜都蒲坂、禹都安邑，有女娲补天、舜耕历山、禹凿龙门，有思想家荀子、纵横家张仪、水利家李冰，有大儒王通、名相霍光、武圣关羽等历史名人；更有近现代以来在山西掀起的一场又一场的民主革命运动和人民解放战争中涌现出来的光耀史册的仁人志士，都为山西留下了辉煌史迹，这些不仅具有巨大的历史价值和文化价值，更具有积极的社会价值和教育价值，成为我们进行爱国主义教育的宝贵资源。

（二）山西传统文化中，内涵深厚，可以提高爱国主义教育质量

现阶段爱国主义教育与时代精神脱节。尤其是学校的爱国主义教育，很多还都停留在知识传递、记忆重现的简单模式中，忽视层次性，缺乏情感性，内容空洞，形式机械，缺少一定的可操作性和创造性，更是与现实生活相脱离，特别是对爱国主义内容所体现出来的精神内涵更是挖掘得深度不够。因此，很难引起学生的真正兴趣，教育也只是强硬地灌输，因而效果不佳。学术界也比较重视爱国主义教育基地建设，强调利用档案馆、博物馆、红色基地等加强爱国主义教育，但就某一地方教育资源在爱国主义教育实际运用中的具体路径研究缺乏现实性和针对性。因此，以山西传统文化为载体，深刻挖掘蕴含在文化当中的厚重精神内涵，利用强大的理论穿透力，融入山西人民浓厚的情感震慑力，加深爱国主义教育体验的创新力，最终使爱国主义教育真正内化为一种坚定信念，并牢牢扎根，为新时代大学生践行爱国主义教育提供新模式。

（三）山西传统文化中，涉及的优秀历史典故及人物时空跨度久远，可以促进爱国主义教育的传承和发展

对山西传统文化进行系统梳理，深挖其内涵和价值，从特色文化中挖掘爱国主义要素，使爱国主义教育从传统的灌输式推进为主动的嵌入式，创新爱国主义教育新模式，使爱国主义教育在传承的基础上有所创新和发展，更加适应信息化时代成长起来的青少年，达到理想的教育效果。在此基础上探索大学生爱国主义教育活动具体路径的同时，反过来也可以促进山西传统文化的开发和利用，为山西优秀传统文化提供新的时代内涵和实践经验。

三、体验式爱国主义教育实施的具体路径

在传统的爱国主义教育中，常常利用讲授的单一方式把知识硬性灌输给学生，既不生动又严重脱离生活实际，效果微乎其微。而体验式爱国主义教育，按照《新时代爱国主义教育实施纲要》的核心思想，提炼出爱国主义元素，以团体心理辅导为载体，以体验的方式嵌入到活动中，从知、情，意，行全过程来设计教育内容，并以专门的单元进行操作。同时，通过对山西优秀传统文化进行梳理，深挖其悠久的历史文化底蕴和价值内涵，并将蕴含丰富教育意义的地方独特文化巧妙嵌入体验式爱国主义教育团体辅导中，并在知国心，爱国情，强国志，报国行四个维度上巧妙嫁接山西传统文化，使大学生在不知不觉、润物细无声中激发知国心，丰盈爱国情，坚定强国志，深化报国行，从而得到爱国主义教育的全面升华，构建出爱国主义体验式心理教育新模式，探索新时代爱国主义教育新理论。

（一）爱国情

创设情境，深化认知，把爱国主义教育元素由感性跃迁为理性。对大学生进行爱国主义教育，首先要从学生对国家的山川、湖泊等具体物的认识到国旗、国徽、国歌等象征意义的形态的理解再到政治、经济等制度的抽象形态的认同，这种由表及里、由浅入深的了解过程为知国心。具体到山西文化中，主要通过科技手段把山西五千年的文明轨迹、名胜古迹采用虚拟现实的 VR 技术以真实情景的方式加以创设，使学生在真实情景中进行爱国主义教育团体活动，在身临其境中提升爱国主义能量，从而使学生逻辑性的认知层次得到提升，达到传统文化对爱国主义教育功能的发展和创新。

（二）育国心

情感共鸣，情理交融，把爱国主义思想厚植为浓浓的爱国情怀，爱国本身就是一个统合性概念，是由认知和情感两个系统组成，但传统爱国主义教育仅停留在认知思辨水平，忽视情感的培养。而体验式爱国主义教育，在情境刺激中注入深层的爱国主义元素，再利用表达性艺术的方式 360 度全方位嵌入活动，从而使爱国主义塑造成学生自身的一种品格，并自觉地化为实际行动。具体到与山西传统文化的嫁接上，可以通过作为儒文化的源头和灵魂的舜帝文化来引领，以德政孝，孝感天地，立德立身，天人合一，以文化人、以文育人，实现爱国主义教育与传统文化的成功嫁接。因此以晋南的舜文化，涵养宽厚、仁义、孝道、和善的美德，由此折射出爱国主义教育中浓浓的爱国情怀，从而让爱国主义精神牢牢扎根，由感性生发理性，最终坚定信念，涵养情怀。

（三）强国志

隐形植入，内化于心，将爱国主义品质塑造成坚定的教育价值信念

爱国主义是一种崇高的道德情感，也是每个公民都必须要具有的高尚品格。

而这种品格的塑造，更加强调柔性的教育，缓慢的渗透，长期的关切和广泛的培植。因此，将爱国主义元素隐形植入体验式心理活动中，和风细雨，润物细无声地达到增益的实效。使青年大学生超越狭隘的个人利益，肩负社会责任，最终使家国情怀真正成为新一代青年深入人心的内在追求和价值判断，进而固化为一种信念，使之更具有长效性、超验性和虔诚性，最终达到立德树人的教育目的。在山西传统文化中，可以通过河东关帝文化来涵养大学生对祖国忠贞的情怀，关帝文化蕴涵了中国传统文化的忠义仁勇，至圣至贤，渗透着儒学的春秋精益义，大气浩然的华夏魂，因此以河东的忠义文化引导大学生在爱国主义教育中的忠贞意志，把重信义，除虚伪，贵忠诚，鄙利己，奉博爱，薄嫉恨渗透到爱国主义教育中，塑造诚实、守信、公正、务实的心理品格，成就信达天下，诚通四海的辉煌轨迹。最终使爱国主义不再是简单的口号，而要变为一种更加理性科学的坚定信念。

（四）报国心：实践体验，文化探寻，将爱国主义教育的精神实质化

爱国主义教育一定要从感知理解层面转化到实际行动环路中，要在与环境的耦合过程中践行，才能把爱国主义情怀深深地厚植于心灵底层。为此，要搭建各种平台进行爱国主义教育公益行，鼓励大学生走出教室、走向社会，关注重大事件和社会热点，把握契机，利用各种实践、实习、调研，让大学生真正服务社会。此维度可以结合山西红色文化来进行引导，比如走进晋中大寨，晋北右玉等地。大寨文化作为社会主义建设的典范，孕育出了自力更生，攻坚克难，与时俱进，奋发图强，革命干劲和严格的科学态度相结合的大寨精神。右玉精神则体现了党内政治文化的深厚滋养，折射出正面导向，脚踏实地，坚忍不拔，负重拼搏的时代精神。在深入山西各个地域，各个基层探寻文化的同时生发出的对祖国更加自然而真实的热爱与崇敬，以深层浓烈的责任厚植于学生内心深处，使爱国主义教育深深扎根在学生的心灵之中。

四、理论基础

1．情绪情感教学理论

情绪包括原始情绪和社会情绪，人的情绪不仅会展到情感和情操，而且已经形成的情感、情操在具体的情境下也会以社会性情绪的形式表现出来。“以情优待”不仅考虑到教学的认知因素，也重视情感因素在教学中的积极作用，对完善教学内容，增强教学目标，优化教学效果，促进学生素质的全面发展也具有重要意义。教材是教学中的“情感”的一个重要环节，应从情感维度剖析和钻研教材，实施情感性处理。

实践中，教育者可以应用教学情境中的刺激点，如考试分数，来引发学习者的心境体验，探究对创造性的影响，结合现实测试，学生在正向情绪下的创造性水平高于负向情绪下的创造性水平。从应用性研究来说，“情感性教学原则”的提出具有强烈的实践导向。

情绪情感体验式教学是大学生教学的一个重要部分，同时，情感对学生群体认知的影响也有实际的意义。所以，情绪情感体验式教学的研究对于大学生的爱国主义教育是很必要的。

除校训以外，大学生的爱国主义教育还可以把爱国主义名人名言及感人故事作为学生的座右铭和励志故事对大学生加以情感影响。如著名诗人曹植：“捐躯赴国难，视死忽如归”；爱国主义诗人陆游：“位卑未敢忘忧国”；李白：“中叶四五叹，常为大国忧”；民族英雄戚继光：“南北驱驰报主情，江花边草笑平生。一年三百六十日，都是横戈马上行”；陈毅元帅：“祖国如有难，汝应作前锋。”

感人故事如战国时期楚国的爱国主义诗人屈原：他出生于贵族家庭，从小接受良好教育，博闻强识、理想远大，受到楚怀王的爱戴和信任，任左徒、三闾大夫，兼管内政外交大事。屈原为了早日完成楚国的大一统，对内主动支持改法，对外决定主张和齐国联结起来破坏秦国的大一统的实现，使楚国一度出现了富强的局面。但在内部事务和与别国交往上，屈原与楚国的贵族发生了冲突，遭到贵族的排挤和诽谤，被流放到汉北和沅湘流域。楚国国都“郢”被秦军攻破后，屈原悲愤交集，自沉于汨罗江，以殉身国。

又如抗美援朝英雄战士邱少云：他所在的连队1952年在抗美援朝的一次作战中执行袭击任务，在距敌方部队60米的山脚下埋伏，以待次日黄昏进行突袭。次日午时，他所在的隐蔽地被敌人的炮弹击中。为了不暴露我军的作战计划，邱少云咬牙强忍烈火烧身的剧痛，在5个小时的时间里一动不动，直至为国捐躯。他以自己的生命换取了此次战役的胜利。

再如共和国勋章获得者钱学森：1955年冬天，刚冲破美国拦截回到中国的他去了哈尔滨军事工程学院进行参观。哈尔滨军事工程学院院长问他：“中国人能制造导弹吗？”他说：“外国人能做的，为什么中国人不行？中国人难道就比外国人矮吗？”这句话直接促成了钱学森在火箭、导弹和天外工程方面的巨大成就。几十年甚至一百年过去了，他为我国火箭导弹技术、航天技术乃至整个国防高科技技术工程做出了奠基性奉献，为我军国防装备现代化谱写了华丽的篇章。

通过这样一些爱国主义情感诗词、名言、故事来打动大学生的心，在这种爱国主义教育的氛围中激发他们的爱国情感。“情感”，正如罗杰斯所说：“情感是有效学习的重要条件。”只有情感培养起来，才会进一步促进情感行为的外显表现。同样，爱国主义教育“爱国行”要得以顺利实施，就要先使“爱国情”内化到学生的主体内部，做到“以情优教”。

2. 团辅有关理论

角色扮演技术是指通过角色扮演来体验情感，实现学习目的。角色扮演体验式教学模式由四个部分构成。角色扮演体验式教学模式也可以称为“教学戏剧”，强调不以扮演角色为目的，借用戏剧形式来推动学习和教育的实现。在实际教学活动中，这种“教育戏剧”技术被广泛应用，不仅可以推动知识的学习，还能够激起学习者的学习兴趣、培养学生的才能才干。

五、团体辅导课程方案设计

本次团辅我们采用“以情优教”的原则进行。“以情优教”是“情感性教学原则”的基础，主要由乐情、冶情、融情三个原则组成。乐情原则是强调教学过程中要使学习者怀着高兴、乐于接受的心境去学习。因此，在团体心理辅导活动中，热身游戏是非常重要的一环，好的热身游戏能更好地激发、调动学生的学习兴趣，也是团体心理辅导活动的基本要求；冶情原则是强调在教学过程中引导者要缔造一些条件使学习者的情感在学习过程中获得训练，使学生浸泡其中。因此，在大学生爱国主义团体心理辅导活动“爱国行”教育中，采用观看爱国主义故事小短片来让他们感受革命先烈的爱国行为和爱国情怀，通过共情，形成对爱国情怀的升华和理解；融情原则是强调在教学中，引导者要主动创设能使学习者将情感付诸实际的条件。因而，情景剧活动的安排在此次团体心理辅导活动中也是很重要的，通过让学生们亲自去扮演这些爱国人士、革命先烈的原形，让他们亲自感受这些人物的强烈的爱国情怀，真正达到“爱国情”的内化。经过这一系列活动，让学生们从乐情到冶情再到融情，最后真正达到产生“爱国行”的效果。

（一）团体辅导设置（表 13-2）

表 13-2　“抗击疫情我在行动”团体辅导设置

课程主题	增强“爱国行”		
课程目标	通过观看武汉抗击疫情视频，感受到人民的力量和祖国对人民的爱和援助；各组在主题为“抗击疫情我在行动”心理剧的表演过程中，深深感受到祖国对群众的不离不弃，不惜一切代价为人民的美好情感，从而激发学生们的爱国热情，产生为祖国的强盛奉献自己青春和智慧的“爱国行”行动		
课程时长	120 分钟	课程场地	有可移动桌椅的学校团体活动室
成员	40 名大学生	课程形式	班级团体辅导
主要方法	观看视频表演心理剧	团体带领	主训 +5 位助教（内含班主任）
课程规则	主动参与，积极表达，认真倾听，善于思考		
活动备品	每人一张 A4 纸和碳素笔 1 支（每组 8 人）		

（二）团体辅导计划与安排（表13-3）

表13-3 “抗击疫情我在行动”团体辅导计划与安排

阶段	目的	活动内容	时间
启动阶段	放松身心，活跃气氛，组建小组	团队启动：团队领导者自我介绍及团队介绍，说明团体目标、活动设置及规则 热身活动：下一个是谁	10分钟
工作阶段	让大学生意识到青年强国之责任，激发他们的责任感，达到启发、示范、执行“爱国行”的目的。	观看视频，主题《武汉加油！》 每组组长在团体内分享观后感，人人在小组内分享观后感； “抗击疫情我在行动”心理剧体验，真切感受自己肩负的强国责任，促进学生“爱国行”行动的产生	90分钟
结束阶段	升华“爱国行”	通过书写自己的爱国行动，升华爱国情感，整理自己的成长与收获实现“爱国行”	20分钟

六、团体辅导方案实施

（一）启动阶段

1．*破冰阶段*

带领老师做自我简介及团队介绍、团体规则。破冰暖场，活跃气氛，建立小组，让学生快速融入活动。

2．*活动实施*

在教室播放《武汉加油》音乐，用音乐唤起潜意识记忆，让学生自动回想2020年武汉新冠肺炎疫情祖国与人民在一起的画面。课程启动，完成领导者及其团队介绍、课程目标、目的、设置、活动约定及热身活动。

（二）工作阶段

1．*活动目的*

活动导入正题，通过观看与主题相关的视频及心理剧的体验，在活动中每个环节的分享、讨论，加强学生对主题的感受和认知。

2．*活动实施*

带领老师播放《武汉加油》微视频，让学生了解2020年突如其来的疫情，了解是党中央的英明决策和实际行动救民于疫情，体现了党和政府人民至上，为民服务的人民观；通过心理剧《抗击疫情我在行动》角色扮演，让学生们体验剧情中自己的所思、所想、所感，让学生的情感融入抗疫中，增进对视频内容的理解和吸收；通过带领老师讲解，进一步激发学生的爱国热情，促进他们的“爱国行”行动的产生。

（三）结束阶段

1．活动目的

通过书写表达，内化学生的爱国情感，促进爱国行动的产生。

2．活动实施

播放背景音乐《武汉加油》，在音乐的衬托下让学生们书写自己的爱国行动，把感性上升到理性，通过实际行动实现自己的爱国情感。同时每人用一句话来分享本次团辅的收获和成长。

七、结束语

通过把凝练出的文化精髓作为爱国主义教育元素，以体验的方式嵌入活动中，并拓宽内容，革新模式，柔化手段，以实现科学、理性、有效的爱国主义教育，使立德树人的目标真正落地并产生深刻而久远的影响。